The problem of the Twentieth Century ...

# R&B

**Die Geschichte der schwarzen Musik**

**von
Nelson George**

Aus dem Amerikanischen
von Patrick Schnur

orange press

Für Robert Ford Jr.,
Robert Christgau und Adam White

Deutsche Neuübersetzung
Titel der Originalausgabe:
The Death of Rhythm & Blues
First published in the United States by Penguin Books USA Inc.
Copyright © 1988 by Nelson George

Die Deutsche Bibliothek – CIP-Einheitsaufnahme
Ein Titeldatensatz für diese Publikation ist bei Der Deutschen Bibliothek erhältlich.

George, Nelson:
R&B – Die Geschichte der schwarzen Musik
Aus dem Amerikan. von Patrick Schnur
Freiburg: orange-press 2002

Covergestaltung: Annette Schneider
Printed in Italy

Die im Text angegebenen URLs verweisen auf Websites im Internet.
Der Verlag ist nicht verantwortlich für die dort verfügbaren Inhalte,
auch nicht für die Richtigkeit, Vollständigkeit oder Aktualität der Informationen.

ISBN 3-936086-04-4

orange-press.com

# Inhalt

Einführung –
die Bedeutung des Wortes »Tod«

Vom Fenster des Büros des schwarzen Plattenmanagers in Manhattan aus sah ich Touristen und Büroangestellte, die Eiscreme und Hot Dogs kauften und sich einen freien Platz im Schatten des Rockefeller Centers suchten. Wir saßen drinnen. An den Wänden gerahmte Poster von Coltrane, Dizzie, Bird und Miles. Es wunderte mich, dass dort keine goldenen Schallplatten hingen, denn in seiner zwei Jahrzehnte überspannenden Karriere im Schallplattenvertrieb, in der er bis zum Vizepräsidenten für Schwarze Musik bei einem großen Plattenlabel aufgestiegen war, hatte er Millionen von Schallplatten, Cassetten, CDs und – als es sie noch gab – Achtspur-Bänder verkauft. Wir sprachen über »Crossover« – ein Branchenbegriff für den Versuch, das größere weiße Publikum für schwarze Musik zu gewinnen – und den Effekt, den Crossover auf die schwarze Musik hatte. Er bemerkte, dass der meisten aktuellen Musik das fehlte, was er das »gewisse undefinierbare Etwas« nannte.

Beiläufig fiel mitten in seinen Ausführungen der Satz, dass er es bedauere, nie den Versuch unternommen zu haben, seinen Kindern einen schwarzen Lebensstil nahezubringen. In den letzten fünfzehn Jahren hatte er sein stetig anwachsendes Einkommen dazu verwendet, seine beiden Kinder im San Fernando-Tal und später in einer Schlafvorstadt in New Jersey aufzuziehen. Und jetzt stellte er fest: Trotz der neu herausgebrachten Jazzplatten, die er mit nach Hause brachte, und trotz der vielen schwarzen Künstler, mit denen er sie konfrontiert hatte, fanden seine Kinder Phil

Collins genauso *funky* wie Cameo. Sie fanden es viel interessanter, ihre Freizeit in Einkaufszentren zu verbringen, statt ihre Verwandten in New York zu besuchen.

Er entschuldigte sich nicht dafür, seiner Familie alles zu bieten, was er konnte. Das brauchte er auch nicht. Internate, gehobener Lebensstil, die Aussicht auf das College und eine bedeutende Karriere – darum ging es schließlich allen. Aber als seine Kinder heranwuchsen, wurde ihm klar, dass sie die Dinge anders sahen. Nichts hatten sie verstanden, nichts akzeptierten sie – weder den Kampf um Rassengleichheit noch »Soul Food«, die aus der Armut geborene Küche der Afroamerikaner –, weder den Wohlfahrtsstaat noch James Brown. Laut fragte er sich nun, ob er etwas falsch gemacht hatte.

Zunächst einmal: Was ist *Rhythm and Blues* überhaupt? Im Sinne dieses Buches hat der Begriff zwei Bedeutungen, eine musikalische und eine sozioökonomische. Der Begriff entstand in den 40er Jahren als Beschreibung einer Synthese aus verschiedenen schwarzen Musikstilen – Gospel, Big Band-Swing, Blues –, aus der mit Hilfe technischer Neuerungen wie dem immer beliebter werdenden elektrischen Bass ein lebendiges, impulsives neues Genre der Popmusik entstand. Zehn Jahre später nannte man dieses Genre Rock'n'Roll, um seine schwarzen Wurzeln zu verhüllen, und schließlich wuchsen Soul, Funk, Disco, Rap und andere Ableger aus diesen Wurzeln. In diesem Buch benutze ich den Begriff »Rhythm and Blues« oft als Oberbegriff für all diese Musikrichtungen, denn sie sind historisch eng miteinander verbunden und die wesentlichen Elemente dieser Musik haben sich nie geändert.

Aber mit der »Rhythm and Blues-Welt« ist auch etwas Außermusikalisches gemeint. R'n'B – und Musik im Allgemeinen – war schon immer integraler Bestandteil der schwarzen Gemeinschaft, die politische, ökonomische und geografische Begleitumstände zusammenschweißte. Als die schwarzen Familien den Baumwollfeldern des Südens entflohen und nach Norden zu den Fabriken aufbrachen, nahmen sie Koffer mit Kleidern, die

Geschichten ihrer Kindheit, Musik aus ihren Kirchen und die Hoffnung auf einen neuen Anfang in die neuen Städte mit. Die Städte boten ihnen eine neue wirtschaftliche Perspektive, aber sie stellten ihnen auch neue Hindernisse in den Weg: beengte Wohnverhältnisse, Arbeitslosigkeit und die harte Lehre, dass sich die Ungleichbehandlung der Schwarzen nicht durch den bloßen Wechsel des Bühnenbildes beseitigen ließ.

Heute haben wir alle die Bilder der Schwarzen (und anderer Volksgruppen) vor Augen, die in den Slums der Städte von Verbrechen, Armut, Arbeitslosigkeit und Drogen dezimiert werden. Wir haben dabei vergessen, dass diese Viertel einst lebendig und vielfältig waren. Dort waren nicht nur Straßengangs zu Hause, sondern auch Ärzte, Anwälte und hart arbeitende Menschen aller möglichen Berufsgruppen. Die Unterscheidung zwischen den Wohlhabenden und den Habenichtsen war immer deutlich erkennbar, doch zwischen diesen so unterschiedlichen Menschen fand eine soziale Interaktion statt, aus der eine echte, lebendige Kultur erwuchs. Und die Musik und die Art, wie sie gekauft und verkauft wurde, spiegelte dieses städtische Leben wieder.

Nach dem Zweiten Weltkrieg versuchten die schwarzen Gemeinden vorwärts zu kommen. Entweder, indem sie sich der Zeitschrift *Ebony* zuwandten, oder der *Nation of Islam* – beide aus dem Optimismus und der Verzweiflung der Southside von Chicago geboren. Diese beiden Institutionen mögen sich in Fragen der Taktik fundamental unterschieden haben, aber beide waren Katalysatoren für die politischen und wirtschaftlichen Ambitionen der Schwarzen. Die Unterstützung dieser und ähnlicher Institutionen war die Quintessenz des städtischen Lebens: Friseure, Kosmetiksalons, Supermärkte und Theater, Straßenecken und Plattenläden, wo Schwarze aller Altersgruppen sich trafen und arbeiteten – wenn auch oft für weiße Arbeitgeber.

Was diese Gemeinschaft zusammenhielt, zumindest zeitweise, trotz ihrer vielen und gelegentlich konkurrierenden Prioritätenlisten, war der gemeinsame Wunsch nach Gleichheit vor dem Gesetz, nach dem Ende der offenen und versteckten Diskriminierung und der Wunsch, sowohl innerhalb als auch außerhalb der eigenen Zirkel politische Macht zu erlangen. In diesen Punkten war sich die schwarze *Community* einig. Zur Überraschung fast aller sollte diese Entschlossenheit – die das Wesen der R'n'B-Welt ausmachte – schließlich Türen öffnen und in den 50er und 60er Jahren viele wesentliche Gesetze auf den Weg bringen. Als sie die »Freiheit« endlich erstritten hatten, war sie für viele so real und greifbar wie Geld auf dem Konto – in der amerikanischen Gesellschaft, deren Wertgefüge im Wesentlichen auf Geld basiert, ist das so real, wie etwas nur sein kann. Der schwarze Plattenmanager und andere seiner Generation erlebten ein Amerika ohne Apartheid, das ihnen materielle Genüsse zugänglich machte, die noch für ihre Eltern unvorstellbar waren.

Aber es gab da ein Problem. Genau die Kräfte und Energien, die diese Welt einst zusammengehalten hatten, begannen nun, sie auseinander zu ziehen. Es ist nicht nur aufschlussreich, sondern – meiner Ansicht nach – von grundsätzlicher Bedeutung, dass wir überlegen, was das für die Musik bedeutete. Wie dieser Plattenmanager kann ich mich des Gefühls nicht erwehren, dass in der gewaltigen Strömung innerhalb der schwarzen Gemeinde nach dem Zweiten Weltkrieg tatsächlich etwas ganz Wesentliches verloren ging. In den 20 Jahren nach Präsident Johnsons Initiative zur »Great Society« ist die Gemeinde, die einst soziale Veränderung und künstlerische Kreativität ausgelöst hat, zu einer traurigen, leeren Hülle verkommen.

Der Wunsch nach gesellschaftlichen Veränderungen war eine der größten Inspirationen für die Musik gewesen, und mit der Durchsetzung dieser Veränderungen war diese Inspiration erloschen. Der Rassenintegration lag die Idee zu Grunde, dass eine solide Ausbildung in integrierten, von Weißen und Schwarzen besuchten Schulen eine Generation von Schwarzen hervorbringen würde, die intellektuell und sozial in das Amerika der Mittelschicht und der Unternehmen passen. Aber nur selten wurde darüber nachgedacht – außer bei denen, die außerhalb der orthodoxen Bürgerrechtler standen –, was für eine Art Mensch dieser »Fortschritt« schaffen würde. Da man die Werte der Weißen als erstrebenswertes Muster benutzte, haben viele Schwarze ohne eigenes Verschulden die Einsicht in die Einzigartigkeit ihres Volkes und ihres Erbes verloren. Der Schlachtruf der 60er »Black is beautiful« wurde in den 80er Jahren mit Nasenkorrekturen vom Schönheitschirurgen und blauen Kontaktlinsen beantwortet. Diese »transformierten« Schwarzen, die einem angelsächsischen Lebensstil nacheifern und glauben, dass man alles der Anhäufung von Kapital opfern darf, sind eine zweifelhafte Errungenschaft der Assimilation.

Als Ergebnis dieses tiefgreifenden sozialen Wandels ist die schwarze Kultur und besonders der R'n'B verkümmert. Die Musik ist nicht mehr so mutig, inspiriert oder so auf die Bedürfnisse ihres Kernpublikums ausgerichtet wie einst. Man vergleiche die frühe Aretha Franklin mit Whitney Houston. Die Musik von Aretha Franklin baute auf den Erfahrungen des innerstädtischen Lebens auf, und besonders auf das Leben in der schwarzen Kirchengemeinde. Whitney Houston hingegen ist zwar auch außerordentlich begabt, aber ihre Musik ist »farbenblind« – ein Resultat des Crossover-Marketings der 80er Jahre, kommerziell erfolgreich, aber spirituell so hohl, dass es fast scheint, als mache sie sich über ihre eigenen Gospel-Wurzeln lustig.

Zwar sind viele Schwarze mittlerweile wohlhabend, aber besonders in den letzten Jahren haben sich die wirtschaftlichen Ungleichheiten unter ihnen verstärkt. Die Verschiedenartigkeit innerhalb der Gemeinde, die einst Ursprung und Zentrum ihrer Kultur war, ist weitgehend verloren gegangen. Ärzte – und Plattenmanager – leben heute weit von ihren Patienten und ihrem Publikum entfernt. Auch dieses Phänomen wird am deutlichsten in der Musik sichtbar wegen des unglaublich komplexen Netzwerks von Menschen, die an der Vermarktung eines Songs mitwirken. Die Musiker zeigen dieselben Fluchtsymptome wie Vertriebsleute, Konzertagenten, Besitzer von Plattenläden und – ganz wesentlich – Diskjockeys und ihre Arbeitgeber. Das führt uns zu einem Kernelement meiner Geschichte: Das

Radio war historisch so untrennbar mit dem Bewusstsein der Schwarzen verbunden, dass es bis weit ins Fernsehzeitalter hinein das wichtigste Medium für Unterhaltung und Information blieb. Selbst heute, im Zeitalter von Video und CD, spielt das Radio noch immer eine bedeutende Rolle bei der Geschmacks- und Meinungsbildung der schwarzen Hörer. Später werde ich erklären, wie es dazu kam, dass das Radio sich immer weiter von diesem Publikum entfernte. Eine Entwicklung mit schwerwiegenden Konsequenzen für die R'n'B-Welt.

Behalten Sie beim Lesen immer im Kopf, dass dieses Buch keine endgültige Geschichte der Rhythm and Blues-Musik ist und es auch nicht sein will. Ich glaube zunächst, dass es gar nicht möglich ist, eine solche Geschichte zu schreiben. »Endgültig« ist ein Ausdruck für Kritiker, die vergessen haben, dass Geschichte genauso viel mit Bewertungen wie mit Fakten zu tun hat. Sie finden hier kein Who-is-who-Lexikon. Die Personen, von denen dieses Buch handelt, wurden ausgewählt, weil sie meine persönlichen Helden waren, weil sie die Geschichte der schwarzen Musik verstanden haben und darüber Auskunft geben können und weil sie – manchmal negativ, manchmal unwillentlich – die Entwicklung der R'n'B-Welt beeinflusst haben.

Ich wollte ein Buch schreiben, das die vielen verschiedenen Schichten der R'n'B-Welt freilegt und so Aspekte enthüllt, die Wissenschaftler und Journalisten bisher zu Unrecht vernachlässigt haben. Der wichtigste von ihnen ist meiner Meinung nach das schwarze Radio, weshalb ich mich in dieser Darstellung so stark auf seine Geschichte konzentriere. Indem ich die Entwicklung des schwarzen Radios verbinde mit dem Wachstum der unabhängigen Plattenlabels, der Entwicklung des Musik-Einzelhandels und der Struktur heutiger Plattenfirmen, hoffe ich eine Lücke in der Vorstellungskraft der Kritiker zu schließen und zugleich eine Geschichte zu erzählen, die das Wesen des R'n'B wiedergibt. Alle diese Faktoren und Akteure wirken zusammen und bestimmen – neben Kreativität und Talent der Künstler – darüber, welche Musiker für wichtig erachtet werden und welche nicht. Wer wird der Star von heute, und wo sucht man nach dem Star von morgen? Deshalb verbringe ich genauso viel Zeit mit der Betrachtung von Geschäftsleuten wie mit der von Musikern. Meine Erfahrung als Journalist und mein Kritiker-Instinkt sagten mir, dass dort die wahre Geschichte zu finden ist.

Aber es geht mir nicht nur darum, über Musik zu urteilen. Wie ich schon eingangs feststellte, fehlt dem schwarzen Amerika etwas, und die Symptome der Krankheit zeigen sich in der Musik. Aber dieses Buch soll nicht nur eine Elegie sein.

»Wo die schwarze Gemeinschaft steht, kann man zu jeder Zeit an ihrer Musik ablesen.« Viele Male habe ich Schwarze dies sagen hören, aber die Quintessenz meiner Argumente ist, dass sie nie wirklich über den Stand der Dinge bei den Schwarzen nachgedacht haben. Sie haben nur ein wohlfeiles Zitat wiedergekäut. Ich habe mir dieses Zitat zu Herzen genommen, und indem ich über die Gegenwart und die Zukunft nachdachte, fiel mein Blick auf die Vergangenheit. Was ich dort fand, war der Tod des Rhythm and Blues.

Nelson George
*Brooklyn*

**Eins**   Philosophie, Geld und Musik
(1900 – 1930)

Viele Amerikaner, denen man seit ihrer Kindheit demokratische Grund-
lehrsätze wie »Brüderlichkeit« und »Gemeinsam sind wir stark« einge-
trichtert hat, fühlen sich unwohl bei der Vorstellung, dass sich eine
ethnische oder rassische Gruppe zusammentut und Ziele formuliert, die
sie vom Rest des Landes abgrenzt. Aber rassische, nationale und religiöse
Machtblöcke waren in unserer Nation schon immer integrale Machtin-
strumente.

Da ihnen die Bürgerrechte vorenthalten wurden, war es für die Schwarzen schwer, in Amerika Machtpositionen zu erklimmen. Da wir als Sklaven in dieses Land gekommen sind, haben wir eine einzigartig isolierte
Position in diesem »Schmelztiegel« eingenommen. Dennoch wurde die
Idee einer rassischen Vereinigung, wie sie die Juden, Italiener und Iren so
oft praktiziert haben, nie völlig verwirklicht. Assimilation oder Eigenständigkeit? Will man in den Realitäten des amerikanischen Systems voran-
kommen, ist beides notwendig. Aber nur die Assimilation, die Strategie,
die den rassischen Machtblock verwässert zugunsten einer zweifelhaften
amerikanischen Identität, hat das Denken der meisten schwarzen Amerikaner bestimmt. Die Ursprünge dieser Debatte sehen wir in den gegen-
sätzlichen Philosophien von Booker T. Washington und W.E.B. DuBois,
den wichtigsten schwarzen Führern zu Anfang des 20. Jahrhunderts.

Von seiner Basis, dem Campus des Tuskegee Instituts in Alabama, baute
Washington ein riesiges Netzwerk auf, von Präsident Theodore Roosevelt

bis zu den Chefs der schwarzen Medien. Der Industriemagnat Andrew Carnegie schenkte dem College 60.000 Dollar in Anleihen des Stahlriesen US Steel unter der Bedingung, dass 15.000 Dollar davon für die persönlichen Bedürfnisse von Washington und seiner Familie eingesetzt werden sollten. Mit solchen Freunden gewann der Ex-Sklave genug Einfluss, um der quasi-offizielle Führer der amerikanischen Schwarzen zu werden. Es wurde gemunkelt, er habe die Macht besessen, die Umsetzung bundesstaatlicher Anordnungen im Süden zu verhindern, nicht nur für Schwarze, sondern auch für viele Weiße. Er hatte genug Verbindungen, um jeder schwarzen Institution, die gegen ihn war, den Garaus zu machen.

Washington gewann diese beängstigende Machtfülle, weil er für sein Volk nicht Gleichheit und Ausbildungsmöglichkeiten forderte, sondern sie nur für manuelle Tätigkeiten anlernen lassen wollte. (Tuskegee war eines der ersten Landwirtschafts-Colleges im Süden.) Seiner Vorstellung nach sollten Schwarze in Amerika als Facharbeiter in rassisch getrennten Firmen überleben und funktionieren. Er glaubte, die Schwarzen würden am Ende so geschickt werden, dass die Nachfrage der weißen Geschäftsleute nach qualifizierten Facharbeitern den Rassismus überwinden würde. Anfang des 20. Jahrhunderts schrieb Washington zur Frage der Bürgerrechte: »Verstand, Eigentum und Charakter des Negers werden die Frage nach den Bürgerrechten lösen. Der beste Weg zu einem Bürgerrechtsgesetz im Süden ist, es nicht zu verfolgen. Man lasse es in Ruhe, und es wird sich von selbst erledigen. Gute Schullehrer und genügend Geld für ihre Bezahlung werden mehr zur Beilegung der Rassenfrage beitragen als irgendein Bürgerrechtsgesetz und Untersuchungskomitee.«

Unglücklicherweise sahen viele Schwarze in Washington einen Onkel Tom, damals wie heute. Er schämte sich nicht, zum herrschenden Establishment zu gehören, weigerte sich jedoch, gegen Lynchmorde vorzugehen, sich für das Wahlrecht der Schwarzen im Süden einzusetzen oder sich anderweitig als Kämpfer in der Tradition eines Frederick Douglas, seines Vorgängers als Führer der Schwarzen, einzusetzen.

Washington war ein Paradoxon. Er setzte sich nicht dafür ein, dass Schwarze mehr politisches Gewicht erhielten, schaffte es aber, so viel Einfluss in der Hauptstadt zu gewinnen wie nur wenige Industriemogule und Politiker seiner Zeit. Es konnte passieren, dass er in einer Rede ausführte, ein schwarzes Lynchopfer habe den Mord selbst provoziert. Auf der anderen Seite gefährdete er seine Schule in Tuskegee, indem er potenzielle Lynchopfer auf dem Campus versteckte.

Seine Philosophie des pragmatischen Kapitalismus und der Politik durch Beziehungen wurde von Mitgliedern der schwarzen Elite des Nordens heftig angegriffen. Sie hassten seinen Führungsstil und die Einengungen, die sie aufgrund seines politischen Einflusses erfuhren. Vielleicht hätte es zu einer Annäherung kommen können, wäre Washington nicht so dogmatisch gewesen, aber jede Abweichung von seiner Linie betrachtete er als Verrat. So auch, als 1903 der junge Historiker und Bürgerrechtsaktivist W.E.B. DuBois ihn in *The Souls of Black Folk* aufs Korn nahm, seine Politik verriss, eine neue politische Linie propagierte und damit einen regelrechten Krieg der Überzeugungen auslöste. DuBois, unterstützt von noch wesentlich militanteren Gegnern Washingtons wie William Monroe Trotter, setzte die Politik an die erste Stelle. Er sah den Schlüssel zur Befreiung der Schwarzen in der Ausbildung und im Wahlrecht.

Die Führung sollte die privilegierte, ausgebildete schwarze Elite, von DuBois das »talentierte Zehntel« genannt, übernehmen. (Dass DuBois sich selbst diesem talentierten Zehntel zugehörig fühlte, war von nicht geringer Bedeutung, wie wir noch sehen werden.) Die Idee zur National Association for the Advancement of Colored People (NAACP) war DuBois' fruchtbarem Hirn entsprungen. Erfolgreiche Schwarze wurden zum Vorbild ihrer Rasse und beflügelten so den Kampf für die Bürgerrechte. Der schwarze Drang nach Integration – unterstützt von liberalen Weißen – begann.

Washington sah das schwarze Amerika als eine Pyramide. Er selbst bildete die Spitze, seine Verbündeten und Freunde die Mitte, und den Sockel, unten auf ihren Farmen, in den Fabriken und Werkstätten, die meisten übrigen Schwarzen. DuBois stellte sich eine Pyramide vor, deren Spitze aus gebildeten, hellhäutigeren Schwarzen bestand, und darunter die schwarze Masse, die ihnen folgte. Leider konnte keiner der beiden Führer sich vorstellen, dass diese Teile der Pyramide in Frieden leben würden. Wie der schwarze Essayist James Weldon Johnson 1933 schrieb: »Wer mit dieser Phase der Geschichte der Neger in den zwölf bis vierzehn Jahren nach 1903 nicht vertraut ist, kann sich nicht vorstellen, wie bitter der Kampf zwischen diesen beiden Flügeln tobte.«

Washingtons Weg, den Schwarzen marktfähige Berufskenntnisse und (harte) Arbeit zu verschaffen, war meines Erachtens bewundernswert. Denn es war praktisch und wirtschaftlich vernünftig, sie nicht einfach aufzustacheln, sondern für Arbeit und Brot zu sorgen. (Auch wenn er die Ideen DuBois' und seiner Mitstreiter nicht hätte ausschließen dürfen.) Aber Washington und seine Philosophie fielen in Ungnade, teilweise wegen seines autoritären Führungsstils, teilweise, weil er keinen Nachfolger hatte, der stark genug gewesen wäre, seinen Standpunkt weiter zu vertreten und das Netzwerk seiner Kontakte aufrecht zu erhalten. Letztendlich war sein Niedergang gekommen, weil die schwarze geistige Elite die Vision von DuBois unendlich viel attraktiver fand, was in nicht geringem Maße aus Eigeninteresse herrührte. Die Absetzung Washingtons und der Aufstieg der NAACP bedeutete, dass die Assimilation zum Hauptziel der Schwarzen wurde. DuBois' Sieg hat bis heute seine Spuren hinterlassen. Eine Umfrage unter schwarzen Amerikanern würde jederzeit ergeben, dass ein starker Wunsch nach weiterer Integration in den weißen amerikanischen Mainstream besteht.

Nur eine Minderheit der Schwarzen würde offen für mehr Selbstbestimmung eintreten. Zu dieser Minderheit gehöre ich, nicht weil ich Weiße nicht mag oder den amerikanischen Traum verabscheue – zumindest, in beiden Fällen, nicht vollständig –, sondern weil ich finde, dass der Triumph der Assimilationsbefürworter, in den 80er Jahren wie in den 20ern, die Lebensbedingungen der meisten Afroamerikaner nicht verbessert hat.

Wer Washingtons Standpunkt in der weitergehenden Frage der Rassengleichheit rückschrittlich findet, wird dafür einige Argumente im ökonomischen Denken von Washington und seiner Orientierung an der
Landwirtschaft finden. Aber dieser Fokus rührt nur daher, dass damals die
meisten Schwarzen im nicht industrialisierten Süden lebten. Es gibt keinen
Grund zu glauben, dass Washington seine Strategie nicht an die technischen Möglichkeiten angepasst hätte, die das 20. Jahrhundert später bot.
Die andauernde Kritik hat jedoch dazu beigetragen, dass Washington als
eine Art Neandertaler wahrgenommen wird. Ein typisches Beispiel, wie
man Washington auch in der populären Kunst diffamiert, ist das Portrait,
das Moses Gunn im Film *Ragtime* von ihm gezeichnet hat. Die Ironie ist,
dass Washington gerade auf dem Gebiet der Künste seine besten, wenn
auch nie umgesetzten Einsichten hatte.

Im Frühjahr 1915 erschien der Film *Birth of a Nation* von D.W. Griffith
nach dem Buch *The Clansman* von Thomas Dixon. Der Film löste Begeis-
terungsstürme und Entsetzen aus. Fünfzig Jahre nach dem Ende des amerikanischen Bürgerkriegs legte Griffiths Epos Zeugnis von Rassismus und
reaktionärem Gedankengut ab. Er schrieb die Geschichte des Krieges und
der Sklavenbefreiung neu, aus einem Blickwinkel, der nur die Brutalität
der Schwarzen, die Bestechlichkeit der Abolitionisten des Nordens und in
den Schreckenstaten des Ku-Klux-Klan nur Patriotismus sah. Griffith nutzte alle technischen Neuerungen des Kinos, um diese hasserfüllten Bilder
schwarzer Bosheit und weißer Reinheit zu schaffen, in der für Amerika typischen Verbindung aus technischer Brillanz und niederträchtigem Inhalt.
Die Schwarzen waren außer sich. Aber wie sollten sie ihrem Zorn Ausdruck verleihen? Überall flammte Protest auf, aber es gelang nicht, die
Aufführung des Films zu verhindern. DuBois verlangte als Herausgeber der
NAACP-Zeitschrift *Crisis* eine Gegendarstellung. Mit anderen zusammen
schrieb er eine Drehbuchskizze, die NAACP-Vertreter dem Chef der Universal Studios, Carl Laemmle, überreichten. Der Filmmogul erklärte sich
bereit, den Film zu produzieren, wenn die NAACP die Hälfte des Budgets

aufbrachte. Die reichen weißen Mitglieder der Organisation lehnten ab. Im Süden, in Tuskegee, begannen Washington und sein Sekretär Emmett J. Scott nach einem Weg zu suchen, um ihren eigenen Film zu machen. Nach einigen ergebnislos verlaufenen Verhandlungen mit weißen Produzenten beschlossen Washington und Scott, den Film selbst zu machen. Sie recherchierten nach Quellen für Filmmaterial, kauften Projektionstechnik, rechneten aus, was es kosten würde, den Film auf dem Campus zu drehen, und schrieben ein Drehbuch, das auf Washingtons propagandistisch gefärbter Autobiographie *Up from Slavery* basierte. Sie verhandelten mit Edwin Barker, einem Schwarzen aus Chicago, der für die Advanced Motion Picture Company arbeitete. Sie versprachen ihm für die Beschaffung der Finanzmittel und die Werbung für das Projekt nicht nur ihre eigene Unterstützung, sondern auch die der sechshundert Mitgliedsunternehmen der National Negro Business League und der schwarzen Presse. Es schien die richtige Formel zu sein – nicht nur für ein richtiges Filmprojekt im großen Stil, das von Schwarzen unternommen wurde, um *Birth of a Nation* Paroli zu bieten, sondern für ein Filmstudio unter der Ägide der größten existierenden Organisation der Schwarzen.

Aber am 14. November 1915, bevor der Vertrag mit Barker unterschrieben war, starb Washington in Tuskegee. Scott war aber entschlossen, das Filmprojekt weiterzuführen, und unterschrieb einen Monat später den Vertrag mit Barker. Viele gutwillige Weiße und Schwarze investierten Zeit und Geld in *Birth of a Race*, aber ohne Washingtons Führung geriet der Film in die Hände von Hochstaplern, Schwindlern und Inkompetenten, als welcher sich nicht zuletzt auch Barker erwies. Einmal äußerte Barker gegenüber *Variety* sogar, in dem Film gehe es überhaupt nicht um Schwarze. Im November 1918 fand in Chicago die Uraufführung statt. Allen zeitgenössischen Quellen zufolge war der Film bestenfalls noch eine Parodie auf das, was Washington und Scott bezweckt hatten.

Hätte Washington lange genug gelebt, um das Projekt zu Ende zu führen, dann hätte *Birth of a Race* seinen Zweck sicherlich erreicht und wäre eine starke Antwort auf Griffith geworden. (Das bedeutet natürlich nicht zwingend, dass es ein guter Film geworden wäre, denn politische Führer sind selten gute Künstler.) Abgesehen von dem Film, wer weiß, was dieses Projekt noch angestoßen hätte? Kern der Idee war eine unabhängige Filmproduktion – Washingtons Idee der wirtschaftlichen Separation wäre verwirklicht gewesen. Aber trotz dieses Fehlschlags gab es andere, die die Idee eines schwarzen Kinos aufgriffen – oder zumindest daran glaubten, dass es ein schwarzes Publikum gab, das ein weniger stereotypes Bild von sich selbst sehen wollte, als Hollywood es anbot. Aber ihre Bemühungen scheiterten ebenso an Geldmangel und der uneingeschränkten Kontrolle der Studios über die Kinos, die sich bis in die 50er Jahre hielt.

Es gibt wenig Hinweise auf Washingtons Musikgeschmack. Angesichts des Eifers, mit dem er auf anderen Feldern aktiv war, hat er sich möglicherweise nicht sonderlich mit Musik beschäftigt. Washington, ein Produkt der geschniegelten Welt der schwarzen Colleges wie dem Hampton Institute in Virginia oder seines eigenen, dem Tuskegee Institute, sah auf die Bluesgesänge und das Banjogezupfe herab, das überall im Süden populär war. Um die Jahrhundertwende war der Choral-Stil, genannt Jubilee Singing, zur Ehre des christlichen Gottes, die Lieblingsmusik der schwarzen Elite. Diese Musik war rein, respektabel und seriös – also genauso, wie es sich nach Washington für die hart arbeitenden Massen ziemte.

Es ist schade, dass der schwarze Führer sich so wenig um Musik kümmerte, denn Washington und seine Zeitgenossen wären gut beraten gewesen, einer neu entstehenden Industriebranche mehr Augenmerk zu schenken, die leicht zu einer mächtigen Waffe im Kampf um die Seelen der schwarzen Amerikaner werden konnte. Seine Ignoranz gegenüber der Musik und ihrer Bedeutung als soziales und ökonomisches Werkzeug war eine Schwäche, unter der später die Jünger Washingtons und DuBois' leiden sollten.

Die verkaufte Rasse

In ihren Anfängen war die Plattenindustrie ein Stiefkind der Musikverlage, da populäre Melodien ursprünglich im Wesentlichen als gedruckte Noten über den Ladentisch gingen. Erst vom Ersten Weltkrieg bis Mitte der 20er Jahre explodierten die Plattenverkäufe. Musikhistoriker nennen diese Phase das »Goldene Zeitalter« der Plattenindustrie. Ragtime, stark synkopierte Klaviermusik, entstand aus den Ideen schwarzer Komponisten wie Scott Joplin. Ragtime war der populärste Stil der ersten beiden Jahrzehnte des 20. Jahrhunderts, und viele weiße Komponisten haben ihren Profit aus diesem Stil gezogen. (Irving Berlin schrieb zum Beispiel 1911 »Alexander's Ragtime Band«.) Zeitungen nannten den Ragtime »vulgär, schmutzig und anzüglich« wegen seiner vibrierenden, tanzbaren Rhythmik, und die schwarze Elite, die sehr viel darauf gab, was die Weißen von ihnen hielten, teilten diese Meinung. Ein derart offenes Zurschaustellen des afrikanischen Geistes, meinten sie, behindere das Fortkommen ihrer Rasse.

Die Hersteller der Schallplatten ließen sich jedoch nicht von Klassen- und Rassenbedenken beirren. Seit 1920 das Okeh-Label (seinerzeit ein Zweig der General Phonograph Company) 10.000 Exemplare von Mamie Smiths *Crazy Blues* verkauft hatte, waren schwarze Künstler und schwarze Musik aus dem Plattengeschäft nicht mehr wegzudenken. Schwarze Bands aus New Orleans wie die Hot Five des Trompeters Louis Armstrong, die Ensembles von Duke Ellington und Jimmy Lunceford und Salonorchester waren schon damals große Stars.

In den ersten Jahren der Schallplatte verbündeten sich Wirtschaft und Semantik zum ersten Mal gegen die Schwarzen. Die Ursprünge des Begriffs »Jazz« werden noch immer diskutiert, aber sehr wahrscheinlich kommt die Bezeichnung aus dem schwarzen Slang. Weiße waren es jedoch, die den Begriff gedruckt und als Bezeichnung für eine Musikrichtung populär gemacht haben, die – anders als Ragtime und Spirituals – das Improvisieren in den Vordergrund stellt. Weil der Stil so gut als Tanzmusik geeignet war, wurde er bei Weißen sehr populär, und weiße Bands spielten ihn in so großer Zahl, dass von 1920 bis 1940 Jazz als weißer Musikstil galt. Im Rückblick schrieben Kritiker daher, es sei lächerlich, den bleichen Bandleader Paul Whiteman als »König des Jazz« zu bezeichnen. In einer Zeit, als die Zahl der Lynchmorde im Süden der USA so hoch war wie nie, benutzte F. Scott Fitzgerald den Begriff »Jazz-Zeitalter« zur Beschreibung einer Phase weißer Zügellosigkeit – einer Zügellosigkeit, die die »primitive« Musik der Schwarzen mehr zum Vergnügen als zur Erbauung vereinnahmte. Der Vorzug des amerikanischen Kapitalismus ist, dass er alles in seine Produktionsmaschinerie assimilieren kann, es anders verpackt und anschließend als etwas Neues verkauft. In der ersten Hälfte des 20. Jahrhunderts wurde Jazz als Musik und als Ausdruck einer neuen sozialen Schicht vermarktet.

Während der Terminus »Jazz« Whiteman die gleiche Bedeutung gab wie Ellington, und Bix Beiderbecke neben Louis Armstrong stellte, wurde der Begriff »Rasse« auf alle Formen schwarzer Musik gemünzt, die die Weißen – und mit ihnen die schwarzen Eliten – verabscheuten. Einige Autoren haben sich gegen den Gebrauch des Begriffs »Rassenmusik« gewandt, wie die Plattenfirmen den Blues damals nannten. Aber, wie Albert Murray 1976 in *Stomping the Blues* schrieb, benutzten am Anfang des 20. Jahrhunderts auch die Schwarzen selbst das Etikett »Rasse«, um sich zu definieren. »Es bleibt – trotz der Ignoranz bestimmter Kritiker – eine Tatsache, dass in der schwarzen Presse der 20er Jahre prominente Neger-Führer und Sprecher sich als Rassenführer und Rassensprecher bezeichneten. Die Aufregung über die Anwendung dieses Begriffs auf Schallplatten war unangebracht.«

Ich glaube, dass die Anziehungskraft dieser Landarbeiter-Musik mit dem Begriff »Rassenmusik« sehr gut bezeichnet ist. Der Blues, ob mit den heulenden Stimmen von Bessie Smith und Ma Rainey oder in den dämonischen Songs und Gitarren-Licks von Delta Blues-Legende Robert Johnson, fuhr den Massen der nicht assimilierten Schwarzen, die die zu Tanzlokalen umfunktionierten Scheunen des Südens besuchten, direkt in die Glieder. Das soll nicht heißen, dass man den Begriff nicht verfälschen kann. Einer der schlimmsten Übeltäter war der aus der schwarzen Mittelschicht stammende W.C. Handy, der nur deshalb als Vater des Blues gilt, weil er einer der ersten war, der die Musik in Noten niederschrieb. Wieder wurde deutlich, dass die Semantik manchmal eine ebenso große Bedeutung für die Entwicklung der amerikanischen Musik hatte wie die Kreativität der Musiker. Und wenn es darum ging, Errungenschaften ihren Urhebern zuzuweisen, wurde sie noch wichtiger.

Es ist auch wichtig festzuhalten, dass in der schwarzen Gemeinde eine ästhetische Lücke klaffte zwischen den eher intellektuellen, assimilierten schwarzen Musikstilen und den eher bodenständigen Klängen aus der Arbeiterschicht. Diese Lücke war je nach Zeitgeist mal größer, mal kleiner, und zu Zeiten sogar ganz geschlossen.

Handy war zwar mitnichten der Vater des Blues, aber er hatte eher als seine Zeitgenossen verstanden, welchen ökonomischen Wert der Blues darstellte. Er gab einige traditionelle Blues-Melodien, die er neu arrangiert hatte, als seine eigenen Kompositionen aus, aber er finanzierte 1921 auch eines der ersten rein schwarzen Musiklabels, Black Swan. Diesen Umstand hob Handy in seiner Werbung hervor. Auf der Hülle von Trixie Smiths *Trixie's Blues* steht stolz geschrieben: »Die einzigen Schallplatten, die nur von Farbigen gemacht werden« und »Die einzigen Schallplatten, auf denen ausschließlich Negerstimmen zu hören sind«. Trixie Smith war eine »klassische« Blues-Sängerin in der Tradition von Bessie Smith und Ma Rainey, aber Handy, ein gebildeter Mann, wollte auch den Markt für städtische Musik bedienen. Der innovative schwarze Bandleader Fletcher Henderson wurde als Direktor bei Black Swan eingestellt, und Ethel Waters, deren Brillanz als Popsängerin von ihren späteren Erfolgen als Schauspielerin noch überragt wurde, war sein prominentestes Zugpferd.

Ich benutze den Ausdruck »Pop« im Zusammenhang mit Ethel Waters nicht, um sie vom Blues abzugrenzen, sondern um ihr klares Timbre hervorzuheben, das sie nicht wie eine Schwarze klingen ließ und sie zum Broadway-Star machte. Ethel Waters hatte das, was man Jahrzehnte später als Crossover-Potenzial bezeichnen sollte. Wie man einer anderen Black Swan-Anzeige entnehmen kann, wollte Handy mit seinem Label den Facettenreichtum schwarzen Talents bekannt machen: »Schwarzes Unternehmen, das Sprechplatten herstellt. Alle Aktionäre sind schwarz, alle Künstler sind schwarz, alle Mitarbeiter sind schwarz. Die einzige Gesellschaft, die hochwertige Aufnahmen von farbigen Künstler herstellt. Diese Gesellschaft macht die einzigen Opernschallplatten von Schwarzen. Alle anderen beschränken ihr Repertoire auf Blues, Ragtime, Comedy.« Es war ein schöner Versuch, ein wichtiger Versuch, der aber am Ende fehlschlug. 1924 verkaufte Handy Black Swan an die Paramount Recording Company, eine Tochtergesellschaft des mächtigen Filmstudios. Es gab auch andere frühe Versuche, schwarze Plattenlabels zu etablieren, aber die meisten scheiterten wie Black Swan im Wettbewerb mit den größeren, von Weißen geführten Firmen.

Im Ganzen gesehen litten Handy und seine Mitstreiter natürlich unter dem Rassismus, aber ebenso brachte sie auch ihr chaotischer Vertrieb zu Fall. Die großen schwarzen Orchester konnten unter der Rubrik »Swing« in den großen Plattenläden verkauft werden, die Rassenmusik hatte diese Möglichkeiten nicht. Und selbst wenn die Plattenfirma einen Händler fand, konnte sie selten einen Manager beschäftigen, der die Abverkäufe überwachte. Das Ergebnis war, dass die Auslieferung der Platten und das Kassieren der Einnahmen oft unter chaotischen Bedingungen ablief. Die Pullman-Porter, die schwarzen Bediensteten in weißen Jacken und schwarzen Mützen, die in den großen Eisenbahnzügen arbeiteten, bildeten ein schwarzes Untergrund-Kommunikationsnetz. Sie reisten durchs ganze Land, transportierten Nachrichten von einer schwarzen Gemeinde zur anderen, verkauften schwarze Zeitungen wie den *Chicago Daily*

*Defender* und Schallplatten, die sie aus Chicago, New Orleans und St. Louis mitbrachten. Wenn sie in Tennessee, Mississippi oder Florida ankamen, hatten die Porter, von denen die meisten schlitzohrige Geschäftemacher waren, die Preise beträchtlich erhöht. Aber sie hatten keinen Grund, ihren Lieferanten im Norden zu sagen, um wie viel. »Rassenmusik« konnte man gelegentlich in außergewöhnlich gut sortierten Läden finden. Selbst in Möbelgeschäften konnte es vorkommen, dass Schallplatten neben einer Victrola standen, um den Absatz der neuen Technik anzukurbeln. In jedem Fall war der Abstand zwischen dem Plattenproduzenten und dem eigentlichen Verkauf beträchtlich. Ein weiterer Faktor, der den schwarzen Labels zu schaffen machte, war die Tatsache, dass ihre Kernzielgruppe – die Schwarzen im ländlichen Süden – in Gegenden lebten, die noch Jahrzehnte auf Stromversorgung warten mussten.

Die ersten Wellen

Radioübertragungen werden selten dazu genutzt, Nischenmusik populär zu machen. Wenn man in den 20er und 30er Jahren Swing mochte, konnte man Live-Übertragungen von Duke Ellington aus dem Cotton Club hören oder Chick Webb aus dem Savoy in Harlem, Earl (Fatha) Hines aus dem Grand Terrace in Chicago oder vielleicht einen der letzten Auftritte einer kalifornischen Band im West Coast Cotton Club. Diese Übertragungen richteten sich nicht an Schwarze. Die Bands waren einfach populär, und nur zufällig schwarz.

Die erste Sendung, die sich speziell der Rassenmusik widmete, sollte schwarze Hörer für ein bestimmtes Produkt begeistern. In den 30er Jahren begannen Sponsoren, Werbezeiten im Radio zu kaufen, um Schweinshaxen, Innereien, gebrauchte Möbel, Arzneimittel und alle möglichen anderen Waren für Schwarze zu vermarkten. Ein repräsentatives Beispiel ist die »King Biscuit Time«, eine Sendung, die in den frühen 40er Jahren in der wuseligen, kleinen Stadt Helena ausgestrahlt wurde, mitten im schwarz dominierten Mississippi-Delta. Mittags um zwölf traten der Mundharmonikaspieler Rice »Sonny Boy Williamson« Miller und der Gitarrist Robert Lockwood auf, spielten fünfzehn Minuten Blues und überbrachten Grüße von den Herstellern des King Biscuit-Mehls. Die Sendung war bald so populär, dass ein Sonny Boy-Maismehl auf den Markt gebracht wurde und sogar ein paar 78er-Schallplatten verkauft wurden. Im Allgemeinen fand man ursprünglichen Blues aber nicht im Radio oder auf Schallplatten. Beide Medien spielten bei der Freizeitgestaltung der armen schwarzen Landarbeiter keine Rolle, und Unternehmen, denen die wachsende wirtschaftliche Bedeutung der schwarzen Siedlungen nicht entgangen war, setzten lieber auf Baseball. Teams mit schwarzen Eigentümern hatte es schon seit 1885 gegeben. Eine Truppe aus Long Island versuchte sich zu tarnen, indem sie sich den Namen Cuban Giants (»Kubanische Riesen«) gab.

In den 20er Jahren gab es zwei bedeutende Ligen, die Negro National Baseball League und die Mutual Association of Eastern Baseball Clubs, dazu einige unabhängige Teams, die in bestimmten Regionen auf Tournee gingen und lokale Teams herausforderten. Gangster, Schnapsschmuggler, Lotterieeinnehmer und viele Entertainer besaßen Teams. 1931 gab Louis Armstrong einem siebzehnköpfiges Team aus New Orleans seinen Namen (»Armstrong's Secret Nine«), das er auch finanzierte. Der entschiedenste Befürworter für schwarzen Baseball war Andrew (Rube) Foster, ein schwarzer Geschäftsmann und ehemaliger Werfer, der inoffizieller Bevollmächtigter der aus sieben Teams bestehenden Negro National League wurde. Er glaubte, dass schwarzer Baseball lukrativer und spannender sein könnte, wenn man es besser organisierte. Vierundzwanzig Jahre überlebte seine Liga, trotz wechselnder Namen, Städte, Eigentümer – zusammen mit Ligen, die von anderen Schwarzen geführt wurden. Sie erfüllte Fosters Vision von sportlicher Unterhaltung für die Schwarzen und schuf in einer feindlichen Umwelt Arbeitsplätze auf und neben dem Platz. Die Negro League brachte nicht nur legendäre Spieler wie den Werfer Satchell Page, den Outfielder Cool Papa Bell und den Fänger Josh Gibson hervor, sondern gab auch schwarzen Managern wie Cumberland Possey von den Homestead Grays und W.A. (Gus) Greenlee von den Philadelphia Crawfords, die sich sowohl im Managementbüro als auch an der Außenlinie hervortaten, ein Betätigungsfeld.

In den Stadien der großen Städte wie dem Yankee Stadium in New York oder dem Comiskey Park in Chicago wurde ebenso gespielt wie in den kleinen schwarzen Ortschaften. Baseball – eine der wenigen öffentlichen Zurschaustellungen von schwarzer Leistungsfähigkeit – wurde zum integralen Bestandteil des gesellschaftlichen Lebens der Schwarzen. Die Fans bevölkerten im Sonntagsstaat die Tribünen, nahmen regen Anteil am Spielverlauf und verzehrten, was sie in gut gefüllten Weidenkörben mitgebracht hatten. Vor und nach den Spielen, sogar zwischen den einzelnen Innings, gab es Live-Musik zu hören, die den festlichen Charakter des Ereignisses noch betonte.

In meinen Augen waren schwarze Baseballmannschaften zu ihren besten Zeiten eine Fortsetzung von Washingtons Idee der wirtschaftlichen Autonomie. Natürlich waren nicht alle Funktionäre und Eigentümer schwarz. Auch trug die Existenz der schwarzen Liga in keiner Weise zur lang ersehnten Integration schwarzer Sportler in die Ligen der Weißen bei. Aber die Negro League brachte schwarze Stars und schwarze Manager hervor, und sie gab Schwarzen Arbeit. Und alle, die hinhörten, verstanden, dass Baseball – der Tradition anderer Gruppen folgend – die Solidarität innerhalb der ethnischen Gruppe förderte und materielle und soziale Vorteile schuf.

Die Debatte um Assimilation oder Autonomie und die semantische Verdrehung der schwarzen Musik sollte sich während des Zweiten Weltkriegs noch intensivieren.

**Zwei**  Dunkle Stimmen in der Nacht
(1930 – 1950)

Vom Ende des Bürgerkriegs bis zur Präsidentschaftswahl 1932 blieben die Schwarzen der Republikanischen Partei treu. Dann mussten sie sich von der Partei Lincolns, der Emanzipation und des Wiederaufbaus lösen. Diese Romanze, immer wieder geprüft von Jim Crow *(Karikatur des Schwarzen mit schlichtem Gemüt, der stets grinst, singt und tanzt. Ursprünglich eine von Weißen erdachte Bühnenfigur)* und den immer wieder aufflackernden Akten körperlicher und seelischer Gewalt gegen Schwarze, fand ihr Ende mit Franklin Delano Roosevelt und seinem New Deal. Die Ärmsten einer geplagten Nation hatten am meisten dabei zu gewinnen, wenn Sozialversicherungen, Mindestlohn und öffentliche Arbeitsbeschaffungsmaßnahmen eingeführt wurden, mit denen Schwimmbäder, Parks und Büchereien in den Gemeinden aufgebaut wurden. New Deal-Programme gaben auch vielen schwarzen Künstlern die Chance, ihr Talent auszuprobieren. Zwei der bekanntesten Schriftsteller der Nachkriegszeit, Richard Wright und Ralph Ellison, verdienten sich ihren Lebensunterhalt mit der Arbeit für den Federal Writers Workshop.

Der Wechsel der politischen Gefolgschaft der Schwarzen und die Programme des New Deal verbesserten zwar ihre wirtschaftliche und künstlerische Situation, aber niemand, nicht einmal die aufgeschlossenen Roosevelts, dachte an ein radikaleres Programm, das unternehmerische Initiative *innerhalb* der schwarzen Gemeinde gefördert hätte, oder daran, das viel wesentlichere Problem der politischen und sozialen Ausgrenzung anzugehen.

Weil er vielleicht befürchtete, dass sich durch den New Deal gar nichts zum Guten ändern würde, veröffentlichte W.E.B. DuBois in seiner Zeitschrift *Crisis* einen historischen und – vor allem im Hinblick auf seine Auseinandersetzungen mit Washington in der Vergangenheit – ungewöhnlichen Gedanken: Er befürwortete die Rassentrennung. Er hatte festgestellt, dass die höchsten Ebenen der NAACP von Weißen und Schwarzen dominiert wurden, die zu sehr das Ziel der Rassenintegration vor Augen hatten, um sich tatsächlich und entschlossen den Interessen der Schwarzen widmen zu können. DuBois kam zu dem Schluss, dass nur eine rein schwarz geführte Organisation den Schwarzen tatsächlich politisches Gewicht geben konnte. Der Ansatz »getrennt, aber gleich« seines Aufsatzes erschreckte die Führung der NAACP. Sie lobten den sechsundsechzigjährigen Wissenschaftler von *Crisis* weg und machten ihn zum Präsidenten der Atlantic University. Seine Erkenntnis, dass eine rassenintegrierte Organisation nur schwer für die Gleichheit der Schwarzen kämpfen konnte, und sein Eintreten für Autonomie waren Zeichen eines bemerkenswerten Sinneswandels am Ende eines politischen Lebens. Ein Mensch, der die Mechanismen der Macht in den USA genau studiert hatte, war zu der Erkenntnis gelangt, dass ungebremste Integration den Schwarzen große Nachteile bringt.

Die NAACP verstieß ihren Gründer, machte sich aber dennoch daran, die Strategie der Organisation zu reformieren. DuBois' Ausbruch zog eine Prozess-Flut gegen das Jim Crow-System nach sich, die den Boden für wichtige Entscheidungen der Bundesgerichte gegen Rassendiskriminierung bereiteten und die Karriere eines jungen Anwalts namens Thurgood Marshall beflügelten. 1935 erstritt Marshall ein Urteil, das Donald Murray den Besuch der Maryland Law School erlaubte. Niemand ahnte, was der juristische Feldzug, der mit diesem Prozess begann, in nur zwanzig Jahren erreichen würde.

Während die Bürgerrechtsbewegung das Feld der Justiz eroberte, fand die Welt der schwarzen Musik einen Weg, innerhalb der Grenzen einer rassisch getrennten Gesellschaft zu operieren. Man baute das auf, was die Nachkriegswelt des R'n'B werden sollte, und bei diesem Aufbau nährte man das schwarze Gemeinschaftsgefühl und den Stolz, der für die Bürgerrechtsbewegung so wichtig werden sollte. Zwei bedeutende Gestalten trugen dazu bei: Dave Clark, ein listiger Geschäftsmann, und Louis Jordan, Saxophonist mit einer einzigartigen Vision.


## Dave Clark


Dave Clark war schlank, drahtig und hellhäutig. Er begann seine Laufbahn als Springer bei Jimmy Luncefords Big Band, wo er sowohl Holz- als auch Blechblasinstrumente spielte, nachdem er Mitte der 30er Jahre das College in Jackson, Tennessee mit einem Abschluss in Musik verlassen hatte. Harold Oxley, Luncefords Road Manager gab seinem Leben eine neue Richtung. Er schlug vor, Clark sollte sich als »Advance Man« betätigen, was bedeutete, dass Clark vor der Band herreiste und das Interesse an der Band weckte, indem er Poster anschlug, Anzeigen in der schwarzen Presse schaltete und die neuesten Platten von Lunceford in den Musikboxen der Gegend unterbrachte. »Zu dieser Zeit gab es noch kein schwarzes Radio«, sagt Clark, »also konnten wir nur so auf unsere Musik aufmerksam machen. Als die Musikbox-Betreiber begannen, auch in den letzten Winkeln neue Musikboxen aufzustellen, gab es schon bald mehr Aufnahmen von schwarzen Bands, denn die Schwarzen spielten die Boxen nur, wenn gute Swing- oder Bluestitel drin waren.« Als Advance Man brachte Clark oft neue Platten in die Städte. »Es dauerte sehr lange, bis die Musik das ganze Land durchquert hatte. Deshalb lief eine Hit-Platte oft ein oder zwei Jahre hintereinander.«
Clarks Ansehen wuchs rasch. Moe Gale und Joe Glaser, die Besitzer der beiden größten Konzertagenturen in New York, engagierten ihn beide,

wodurch Clark unter anderem mit Louis Armstrong und Billie Holiday in Kontakt kam. Die meisten Künstler, für die Clark arbeitete, nahmen ihre Songs bei Decca auf, einem Großunternehmen, das in der Swing-Ära ein Monopol auf schwarze Musiker hatte. Ein weißer Decca-Angestellter, der erkannte, wie wichtig Clarks Arbeit für den Schallplatten-Absatz war, bot Clark einen Job an. Aber die Sache zerschlug sich, so Clark, »weil der Decca-Boss nicht scharf darauf war, einen Schwarzen einzustellen« – trotz der vielen Schwarzen, die für das Label Platten machten. Clark wurde also Berater – die 30er Jahre-Version dessen, was man heute einen freien Promoter nennt.

Das ist der Grund, warum Clark eines Abends im Jahre 1938 in einer Chauffeursuniform die Halle eines Radiosenders in New York City betrat. Martin Block moderierte gerade seine Sendung »Make Believe Ballroom«, eine Show, die er mit Schallplattenaufnahmen bestritt. Dieses revolutionäre Programmkonzept war schon einige Jahre zuvor in Los Angeles erfunden worden, aber Block war der erste, der dem Format zu Erfolg verhalf. Er zog einfach Schallplattenaufnahmen den Live-Sendungen vor. Block hatte Ideen, aber er war kein Visionär. Er spielte so zahme weiße Bands wie Paul Whiteman, Tommy Dorsey und Glenn Miller – Duke Ellington, Count Basie, Jimmy Lunceford und die anderen tollen Bands dieser Zeit ließ er außen vor. Ein unerträglicher Zustand für Clark.

Er trug eine 78er-Platte von Luncefords »St. Paul's Walking Through Heaven With You« bei sich, ein guter, aber nicht allzu frecher Swing-Song. 1938 durften Schwarze die Büros des Senders WNEW nicht betreten, aber es war nicht ungewöhnlich, dass ein schwarzer Chauffeur dem Portier eine Nachricht übergab. Clark erklärte, der Besitzer des Senders habe ihn mit einer Schallplatte geschickt, die Block spielen solle. Listig fügte er hinzu, dass der Boss zu Hause vor dem Radio sitze. Der Portier »trug sie sofort nach oben und Block spielte sie«, erinnert sich Clark stolz an diesen historischen Moment. Portia Maultsby, die sich intensiv mit der Geschichte der schwarzen Musik beschäftigt hat, bestätigt diese Geschichte. Damit ist Clark der erste Promoter, der einen Diskjockey dazu brachte, eine Schallplatte im Radio zu spielen, um dadurch die Plattenverkäufe anzukurbeln.

Die Beziehung zwischen der Schallplattenindustrie und den Radiosendern sollte eine wesentliche Rolle bei der Entwicklung des R'n'B, und Clark in den Folgejahren eine bedeutende Rolle bei der Gestaltung dieser Symbiose spielen.

In den 30er Jahren hatte sich das schwarze Radio noch kaum von seinen Ursprüngen (den gesponserten Shows) entfernt. Es gab noch immer keine Sender, die speziell für Schwarze sendeten, und keine, die sich auf schwarze Musikstile spezialisiert hatten – einmal abgesehen von Swing. Allerdings gab es einige schwarze Moderatoren, und besonders bekannt war Jack Cooper, dessen Karriere 1929 begann. 1935 hörte man ihn dank der Sponsoreneinnahmen bei verschiedenen Radiostationen im Raum Chicago fünfeinhalb Stunden täglich. Eine seiner täglichen Sendungen nannte er gar die »Negro Hour«, obwohl Cooper sich auch um weiße Zuhörer und solche aus der schwarzen Mittelschicht bemühte. Cooper und seine Zeitgenossen benutzten zwar gelegentlich schwarzen Slang, waren aber ansonsten bemüht, sich nicht von den weißen Diskjockeys abzuheben. Wie Norman Spaulding, ein schwarzer Radio-DJ jener Zeit, beobachtete, waren die meisten schwarzen Ansager »nicht im Süden geboren oder sie hatten den Süden sehr früh verlassen und hatten keine Spur von einem Südstaaten-Akzent. Sie waren stolz darauf, nicht wie Amos and Andy oder Stepin Fetchit zu klingen«. Das hieß, Rassenstolz und Snobismus verboten es Cooper und seinesgleichen, sich die roheren Ausdrucksformen der Schwarzen zu eigen zu machen, sei es in der Sprache oder in der Musik. In gewisser Weise spiegelt dies den Nord-Süd-Konflikt zwischen DuBois und Washington wider, der in unterschiedlicher Form immer wieder durch die Debatten über den Widerspruch zwischen schwarzem Image und schwarzer Realität geistert.

Louis Jordan

Ein Künstler, der diese Lücke zu überbrücken vermochte, debütierte 1938 bei Decca, bei dem gleichen Label, für das auch Clark schuftete. Sein Name: Louis Jordan, Tenorsaxophonist und Sänger mit einem verschmitzten, sympathischen Auftreten. Er hatte bereits mit der Big Band von Swing-Drummer Chick Webb gespielt, bevor der im Frühjahr des Jahres gestorben war. Jordan gründete sofort eine eigene Band, die zunächst aus acht Musikern bestand, dann aus sechs, und schließlich aus sieben, womit die Standardbesetzung für schwarze Tanzkapellen der Nachkriegszeit feststand. Bekannt wurden sie allerdings als Tympany Five. Wegen der reduzierten Anzahl von Bläsern rückte der Rhythmus stärker in den Vordergrund. In den Jahren vor dem Zweiten Weltkrieg sagte man, Jordan spielte einen »hüpfenden Blues«; und der Stil war eine Zeitlang als »Jump Blues« bekannt. Er selbst nannte ihn Shuffle Boogie.
Wie der ländliche und der klassische Blues waren Jordans Titel mit schwarzem Slang und dem »Hep-Cat«-Jargon jener Jahre durchtränkt. Aber er tat in der Entwicklung vom Blues zum Rhythm and Blues einen wichtigen Schritt, indem er die Zusammensetzung der Songs nach einem Marketingkonzept auswählte. Mit Unterstützung seines weißen Produzenten Milt Gabler wurde Jordans Songmaterial in eine Form gebracht, die städtische Elemente enthielt, aber zugleich die Blueswurzeln sichtbar machte. Das entsprach zwar nicht unbedingt Jordans Lebenserfahrung, sollte aber die der Schwarzen in den großen Städten widerspiegeln, die oft nur eine Generation von den Baumwollfeldern im Süden trennte. Die Titel »Beans And Cornbread«, »Saturday Night Fishfry« und »Ain't Nobody Here But Us Chickens« erinnern an das Landleben, während es im Text um städtische Lebenssituationen geht. In »Chickens« feiern die Stallhühner eine Party, die dem Farmer den Schlaf raubt, aber es ist nicht zu übersehen, dass diese Party in einer Wohnung von Schwarzen stattfindet

und dass der Farmer – vielleicht der Vermieter, vielleicht die Polizei – das gefiederte Treiben beenden will. Jordans Gesang, frech, lebhaft und gewürzt mit witzigen, halblauten Nebenbemerkungen, hatte so viel Schwung wie sein Rhythmus. Viele verglichen ihn wegen seiner Lebensfreude mit Cab Calloway, einem Bandleader der Swing-Ära, der für seine großen Anzüge, seinen Sprechgesang und sein geöltes Haar bekannt war. Aber Jordan hatte genauso viel mit Jack Benny's Mitstreiter Eddie (Rochester) Anderson gemeinsam, dessen raue, kehlige Stimme ihn in den 30er und 40er Jahren zum Star in Film und Radio machte. Er war, wie Jordan, ein Star für Schwarze und Weiße.

Jordan war von Natur aus ein Crossover-Musiker. Er war ein so talentierter Entertainer und ein so progressiver Musiker, dass sein Talent die Mauer der Rassentrennung mühelos überwand. »Ich verdiene genauso viel an Weißen wie an Schwarzen«, prahlte er. »In der einen Woche spiele ich in einem weißen Laden, und in der nächsten in einem schwarzen.« In seinen besten Jahren, 1938 bis 1946, verkaufte Jordan fünf Millionen 78er-Schallplatten, vor allem dank der Nickelodeons – Musikboxen mit einem Bildschirm und einer Filmschleife, auf denen, lange vor MTV, kurze Musikfilme zu sehen waren. Clips von Jordan wie *Caledonia Boogie* gaben die fröhliche Atmosphäre seiner Konzerte wieder und halfen dem Schallplattenverkauf. Die Clips, die Jordan gemeinsam mit Gabler lancierte, liefen auch als Vorprogramm in schwarzen Kinos.

Der Zweite Weltkrieg war eine Zeit des Heldentums und der Leiden. Er war aber auch eine Zeit der Chancen für Schwarze. Da der Krieg Amerikas Ressourcen belastete, erhielten die bisher weitgehend unerschlossenen Potenziale der Schwarzen (und der weißen Frauen) die Gelegenheit, der Nation, die sie fast drei Jahrhunderte lang diskriminiert hatte, ihre Loyalität zu beweisen.

Während des Krieges lebten die schwarzen Soldaten und ihre Familien in der Hoffnung, die Mobilmachung würde die Nation zwingen, sich nach dem Krieg an die Buchstaben der Verfassung zu halten. Für viele war das

Konzert von Marion Anderson am Ostersonntag 1939 vor dem Lincoln-Denkmal in Washington das Aufbruchssignal in eine neue Ära. 75.000 Amerikaner aller Rassen und Schichten wohnten diesem Auftritt bei. Nachdem die klassische Diva von den »Daughters of the American Revolution« an ihrem geplanten Auftritt in der Constitutional Hall gehindert worden war, triumphierte hier die Menschenwürde über den Rassismus, und man sah dieses Ereignis als Vorboten der Zukunft. Ein Jahr später erschien Richard Wrights von der Kritik hoch gelobtes Buch *Native Son*, das den Weißen zum ersten Mal in gedruckter Form die grausame Realität des täglichen Krieges im eigenen Land vor Augen führte.

In der ersten Phase des Krieges versuchte die Regierung, die Schwarzen in ihren Aufstiegsmöglichkeiten einzuschränken, aber aufgrund politischen Drucks und Personalknappheit musste sie ihre Politik revidieren. Am 9. Oktober 1940 verkündete das Weiße Haus, man verfolge die Politik, »weiße und farbige Wehrpflichtige nicht in den gleichen Regimentern einzusetzen«. Nur sieben Tage später wurde Benjamin O. Davis als erster schwarzer General der Armee berufen. Am 15. Januar 1941 zog Yancey Williams, frisch von der Howard University, vor das Bundesgericht und zwang den Verteidigungsminister, seine Bewerbung als Pilotenschüler des Army Air Corps anzunehmen. Einen Tag später gaben das Verteidigungsministerium und die Armee die Gründung einer Fliegerstaffel für schwarze Kadetten bekannt. Im Juli wurde in Tuskegee unter den wachsamen Augen der Organisation von Booker T. Washington eine schwarze Heeresfliegerschule eröffnet.

Eine Reihe von Einzelpersonen zeichnete sich aus und eröffnete damit Möglichkeiten für andere Schwarze. Ein Beispiel ist Dr. Charles Drew. Nachdem er 1940 in New York erfolgreich die Gründung einer Blutplasma-Bank auf den Weg gebracht hatte, wurde er zum medizinischen Direktor des britischen Blutplasma-Forschungsprojekts ernannt. Er entwickelte eine Methode für die Massenproduktion von Blutplasma, die in den folgenden vier Jahren auf dem europäischen Kriegsschauplatz zum unersetzlichen Hilfsmittel wurde. Arbeiterführer A. Philip Randolph, der die »Bruderschaft der Schlafwagenschaffner« gegründet und Roosevelt mit der Drohung, nach Washington zu marschieren, einen riesigen Schrecken eingejagt hatte, kämpfte für mehr schwarze Jobs in der Rüstungsindustrie. Mit Protagonisten wie Anderson, Davis, Drew und Randolph wirbelten die Schwarzen im Zweiten Weltkrieg einigen Staub auf.

Der neu gewonnene Stolz, der bei manchen schwarzen Soldaten verständlicherweise in Ungeduld umschlug, führte zu vielen blutigen Konfrontationen. Im August machten schwarze Soldaten und weiße Militärpolizisten in North Carolina mit einem Feuergefecht untereinander aus, wo Schwarze im Militärbus sitzen durften. Auf jeder Seite gab es einen Toten. Rassisch bedingte Konfrontationen zwischen schwarzen Soldaten und Militärpolizisten waren so häufig, dass man sich ernsthaft die Frage stellen musste, ob die MPs alle Soldaten oder nur die mit dunkler Hautfarbe überwachten.

Nach dem Krieg kamen die schwarzen GIs nach Hause: stolz und wach. Diejenigen, die in Europa gedient hatten, hatten in den Ruinen der stolzen Nationen dieses alten Kontinents erlebt, dass ihre Hautfarbe Respekt gebot und Ehrfurcht auslöste. Sie hatten auf eine Weise, die ihnen im Ersten Weltkrieg nicht möglich gewesen war, bewiesen, dass Schwarze so gut wie jeder andere für Amerika kämpfen konnten. In Asien, wo sie gegen Menschen mit gelber Hautfarbe kämpften, sahen sie, dass die Hautfarbe nichts über die Tapferkeit und Klugheit eines Menschen aussagt. Den schwarzen Soldaten fiel auf, dass die rassistischen Sprüche, mit denen sie gegen die Japaner aufgehetzt werden sollten, sich nicht wesentlich von denen unterschieden, die sie zu Hause selbst zu hören bekamen. Nur ein echter »Onkel Tom« – und von denen gab es in jener Generation eine ganze Reihe – konnte die amerikanische Politik nicht für bigott halten. Letztendlich war klar, dass Weiße nicht instinktiv Menschen anderer Hautfarben hassten. Sie waren genauso das Produkt einer Erziehung wie die Kamikaze-Piloten. Es kam nur darauf an, dachten viele

Schwarze, den Weißen zu sagen, aus welchem Holz sie geschnitzt waren – und, jawohl, sich seiner Rasse würdig zu erweisen –, dann würde man es schaffen.

Es ist wichtig zu bemerken, dass die hier genannten Veränderungen alle von der Regierung angeordnet waren. Gesetze und Politik aus Washington reflektierten in den folgenden 25 Jahren wesentlich aufmerksamer den Wunsch der Schwarzen nach sozialer Veränderung. Die private Industrie hingegen blieb von diesen Entwicklungen nach dem Krieg weitgehend unberührt, obwohl symbolische Gesten groß in Mode waren. Und die Idee, schwarze Unternehmer staatlich zu fördern, stieß bei den Weißen auf ebenso wenig Begeisterung wie bei den schwarzen Führern, die nur ihr Ziel der Rassenintegration vor Augen hatten.

Genau in dieser Zeit, in der der Traum von einem integrierten Nachkriegs-Amerika Blüten trieb, hatte John Johnson, der Sohn eines Tagelöhners aus Arkansas, eine bemerkenswerte Geschäftsidee. Er gab 1942 in Chicago eine kleine Zeitschrift namens *Negro Digest* heraus, die auf die ganz besonderen Bedürfnisse der Schwarzen abgestimmt war. Seine Idee war so erfolgreich, dass er eine schwarze Version der Illustrierten *Life* ins Auge fasste: ein bebildertes Magazin, in dem die vielen Erfolgsgeschichten aus der schwarzen Gemeinschaft veröffentlicht werden sollten, die den Weißen so belanglos vorkamen. Im November 1945 rief er *Ebony* ins Leben. Das Magazin kostete einen Vierteldollar, und die schwarzen Leser liebten es. Nur leider waren die Anzeigenkunden skeptisch. Das rassistische Vorurteil, Schwarze läsen nicht, war noch weit verbreitet – und manche Buchverleger glauben es bis auf den heutigen Tag.

Der *Ebony*-Legende nach war ein Treffen zwischen Johnson und dem Chef von Zenith, Eugene McDonald, entscheidend für das Überleben des Magazins. Der Verleger hatte den Termin erbeten, nachdem eine Umfrage unter den Schwarzen Chicagos ergeben hatte, dass die meisten Schwarzen, die ein Radio besaßen, darunter auch seine Mutter, eines der Marke Zenith besaßen. Johnson überraschte McDonald mit einer signierten Ausgabe des Berichts des schwarzen Forschers Matthew Henson über seine Reise zum Nordpol mit Admiral Robert Peary. Er wusste, dass McDonald an einer von Pearys Expeditionen teilgenommen hatte. Der Plan funktionierte. In einer kritischen Lebensphase des Magazins erhielt Johnson Anzeigen von Zenith, wodurch sich das Bankkonto auffüllte und andere Anzeigenkunden überzeugt wurden, *Ebony* in ihre Planung mit einzubeziehen.

Es war nur zu passend, dass in den späten 40er Jahren die erste Werbung, die in *Ebony* erschien, Anzeigen für Radioapparate waren. Hatte man damals schon Elektrizität – was viele Schwarze auf dem Lande nicht hatten –, dann war ein Radio, ob von Zenith oder einer anderen Firma, der Zugang zu einer Welt von Rhythmen, Blues und Unterhaltung, die vorher nur in umgebauten Scheunen existiert hatten, wo lokale Diskjockeys und Komiker die Besucher unterhielten. Mehr noch, Radio sollte sich zum Katalysator für einen Quantensprung für die Vermarktung, den Verkauf und die Distribution populärer Musik entwickeln.

Veränderungsprozesse

Um die Anfänge der R'n'B-Welt erklären zu können, müssen wir wieder ein wenig in die Kriegszeit zurückkreisen. Nach dem Angriff der Japaner auf Pearl Harbor 1941 stoppte die Regierung die Produktion von Plattenspielern, Radios und anderen Konsumprodukten, die elektrische Komponenten benötigten, die Kriegsproduktion hatte Vorrang.

Schellack, das wichtigste Material für die Fertigung von Schallplatten, kam aus dem japanisch besetzten Singapur. Daher war nicht viel davon verfügbar. Aber die Leiden des Krieges steigerten den Wunsch der Amerikaner nach Unterhaltung. Die Musikindustrie boomte genauso wie die Filmindustrie. 1941 wurden Schallplatten im Wert von fünfzig Millionen

Dollar verkauft. 1945 waren es bereits 109 Millionen, obwohl die Qualität der Pressungen schlechter wurde, weil alte Schallplatten eingeschmolzen und erneut gepresst wurden, um die Nachfrage zu befriedigen.

Dieser Zuwachs war erstaunlich angesichts eines tief gehenden philosophischen und wirtschaftlichen Zwists in der Branche. Die American Federation of Musicians, die Gewerkschaft der Musiker, war zu Recht besorgt über die zunehmende Verwendung von Schallplatten im Radio, die auf lange Sicht viele ihrer Mitglieder arbeitslos machen würde, besonders, da Big Bands zu einem großen Teil von den Gagen der Live-Sendungen lebten. Am 1. August 1942 versuchte der Vorsitzende der AMF, James C. Petrillo, mit einer Verzweiflungstat den Fortschritt zu stoppen. Er befahl einen Boykott von Schallplattenaufnahmen, verlangte, dass die Plattenfirmen den Musikern Honorare als Ausgleich für entgangene Gewinne zahlen sollten, und bedrängte die Nachtclubs, keine Musikboxen mehr einzusetzen. Es folgten zwei Jahre, in denen fast nur Schallplatten erschienen, die vor dem Boykott gepresst worden waren, Aufnahmen, die nur aus Gesang bestanden, oder Raubkopien, von denen man behauptete, sie seien vor dem Boykott gepresst worden. Decca gab als erstes Unternehmen nach und unterzeichnete 1943 einen Honorarvertrag. Kurz darauf lenkte Capitol ein. Nur die beiden Großen, Columbia und Victor (RCA), hielten bis 1944 durch. Also hatte Petrillo gewonnen – irgendwie.

Er konnte streiken und Konzessionen erstreiten. Aber er konnte die Kräfte der Ökonomie und der Technologie nicht aufhalten, ebenso wenig konnte er den Geschmack des Publikums steuern. Die Zeit der Big Bands und des Swing war vorüber. Einsame GIs und ihre ebenso einsamen Frauen zu Hause bevorzugten die Sentimentalität von Frank Sinatra, Peggy Lee, Perry Como und Nat King Cole anstatt der wilden Rhythmen von Gene Krupa und der röhrenden Trompete von Harry James. Der Geschmack hatte sich gewandelt. Während des Streiks wurden die Sänger der Big Bands bekannt, verdrängten die Bandleader, die sie auf die

Bühne gebracht hatten, und etablierten mit Streichern gesättigte Gesangsaufnahmen: den weißen Pop-Stil der 50er Jahre.

Die Big Bands stießen auch auf andere wirtschaftliche Schwierigkeiten. Nach dem Krieg war alles teurer geworden: Benzin, Busse, Hotelzimmer und die Gehälter der Musiker. Und nicht zuletzt änderten sich die Musiker selbst. Wer sich dem Wehrdienst entziehen konnte, wurde bequem, faul und – zeitgenössischen Quellen zufolge – schlampig. Viele Bandleader hörten einfach auf, darunter Benny Goodman, Woody Herman, Benny Carter, Tommy Dorsey, Les Brown und Jack Teagarden. Einige kehrten später in anderer Form wieder zurück und schlossen sich den bemerkenswert stabilen Unternehmen von Ellington und Basie an, die sich noch des einst so lebendigen Swing-Sounds annahmen.

Die Kunst der Improvisation hatte sich in eine andere Richtung entwickelt, eine, die zu aufregenden Experimenten führte. Und sie trug ironischerweise dazu bei, dass Rhythm'n'Blues zur vorherrschenden Tanzmusik im Amerika der Nachkriegszeit wurde.

Wie Louis Jordan waren viele ehrgeizige junge Musiker, darunter der Trompeter Dizzy Gillespie, der Saxophonist Charlie Parker oder der Pianist Thelonius Monk, den Big Bands entflohen. Sie versammelten sich spät abends zu Jam Sessions im Minton's Playhouse in Harlem oder in anderen Läden in New York und schufen bewusst eine neue Musik, die in der Sprache der Hep-Cats bald Bebop genannt wurde. In seiner reinsten Form ist Bebop eine sehr komplexe, wandlungsfähige Musikform mit kleiner Besetzung (zwei Bläser, Bass, Schlagzeug, Klavier), die Pop-Melodien in Akkordsplitter und Rhythmus-Phrasen zerlegte. Der Rhythmus lag nicht mehr auf der Tom oder der Snare, wo ihn auch mäßig begabte Tänzer indentifizieren konnten, sondern wanderte von einem Instrument zum anderen. Der Drummer hielt oft den Rhythmus, aber nur mit einer raschen Schlagfolge auf den Cymbals, der die meisten Tänzer nicht folgen konnten. Dieser Sound machte Bebop zu einer Musik zum Zuhören, in einer Reihe mit allem, was man in der Carnegie Hall zu hören bekam.

Bebop unterschied sich nicht nur musikalisch von Swing und Rhythm and Blues, sondern auch in der Haltung der Musiker gegenüber ihrem Publikum. Kühl, selbstbewusst und – trotz des bei den Stars weit verbreiteten Drogenkonsums – würdig in ihrem Auftreten, signalisierten die Bebopper unmissverständlich, dass ihnen gleich war, ob die Leute – weiße oder schwarze Spießer, das war egal – begriffen, was sie da spielten. Bebop war zunächst und vor allem eine Musik für Musiker, nur wer sich bedingungslos der Bewunderung dieser brillanten Musiker hingab, war willkommen.

Der extrovertierteste unter den Bebop-Pionieren war Gillespie. Er trug Beret und Ziegenbärtchen, äußerte sich nur im Slang und blies die Backen beim Spielen dick auf. Er alberte oft auf der Bühne herum, aber anders als Louis Armstrong schaffte er es, dem Onkel Tom-Klischee aus dem Wege zu gehen und seine Würde zu behalten. Trotz aller Albernheit nahm Gillespie wie Parker, Monk und die anderen, seine Musik sehr ernst. Er betrachtete sie als Kunstform, die gleichberechtigt neben der westlichen klassischen Musik, die er sowohl beneidete als auch verachtete, bestehen konnte. Die ganze Einstellung des Bebop brach mit jeglicher Verbindung zur Tradition des schwarzen Showbusiness, bei dem jede kulturelle Ausdrucksform die Chance auf eine lukrative Karriere in sich barg (obgleich sich auch die Bebopper dieser Entwicklung am Ende nicht entziehen konnten). In den Anfangsjahren jedoch glaubten die Anhänger des Bebop ihn zu Höherem berufen als zur bloßen Unterhaltung. Die Musiker waren weniger weltliche Stars, eher quasi-religiöse Gestalten, und ihre Fans verehrten sie oft wie gottähnliche Wesen.

Die Masse der Schwarzen respektierte den Jazz, aber zur Entspannung wandten sie sich Louis Jordan zu und einer Mischung aus Blues, Jump Blues, Balladen, Gospels, Saxophon-orientierten Arrangements und den langsam verschwindenden schwarzen Swing-Orchestern. Den Geschmack der Schwarzen in den 40er Jahren kann man recht gut an den Rhythm and Blues-Awards der Broadcast Music Inc. ablesen. Jordan, bei Decca unter Vertrag, ließ die Konkurrenz weit hinter sich, 1943 mit »Five Guys Named Joe«, 1944 mit »GI Jive«, 1945 mit »Caledonia Boogie« und »Mop Hop«, 1946 auf dem Höhepunkt seiner Karriere gleich mit sechs Songs (»Beware Brother Beware«, »Buzz Me«, »Choo Choo Ch'Boogie«, »Don't Worry«, »Bout That Mule«, »Let The Good Times Roll« und »Stone Cold Dead In The Market« mit Ella Fitzgerald). 1947 legte er noch mal vier Hits nach: »Ain't Nobody Here But Us Chickens«, »Boogie Woogie Blue Plate«, »Early In The Morning«, »Jack You're Dead«. 1943 und 1944 waren große schwarze, von Instrumentalisten angeführte Orchester stark vertreten (Vibraphonist Lionel Hampton, Trompeter Cootie Williams, die Saxophonisten Erskine Hawkins und Buddy Johnson), und Nat King Cole, ein Sänger mit dem warmen Timbre eines Big-Band-Frontmannes, gab sein Debüt. Zwischen 1945 und 1947 wurde die Veränderung offensichtlich. Die Orchester verschwanden, und an ihre Stelle traten zunächst die rauen, knorrigen Vertreter des Südens wie Arthur »Big Boy« Crudup und Roosevelt Sykes, später Bluesmusiker mit Fangemeinden unter den Schwarzen in den großen Städten und schließlich die sanften, Blues-inspirierten Stimmen wie Private Cecil Gant, Charles Brown und Ivory Joe Hunter, bis hin zu den schärferen Tönen einer Dinah Washington. In gewissem Maße waren die letztgenannten Sänger das schwarze Gegenstück zu den weißen Big Band-Sängern von einst (Gant wurde in der Werbung als »der braune Sinatra« bezeichnet), obwohl sie sich viel offener zu ihren Blueswurzeln bekannten als ihre weißen Kollegen.

1948 und 1949 gab es einfach kein weißes Äquivalent zu Wynonie Harris' »Good Rockin' Tonight« und »All She Wants To Do Is Rock« – zwei wilde Platten, auf denen Harris klang wie ein geiler Bulle. Es gab auch kein weißes Äquivalent zu Ravens »Bye Bye Baby Blues« (Savoy) mit mehrstimmigem Gesang und einem Zwischenspiel nach Art des Zwiegesangs des Gospels, das zum Refrain führte – aber auf eine Weise, wie man es von den schwarzen Gesangs-Ensembles der Swing-Ära wie den Mills Brothers oder den Ink Spots nie gehört hatte. Es gab kein weißes Pendant zu den wahnsinnigen Schreien, zum unverständlichen Wortbrei und dem treibenden Beat von John Lee Hookers »Boogie Chillen« oder »Crawling Kingsnake« (Modern). Es gab auch kein weißes Äquivalent zu den stotternden, kreischenden Saxophon-dominierten Hits von Big Jay McNeely (»Deacon's Hop«, Savoy) und Paul Williams (»The Hucklebuck«, Savoy) oder den Honky-Tonk-Piano-Hits von Amos Milburn (Alladin Records). Fünf, darunter der anzügliche »Chicken Shack Boogie«, schafften es 1949 auf die BMI-Liste. Texte, Themen und Tonfall entsprangen dem Blues, aber die Rhythmen und Stimmen waren neu und unverbraucht. Das galt auch für die Plattenfirmen, die diese Platten aufnahmen, bewarben und vertrieben. Jordan, Cole und die Big Bands hatten mit großen, landesweit vertretenen Firmen wie Decca, Victor und Capitol gearbeitet. Die neuen Künstler hatten alle Verträge mit unabhängigen Labels, die nach dem Krieg entstanden und in den folgenden sieben Jahren zu beachtlicher Größe heranwuchsen, während sich die großen Labels schwer taten, ein Etikett für die neue Musik zu finden. MGM nannte sie »Ebony« (»Ebenholz«), Decca und Capitol zogen »Sepia« vor. Die neuen Labels waren von Anfang an Rhythm and Blues, obwohl auch Bebop, Country, Electric Blues und Gospel bei ihnen einen Platz fanden. Als *Billboard* 1949 die Schwarze Hitparade von »Race« in »Rhythm'n'Blues« umbenannte, setzte das Magazin damit keinen Trend, sondern übernahm nur die Bezeichnung, die die unabhängigen Labels längst populär gemacht hatten. Erstaunlicherweise waren die meisten unabhängigen Labels in Los Angeles entstanden. Von den dreißig Firmen hatten neun ihren Sitz in L. A., darunter alle, die 1945 gegründet wurden. Ursache dafür war die Zuwanderung von Schwarzen in den Süden Kaliforniens. Aus Asien zurückgekehrte GIs blieben hier, und Schwarze aus dem Süden, besonders aus Louisiana, Texas und Oklahoma, fanden das Klima im sonnigen Kalifornien sowohl hinsichtlich des Wetters als auch sozial wesentlich angenehmer. Ingesamt wanderten während des Krieges fast eine halbe Million Schwarze nach Los Angeles und in die umliegenden Städte wie Compton.

| Label | Inhaber | Stadt |
|---|---|---|
| **1942** | | |
| Savoy | Herman Lubinsky | Newark |
| Excelsior (1944 umbenannt in Exclusive) | Leon & Otis Rene | Los Angeles |
| **1943** | | |
| Apollo | Ike & Bess Berman | New York |
| **1944** | | |
| National | Al Greene | New York |
| Gulf-Gold Star | Bill Quinn | Houston |
| King | Syd Nathan | Cincinnati |
| **1945** | | |
| Modern | Jules, Joe & Saul Bihari | Los Angeles |
| Philco-Aladdin | Ed & Leo Mesner | Los Angeles |
| Bronze | Leroy Hurte | Los Angeles |
| Four Star | Richard Nelson | Los Angeles |
| Super Disc | Irving Feld, Viola Marsham | Los Angeles |
| **1946** | | |
| Bulleit | Jim Bulleit | Nashville |
| Specialty | Art Rupe | Los Angeles |
| Mercury | Irving Green (president) | Chicago |

## 1947

| | | |
|---|---|---|
| Atlantic | Herb Abramson, Ahmet Ertegun | New York |
| Aristocrat-Chess | Leonard & Phil Chess | Chicago |

## 1949

| | | |
|---|---|---|
| Freedom | Saul Kaul | Houston |
| Macy's | Macy Lela Wood | Houston |
| Peacock | Don Robey | Houston |
| Imperial | Lew Chudd | Los Angeles |

## 1950

| | | |
|---|---|---|
| Trumpet | Willard & Lillian McMurry | Jackson, Mississippi |

## 1951

| | | |
|---|---|---|
| Dot | Randy Wood, Gene Nobles | Gallatin, Tennessee |
| Red Robin | Bobby Robinson | New York |
| Nashboro-Ernie Y | Ernie Young | Nashville |

## 1952

| | | |
|---|---|---|
| Duke | James Mattias | Memphis |
| Sun | Sam Phillips | Memphis |
| Meteor | Lester Bihari | Los Angeles - Memphis |
| Vee-Jay | James & Vivian Bracken, Calvin Carter | Chicago - Gary, Indiana |

Durch ihre Anwesenheit wurde die Gegend zu einer Rhythm and Blues-Hochburg, während das meiste, was an Musik in Los Angeles veröffentlicht wurde, noch aus den musikalisch so fruchtbaren Gegenden um New Orleans und Memphis stammte.

Ich wünschte, es wäre eine Überraschung – aber es ist keine –, dass nur eines der beiden in Harlem ansässigen Labels, Bobby Robinsons Red Robin, einen schwarzen Eigentümer hatte. Die meisten unabhängigen Labels wurden von Weißen gegründet, oft von Juden. Die Schwarzen waren nicht die einzigen, die man diskriminierte und denen man den Zugang zur Geschäftswelt verwehrte. Da sie an der Wall Street nicht willkommen waren, suchten viele Juden nach Orten, wo ihrer wirtschaftlichen Selbständigkeit weniger hohe Hürden in den Weg gestellt wurden. Eine Suche, die sie nicht selten in schwarze Stadtteile führte. Und wie die Schwarzen stellten sie fest, dass in der Unterhaltungsindustrie die Zugangsbarrieren nicht so hoch waren. Nur zwei der Labels auf meiner Liste, Don Robeys Peacock und der Familienbetrieb Vee-Jay, erlangten einige Bedeutung auf dem schwarzen Markt, und Vee-Jay war das einzige Label, das auch Bedeutung auf dem weißen Markt erlangte.

Keines dieser Labels hätte irgendwelche Spuren hinterlassen, wäre nicht das schwarze Radio entstanden. In St. Louis (KXLW), Atlanta (WIRD), Louis ville (WLOU), Memphis (WDIA), Los Angeles (KRKD), New Orleans (WYLD), Miami (WMBM) und Nashville (WLAC) gab es Radiosender, die Rhythm and Blues sendeten und auch zusätzliche Shows für Blues, Gospel und Jazz ausstrahlten, je nach Standort. Zusätzlich gab es in den späten 40er Jahren auch weiterhin Sendungen, die nach dem Sponsoring-Prinzip finanziert wurden. Der Einfluss der Diskjockeys wuchs beträchtlich, und manche waren so interessant wie die Musiker, die sie bekannt machten. Genau wie die R'n'B-Labels befand sich auch die überwältigende Mehrheit der Sender in Hand von weißen Geschäftsleuten (WIRD in Atlanta war eine wichtige Ausnahme), aber die Diskjockeys, nicht die Besitzer, waren das Gesicht der Sender und machten sie profitabel. Wie wir sehen werden, wurden sie im Verhältnis zu den erzielten Umsätzen schlecht bezahlt und ersannen so eine Reihe von Wegen zur Gehaltsaufbesserung, von der Schleichwerbung für Konzerte über das Talentmanagement bis hin zum Abspielen von Titeln gegen Bezahlung – das sogenannte *Payola*. In der Rhythm and Blues-Welt war *Payola* so gängig wie wildes Plakatieren. Die Rassenintegration hatte einige unerwartete Nebeneffekte. Einer davon war das Entstehen einer Gruppe von Weißen, die, wie viele in der Jazz-Ära, von der schwarzen Musik und dem schwarzen Lebensstil begeistert waren. Anders als die Zeitgenossen von Fitzgerald nahmen diese Negrophilen die schwarze Kultur in einem Maße an, dass sie quasi zu »Ehren«-Schwarzen wurden, und in manchen Fällen der gleichen Diskriminierung ausgesetzt waren wie ihre schwarzen Vorbilder. Einer der ersten war der griechisch-stämmige Johnny Otis, der in Los Angeles lebte. Als Bandleader, Songschreiber und Talentscout war Otis in der Musikszene von Los Angeles eine feste Größe.

R'n'B-»Indies«

Willard und Lillian McMurry verkauften Ende der 40er Jahre Möbel. Willard übernahm ein konkurrierendes Möbelgeschäft in Jackson, Mississippi, und bat seine Frau, mit den Waren des Konkurrenten einen Ausverkauf zu veranstalten, während er überlegte, was er mit der Schaufensterfront des Ladens anfangen sollte. Im Ladeninneren fanden sich ein Plattenspieler und ein paar alte 78er-Platten, darunter eine von Wynonie Harris, die sie sich anhörte. »Ein toller Beat, und die Stimme war die ungewöhnlichste, ehrlichste und kräftigste, die ich je gehört hatte«, erzählte sie Jahre später der Zeitschrift *Living Blues*. So kam es, dass Lillian Harris' »Jump Blues«, Spirituals von Mahalia Jackson und Sister Rosetta Tharpe verkaufte. Die Platten gingen rasch weg, und die Kunden verlangten nach mehr.

Von einer Reise nach New Orleans brachte sie dreihundert Platten mit Country, Spirituals und Rhythm and Blues mit, die ebenfalls bald ausverkauft waren. Vom Schallplatten-Virus infiziert, brachte Lillian ihren Mann dazu, die Ladenfront in einen kombinierten Möbel- und Plattenladen umzufunktionieren, den sie Record Mart nannte. Ihr Vater baute auf der einen Seite des Ladens Regale auf, und sie fing an, bei Großhändlern in New Orleans und Memphis zu bestellen. Dann kaufte sie drei Stunden Sendezeit bei WRBC in der Sendung »Ole Hep Cat«, offenbar die meistgehörte Sendung in Jackson. »Wir machten Werbung für den Laden, spielten unsere Platten, hatten Gastmusiker und verschickten Kataloge unseres Sortiments.« Die McMurrys kauften auch Sendezeit und sandten kostenlos Platten an Diskjockeys bei WSLI, WJXN und WOKJ, Radiosender in der Nähe von Jackson. Das Resultat: »Der Verkauf per Versandhandel und über die Ladentheke boomte, und manche Verkäufer trugen Rollschuhe, um die Kunden schneller bedienen zu können.«

Schließlich verlegten sich die McMurrys vom Plattenverkauf auf das Aufnehmen von Platten, und wieder war es Lillians Neugier, die den Weg wies. Eines Tages hörte sie fasziniert, wie ein schwarzer Junge, der sich in ihrem Laden eine Platte anhörte, die zweite Stimme dazu sang. Das war der Beginn von Trumpet Records, eines Labels, das zwar nur von 1950 bis 1955 existierte, auf dem aber die Originalversion von Elmore James' Bluesklassiker »Dust my Broom« und die ersten Aufnahmen von Sonny Boy Williamson erschienen. Obwohl Lillian vom Plattengeschäft bedient ist – besonders wegen der vielen Raubpressungen, die auf der ganzen Welt auftauchen –, genießt die Plattenfirma hohes Ansehen. Noch heute zahlt Trumpet Records Tantiemen an die Erben der Musiker und ist damit eine der wenigen unabhängigen Plattenfirmen, deren Integrität bis heute außer Zweifel steht.

Die McMurrys und ihre Zeitgenossen, die meist zufällig ins Musikgeschäft geraten waren, gehören heute zum Mythenschatz der Branche. Ihre kühnen Ideen und ihre erfolglose Geschäftspolitik sind noch heute die Maßstäbe, an denen die Branche ihren Fortschritt und ihre Praktiken misst. Die McMurrys gaben früh auf, aber die meisten anderen Gründer von R'n'B-Labels aus den frühen 40er Jahren blieben noch bis in die 70er hinein im Geschäft – als die Landschaft von Großkonzernen neu geformt wurde. Das Verhältnis zwischen Künstlern und Kapitalisten war so kompliziert wie in jeder Beziehung zwischen zwei Personen unterschiedlicher Rasse und unterschiedlicher Klasse. Die Künstler, entweder naive Landeier oder gerissene Stadtkinder, sahen in diesen Plattenmachern der Frühzeit eine Chance, aus ihrer auf Fließband oder Arbeitslosigkeit programmierten Lebensperspektive auszubrechen. Für sie war es völlig klar, dass ein Plattenvertrag auf geradem Wege zum roten Cadillac, rosa Diamantringen und großen, schlanken Frauen (oder coolen Kerlen) führte – den Statussymbolen des Ghettos.

Schwarze, die es besser wussten, hatten meist nichts mit dem Showbusiness zu tun, und ganz bestimmt nichts mit dem rauen und unkultivierten Geschrei der Sänger und den polternden Rhythmusgruppen des R&B. Sorgfältig hüteten die Besitzer der Plattenlabels das Geheimnis, dass man mit Songrechten und Plattenhonoraren langfristig Einkünfte erzielen konnte. Wer ahnte damals schon, dass Songs »von Niggern für Nigger« einmal einen genauso großen Wert verkörpern würden wie die geschliffenen Melodien der Komponisten der Tin Pan Alley, und dass der Blues und Gospel der 50er, immer wieder aufgefrischt, noch jahrzehntelang eine sprudelnde Geldquelle darstellen sollte?

Schon bald zeichnete sich ab, dass man mit Songrechten auch kurzfristig viel Geld verdienen konnte, wenn weiße Bands die schwarzen Hits coverten. (Dieses Prinzip funktionierte im Laufe der Zeit immer besser. Pat Boones Versionen von Little Richard-Songs sind nur die berüchtigte Spitze des Eisbergs.) Weder die Besitzer der Plattenfirmen noch die Künstler hatten eine Vorstellung von der Zukunft. Sie wussten nur, dass ein schwarzer Markt existierte. Hatte man den richtigen Sänger, den richtigen Arrangeur und den richtigen Diskjockey, war der Erfolg gewiss. Niemand machte sich Gedanken um Langlebigkeit. Es musste sich bloß verkaufen. Die meisten, aber längst nicht alle Plattenproduzenten waren Weiße. Ein Punkt, der die R'n'B-Welt vom übrigen Geschäftsleben Amerikas unterschied, war die Tatsache, dass hier auch Schwarze Unternehmen gründen und Geld verdienen konnten – und zwar mit dem, was ihr eigenes Volk geschaffen hatte. Natürlich war das Niveau sehr unterschiedlich, und selbst Booker T. Washington hätte zugegeben, dass einige der schwarzen Geschäftsleute unehrlich oder inkompetent waren. Die Geschichte zweier schwarzer Platten-Macher ist repräsentativ für die Einstellung jener Zeit – gegenüber Künstlern, Musik und Geschäft.

In seiner Autobiographie erzählt Little Richard, wie er sich bei Don Robey, dem schwarzen Gründer und Chef von Duke-Peacock Records, über eine zu gering ausgefallene Honorarzahlung beschwerte. Statt ihm mit Lügen und Ausflüchten zu antworten – die übliche Antwort von Plattenbossen –, holte Robey, ein Schrank von einem Kerl, aus, schlug zu und brach Little Richard eine Rippe. Selbst in der rauen Welt des Rhythm and Blues war es ausgesprochen unüblich, dass ein Plattenboss einen Musiker körperlich angriff. Aber jeder, der Robey kannte, zweifelte nicht an der Geschichte, dass er den selbst ernannten König des Rock'n'Roll niedergeschlagen hatte.

Robey hatte ihn wohl nicht verprügelt, weil er ihn des Diebstahls bezichtigt hatte, sondern weil er ihn angebrüllt hatte. Don Robey war ein Mann, den man nicht persönlich angriff. Die meisten Menschen gingen Auseinandersetzungen mit ihm grundsätzlich aus dem Wege. Es hieß, er habe seine Finger in so ziemlich allen krummen Geschäften, wie Prostitution, illegalen Lotterien, Glücksspiel. »Er war wie eine Figur aus dem Musical *Guys and Dolls*«, sagt ein Toningenieur im Gespräch mit dem *Rolling Stone*. »Er war immer von einer Horde großer, bewaffneter Leibwächter umringt, wie ein Zar der Neger-Unterwelt.«

Ob er ein Gangster war oder nicht, er war in der Welt des schwarzen Houston allgegenwärtig. Er leitete ein Taxiunternehmen, besaß den Bronze Peacock Club mit einem der größten Konzertsäle des Südwestens, mischte als Talentmanager und Konzertveranstalter mit und produzierte Schallplatten. Ein Jahrzehnt vor Berry Gordys Aufstieg in Detroit war Robey der erfolgreichste schwarze Plattenmanager, auch wenn er auf ganz anderem Weg zu seinem Erfolg kam. 1949 eröffnete Robey Peacock Records, um den Bluessänger und Gitarristen Clarence »Gatemouth« Brown aufzunehmen. Vertragsverhandlungen mit dem Aladdin-Label in Los Angeles waren gescheitert, weil Robey ihre Bedingungen ablehnte. 1952 kaufte Robey Duke Records von James Mattias, einem Diskjockey aus Memphis. Die beiden verbundenen Labels waren bis in die 70er Jahre wichtige Plattformen für Gospel und Rhythm and Blues. Dort erschienen die Five Blind Boys und die Dixie Hummingbirds (für Kirchgänger) und die weltlicheren Rhythm and Blues-Stars Willie Mae »Big Mama« Thornton, Johnny Ace und Bobby Bland (für die Sünder). Durch seine Verbindung zur Buffalo Booking Agency wurde Robey auch zum mächtigen Konzertagent, der das Geschäft im Südwesten beherrschte.

Für Dave Clark, der 1952 als Promoter für Robey gearbeitet hatte, war er ein Idol. Robey hatte Clark immerhin seinen ersten 500-Dollar-Anzug gekauft. »Er war einer der größten schwarzen Plattenbosse, die je gelebt haben«, sagt Clark. »Viele schwarze Firmen sind pleite gegangen, viele Plattenbosse haben ihr Leben in Armut beendet. Don Robey starb als schwerreicher Mann.«

Bedenkt man, wie die Unternehmer des Rhythm and Blues, ob schwarz oder weiß, ihre Musiker abgezockt haben, könnte man Daves Worte auch als Verurteilung statt als Lob interpretieren. Robey war ein Pionier, der schwarzen Talenten eine Chance gab, ein Schwarzer, der in einem rassistischen Umfeld überlebte. Wie die Brüder Chess in Chicago oder Herman Lubinsky bei Savoy trug auch Robey ein unternehmerisches Risiko, für das er eine Prämie verdiente. Keine Frage. Aber musste das zu Lasten der Künstler gehen? Was Clark über die Künstler sagt, gibt auch die Haltung

Robeys und vieler anderer Labelchefs wieder. »Manche Musiker waren nicht sonderlich clever, und manche waren so clever, dass sie sich selbst überlisteten. Man machte eine Platte mit ihm, und ehe man sich's versah, wollte er einen Cadillac. Dann sagte Don Robey: ›Gut, ich besorg' dir den Cadillac, aber du musst mich genauso bezahlen wie den Händler.‹ Und wenn Zahltag war, reichten die Tantiemen nicht, um den Cadillac zu bezahlen. Die Jungs bekamen immer zwischen 4.000 und 5.000 Dollar. Sie wollten alle eine große Nummer sein. Sie wollten ein dickes Auto, schicke Klamotten und alles, was dazu gehört.«

Niemand kam je auf die Idee, Robeys Geschäftsgebaren als sentimental zu bezeichnen. Nachdem Johnny Ace beim russischen Roulette hinter der Bühne in Dallas ums Leben gekommen war, veröffentlichte Robey posthum mehrere Singles – ein Geschäftsgebaren, das damals gang und gäbe war. Darunter war auch der Millionen-Seller »Pledging my love«. Die letzte dieser Singles, »Still love you so«, wurde 1956 als Debütsingle eines Künstlers mit dem verdächtigen Namen »Buddy Ace« in der Branchenpresse beworben. Der Werbetext lautete: »Vervollständigen Sie Ihre Sammlung mit diesem letzten Titel von Johnny Ace. Beginnen Sie Ihre Sammlung mit der ersten Platte dieses neuen Stars.« Der Musiker war mit Sicherheit ein armer Kerl, den Robey dazu gedrängt hatte, als »Buddy Ace« aufzutreten, um sich die anhaltende Popularität von Johnny Ace zunutze zu machen. Unter dem Namen Deadric Malone »schrieb« Robey Hunderte von Songs, die seine Künstler aufnahmen. (Wahrscheinlich kaufte er die Songs. Seine Kreativität lag mehr bei den Finanzen als beim Erfinden von Melodien.) »Quatsch, Robey hat keinen einzigen Song geschrieben«, sagte Bobby Bland in *Lost Highway* zu Peter Guralnick. »Er hat sie von – na ja, dort gingen ständig Songschreiber ein und aus. Er hat sie nicht bestohlen, nein! Sie bekamen immer, was sie wollten« – vermutlich einen kleinen Vorschuss in bar.

Trotz seines zwielichtigen Rufs war Robey ein vorausblickender Geschäftsmann. Dave Clark war ein wichtiges Rädchen in seiner Geldmaschine, ebenso wie der musikalische Direktor Joe Scott, der Blands tolle Aufnahmen überwachte. Sein wichtigster Adjutant bei Duke-Peacock war jedoch eine schwarze Frau namens Evelyn Johnson. Ihre Konzertagentur war bei der American Federation of Musicians angemeldet, und im Tagesgeschäft traf Johnson, nicht Robey, die Entscheidungen. Ihren Berufswunsch als Röntgenassistentin hatte sie aufgeben müssen, weil ihr die Schule in Texas die Zulassung zur staatlichen Prüfung verweigerte. So wurde sie zum Mädchen für alles. Sie überwachte den Bau eines der ersten Plattenstudios in Houston und einer der ersten Produktionsanlagen für Schallplatten, die Schwarzen gehörte. Zwanzig Jahre hütete sie ihr Unternehmen Buffalo Booking und organisierte landesweite Tourneen für ihre Kunden. Dank der Verbindung zwischen Robey, Johnson und Clark, der in diesem Gebiet über unglaubliche Fähigkeiten verfügte, landete alles, was nach einem Hit roch, bei ihrer Konzertagentur. Von St. Louis bis Atlanta, die Küste entlang bis Miami und New Orleans, dann zurück nach Houston – Buffalo Booking beherrschte den Südteil des schwarzen Tourneefahrplans und Dauerkunden wie Bland oder B.B. King spielten locker über dreihundert Konzerte im Jahr.

Robeys Herrschaftsbereich erstreckte sich auch weit in den Gospel-Bereich. Anfang der 50er Jahre war »Our Father« von den Five Blind Boys eine der ersten Gospel-Platten, die in Musikboxen auftauchte. Robey rühmte sich, »den Rhythmus in die religiöse Musik gebracht« zu haben. »Am Anfang hat man mich kritisiert, weil ich den Beat hineingebracht habe. Als das Publikum den ersten Beat gekauft hatte, nahm ich Schlagzeug dazu, dann Gitarre und Posaune.« Ob man Robeys Behauptung Glauben schenkt oder nicht – wahr ist jedenfalls, dass sein Label die Gospel-Musik ihrer weltlichen Verwandtschaft angenähert hat.

In einer Stadt, die weitab von den Zentren der Unterhaltungsindustrie lag, baute Don Robey ein Millionen-Imperium auf. Hier war er ein großer Fisch in einem Teich, in dem es vorher keine großen Fische gegeben hatte. Die Musik, die er herausbrachte – Rhythm and Blues (Ace und Bland) und

Gospel (Blind Boys, Inez Andrews) – hatte in den Staaten rund um Texas ihre treueste Gefolgschaft. Seine verschiedenen Aktivitäten wie Platten, Clubs und Konzerte ergänzten sich gegenseitig und sorgten für einen stetigen Geldfluss.

Zur gleichen Zeit gab es in Harlem, der Stadt des Apollo Theater und vieler junger Talente, dem Magneten für die viel versprechendsten afro-amerikanischen Talente, keine schwarze Plattenfirma von ähnlicher Bedeutung, obwohl es einen Mann gab, der sie hätte aufbauen können: Bobby Robinson, der bekannteste Plattenladenbesitzer Harlems und ein Entrepreneur in Sachen Musik. Er war klein, hatte traurige Augen und sprach ein nachlässiges Englisch. Zu verschiedenen Zeitpunkten hatte er Gladys Knight and the Pips und King Curtis unter Vertrag. Er arbeitete mit Allen Toussaint, dem größten Songschreiber und Produzenten in New Orleans, zusammen, war selbst als Komponist und Produzent an mehreren schwarzen Top Hits beteiligt, und der Respekt, den seine Konkurrenten für ihn hegten, führte dazu, dass ein Besuch seines Plattenladens bei jedem Aufenthalt in New York Pflicht war. Aber dennoch muss man Robinson als einen Mann der ungenutzten Chancen sehen. Weil ihm der Little Richard-ähnliche Gesangsstil des jungen Otis Redding nicht gefiel, wies er den Song »Shout Bamalama« ab. Ein Jahr später war Redding ein Star. In den 80er Jahren produzierte Robinson Grandmaster Flash and the Furious Five, bevor sie bei Sugar Hill Records mit den Hits »Freedom« und »The Message« ihren großen Durchbruch hatten.

Obwohl er in Harlem saß und im Laufe seiner Karriere viele Aktivitäten entwickelte, blieben seine Ergebnisse hinter den Erwartungen zurück. 1946 eröffnete er Bobby's Records an der 125sten Straße, nahe der Ecke St. Nicholas Avenue, genau zwischen dem Apollo Theater und der Szenekneipe Frank's Place, in der sich die Musikszene traf. Schon bald kamen die Musiker und Produzenten regelmäßig in seinen Laden, um zu überprüfen, wie sich die Plattenverkäufe entwickelten und um sich beizeiten die Platten der Konkurrenz anzuhören. 1951 gründete er sein erstes Label

Red Robin. In den nächsten zehn Jahren kamen Enjoy, Everlast, Fire und Fury hinzu. Robinsons bekannteste Veröffentlichungen waren Wilbert Harrisons »Kansas City« (1959), Lee Dorseys »YaYa« und »Every Beat of my Heart« von Gladys Knight and the Pips.

Besonders bezeichnend ist vielleicht, wie Robinson 1951 mit Doo-Wop-Aufnahmen begann. »Ich suchte mir alle Informationen zusammen und begann, Doo-Wop-Gruppen zu produzieren«, erzählte er David Toop. »Damals waren zwei solche Gruppen auf dem Markt, die Orioles und die Ravens. Die Ravens machten eine ziemlich lebhafte Rhythm and Blues-Musik, sie waren die Vorläufer der Doo-Wop-Bands. Ich stellte auch ein paar Gruppen zusammen, aber da wir keinen Raum zum Proben hatten, schloss ich den Laden etwas früher, so um elf Uhr morgens, und dann probten wir direkt im Laden. Die ersten waren die Mellow Moods mit dem Standard »Where are you now that I need you«. Ich war von Anfang an sehr erfolgreich, und hat man erst einmal Erfolg, kommen alle zu einem gerannt. So folgten die Vocaleers, die Scarlets, die Teenchords. Alles in allem dürfte ich dreizehn oder vierzehn Gruppen dieser Art auf den Weg gebracht haben.«

In der populären Kultur gibt es kaum ein romantischeres Klischee als eine Gruppe schwarzer Teenager, die unter einer Straßenlaterne, im Eingang eines Mietshauses oder vor der U-Bahn beisammenstehen und Gesangs-harmonien mit einem tiefen, konturierten Bass zum Besten geben. Dann, nach einem Vorsingen im Büro einer Plattenfirma in der Nachbarschaft, taumeln sie nervös in ein Studio und machen ihre Platte. Wie die bizarren Rhythmen des Bebop und der ratternde Sprechgesang der Diskjockeys waren die Doo-Wop-Bands eine originäre Schöpfung der schwarzen Nach-kriegskultur Amerikas. Aber ohne die Arroganz der Jazzer und die Geschäftstüchtigkeit der Diskjockeys blieb Doo-Wop eine unschuldige Innovation. Im Großen und Ganzen spiegelten die ultra-romantischen Doo-Wop-Songs nur die Wärme und den Optimismus der meist jugend-lichen Musiker wider. Bis auf den heutigen Tag weckt der Klang einer Doo-

Wop-Platte, ob ein anerkannter Klassiker oder irgendein obskurer Floh-marktfund, lebhafte Assoziation von Jugend in der Stadt. Man beachte nur die Namen der Bands. Wie der britische *New Music Express* bemerkte, »Die Vogel-Gruppen vermehrten sich wie die Hasen, dann folgten die Insekten, die Blumen und die Autos«. Penguins, Flamingos, Crows, Ravens, Orioles, Clovers und Gladiolas, trafen auf Cadillacs, El Doradoes, Edsels, Impalas, Fleetwoods und Cardinals. Massen von ihnen machten Schallplatten, an die man sich erinnert wie an seinen ersten Kuss, um anschließend wieder von der Bildfläche zu verschwinden.

Die Vocaleers, bei Robinsons Red Robin-Label unter Vertrag, sind ein typi-sches Beispiel für diese Doo-Wop-Eintagsfliegen. Sie stammten aus der 145. Straße zwischen Lenox und Seventh Avenue. Sie brachten es mit »Is it a dream?« 1953 bis auf den achten Platz der Rhythm and Blues-Hitpa-rade und veröffentlichten das unter Doo-Wop-Sammlern beliebte Stück »Be true«. Robinson hörte die Vocaleers zum ersten Mal, als sie bei einem Talentwettbewerb im Apollo-Theater zweite wurden. In Harlem war die Gruppe genauso populär wie Jackie Robinson oder Willie Mays. Aber schon ein Jahr nach ihrem Hit waren die Vocaleers am Ende – sie trennten sich aus Egoismus und Meinungsverschiedenheiten über den Lead-Gesang. Der Zauber, der von ihnen ausging, lässt sich heute nur noch schwer anhand von staubigen Singles und den Erinnerungen (oder Legen-den) der Doo-Wop-Fans nachvollziehen.

Weder Robinson noch einer der anderen Doo-Wop-Kapitalisten wie George Goldner in New York, Eddie Heller von Rainbow in Washington oder Dootsie Williams von Dootone in Los Angeles machten sich Gedan-ken über die Entwicklung der Künstler. Sie lebten alle nur für den Augen-blick. Sie nahmen Musiker um Musiker in einem Tempo auf, als würde sich der Markt am nächsten Tag in Luft auflösen. Die Unfähigkeit, lang-fristig in einen Künstler zu investieren, bremste Robinsons Karriere nach-haltig. Kein Künstler, der dauerhaft im Rampenlicht blieb, machte seine besten Platten bei einem seiner Labels. Traurig, aber bestimmt typisch für das Gebaren der Geschäftsleute im Rhythm and Blues. Robinson war einfach nicht klar, welchen Langzeitwert seine Produkte hatten. Diese Fehleinschätzung führte dazu, dass ihn ein Mann, der ihn ursprünglich um Rat gefragt hatte, schon bald in den Schatten stellen sollte.

## Atlantic-Innovationen

Ahmet Ertegun – gemeinsam mit Herb und Miriam Abramson und seinem Bruder Nesuhi – und später Jerry Wexler machten Altantic Records zu einer der Top-Adressen des Rhythm and Blues. Sie zahlten Tantiemen, obwohl sie für ihre niedrigen Vorauszahlungen berüchtigt waren. Sie waren loyal. (Ruth Brown wurde zum Beispiel bei einem Autounfall schwer verletzt, gerade als sie 1949 den Vertrag mit ihnen unterschrieben hatte. Sie konnte über ein Jahr keinen einzigen Song aufnehmen. Dennoch verloren sie klugerweise nicht das Interesse an ihr.)

In den Jahren von 1950 bis etwa Mitte der 70er war Atlantic eines der wichtigsten R'n'B-Labels. Atlantic hatte ein extrem feines Gespür für die Veränderungen des Musikgeschmacks der Schwarzen. Das Unternehmen, von Weißen gemanagt, übernahm bei solchen Veränderungen oft sogar die führende Rolle. Die Eigentümer – insbesondere Ertegun in den 50ern und Wexler in den 60ern – waren angesehen wegen des kreativen Weitblicks, der hinter dem Klang und dem Erfolg von Atlantic stand, aber so einfach war es nicht immer – weder bei Atlantic noch bei einem anderen, von Schwarzen geführten Indie-Label. Leonard Chess von Chess Records konnte zwar behaupten, alles über Blues zu wissen, aber der Bassist Willie Dixon und sein untrüglicher musikalischer Instinkt sorgten dafür, dass die Platten von Chuck Berry, Bo Diddley und Muddy Waters so erfolgreich wurden. Bei Duke-Peacock sorgte Don Robey so oder so für das nötige Material, und wenn man Bland fragt, war es der Posaunist und Arrangeur

Joe Scott, der der Musik dieses unvergessliche Pathos einhauchte. Bei King Records in Cincinatti kannte jeder Syd Nathan mit seinen Zigarren, aber nur wenige erkannten, dass der Arrangeur Henry Glover entscheidend dazu beitrug, wie die Musik im Studio zustande kam.

Bei Atlantic war dieser Mann hinter den Kulissen in den 50er Jahren Jesse Stone. Gemeinsam mit der Hausband gab er dem Label in grün, rot und weiß das erste musikalische Gesicht. Als Stone 1947 bei Atlantic anheuerte, war er kein abenteuerlustiger Jüngling mehr, sondern ein alter Hase im Showbusiness. Mit vier Jahren war Stone mit einer Hundenummer aufgetreten. Er sang und spielte Geige, während der Hund um ihn herumsprang. Als Teenager arbeitete er im offenherzigen Kansas City der 20er Jahre, der Phase der großen Big Bands im Südwesten, beim korrupten Chef des Plattenlabels Democratic, Tom Pendergast. Als Pianist und Sänger organisierte er eine Band mit einem Backgroundchor namens The Rhythm Debs. Bei einem Auftritt in Detroit sah ihn Duke Ellington und verschaffte ihm ein Konzert im Cotton Club. In New York ergatterte Stone einen Job als musikalisches »Mädchen für alles« im Apollo Theater für fünfzehn Dollar die Woche. Er half Pigmeat Markum mit dem einen oder anderen Song oder Gag aus, während er zwischendurch die Arrangements der Band auf den neuesten Stand brachte. In den 30er Jahren nahm er ein paar Swingtitel auf und traf kurz vor dem Krieg mit Cole Porter zusammen. Der berühmte Komponist gab ihm den Tipp, sich ein Reimwörterbuch zuzulegen und meinte: »Wenn du einen Graben aushebst, benutzt du doch auch eine Schaufel, oder?« Stone, ein guter Freund von Louis Jordan, ermutigte ihn zur Gründung seiner eigenen Band.

1942 wurde Stones Komposition »Idaho« in der Aufnahme von Benny Goodman für Columbia zum Hit. 1945 arbeitete Stone mit Herb Abramson für Al Greenes National Records. Beide spürten, dass Greene die Schwarzen und ihre Musik zu wenig verstand, um Erfolg zu haben. Also verließen sie ihn und gründeten ihr eigenes Label. Aber erst, als sie Ertegun und sein Geld hatten, konnten sie ihre ehrgeizigen Träume verwirklichen – zumindest konnte Abramson das, denn er wurde Partner, während Stone ein Gehalt bezog.

Die Musik brauchte jemanden wie ihn, der sie verstand und ihr Form gab. Die entscheidende Phase für Stone und Atlantic war offenbar 1947, als Ertegun, Abramson und Stone gemeinsam in den Süden reisten, um den Geschmack zu erforschen, den sie mit ihren zuvor in New York produzierten Platten nicht erreichten. Auf dieser Reise wurde die Tradition geboren, dass man bei Atlantic auf der Suche nach Talenten und der richtigen Richtung immer zuerst nach Süden schaute. »Die Kids wollten etwas, wozu sie tanzen konnten«, sagte Stone zu Nick Tosches. »Ich hörte mir an, was diese zusammengewürfelten Bands in den Tanzschuppen spielten. Was unseren Aufnahmen fehlte, war der Rhythmus. Wir brauchten eine Basslinie.« Stones »du, da-du dum, du da-du dum« wurde zum Markenzeichen von Atlantic und des rockigen Rhythm and Blues. Mehr noch: Stones Erkenntnis, dass der Bass der Schlüssel zum Erfolg war, sollte sich mit dem Aufkommen des elektrischen Basses erst richtig bewahrheiten. Bei den Meistern des Swing-Basses wie Oscar Pettiford oder Count Basies Walter Page floss die Basslinie gleichmäßig dahin und stützte die Holz- und Blechbläser, die den Big Band-Sound prägten. Aber als Leo Fender 1953 Monk Montgomery den ersten E-Bass in die Hand drückte, veränderte sich etwas – und es war nicht nur die Lautstärke. Der E-Bass sollte für alle Zeiten das Verhältnis zwischen der Rhythmusgruppe, den Bläsern und den anderen Soloinstrumenten verändern. Quincy Jones war damals als Arrangeur für Big Bands, Jazz und Pop tätig. »Der Bass veränderte den Klang der Musik, weil er so viel Raum einnahm. Der Sound war viel prägnanter als der des Kontrabass, und deshalb musste sich seine Rolle ändern. Man konnte nicht mehr einfach nur vier gerade Schläge pro Takt spielen, weil seine Persönlichkeit viel zu stark war. Vor dem Aufkommen der E-Gitarre und des E-Basses war die Rhythmusgruppe dazu da, Bläser und Klavier zu unterstützen. Aber jetzt stand plötzlich die Rhythmusgruppe im Rampenlicht. Alles nur, weil die Instrumententechnik sich weiterentwickelt hatte. Der alte Stil funktionierte nicht mehr, es entstand eine neue Sprache« – eine Sprache, die zum ersten Mal vom Bassisten einer schwarzen Tanzband gesprochen wurde. Wenn Lionel Hamptons Band rockte, trieben sie den Blues bis zum Exzess. Der E-Bass hatte einen kernigen Ton, der schon bald mit dem Rhythm and Blues insgesamt identifiziert wurde. In den folgenden Jahren sollte die Bereitschaft visionärer R'n'B-Musiker, technische Neuerungen in ihre Musik zu integrieren, den R'n'B zu einer der innovativsten Musikrichtungen Amerikas machen – trotz mancher Irrwege. Die Muster von Stone und anderen, kombiniert mit dem vermehrten Einsatz des E-Basses in den 50er Jahren, sollten Amerika die Ohren verdrehen.

Der erste Musiker, der – nach Stone – Aufnahmen mit dem neuen Rhythmus machte, war der Saxophonist Frank Culley mit seinem Song »Cole Slaw«. Stone behauptet, es handele sich dabei eigentlich um eine Neuaufnahme seiner Komposition »Sorgham Switch« von 1942. Culleys Instrumentaltitel schlug nicht besonders ein, aber 1949 wurde »Cole Slaw« mit einem witzigen Text von Louis Jordan zum Hit. Stone nahm sogar selbst eine Version für RCA/Victor auf. Culley, der Saxophonist Sam (the Man) Taylor und später King Curtis bildeten zusammen mit dem Pianisten Harry Van Walls und Schlagzeuger Panama Francis (beide hatten bei »Cole Slaw« mitgespielt) das Rückgrat der Atlantic-Hausband. Unter Erteguns Obhut und der Anleitung von Stone wirkten diese Musiker bei den ersten Rhythm and Blues-Hits des Labels mit: »Money Honey« von den Drifters, »Your Cash Ain't Nothing But Trash« von den Clovers und Joe Turners »Shake, Rattle and Roll«. Einige der besten Titel stammten aus der Feder von Stone. Ertegun und seine Leute verdienen großen Respekt, bis in die Ära der Großkonzerne hinein überlebt zu haben. Aber den größten Respekt verdienen die Männer im Studio für ihre Ideen und den Mut, der diese Musik möglich machte.

Schwarzes Radio

Ralph Bunche wurde 1950 der Friedensnobelpreis verliehen, weil er Araber und Juden davon abgehalten hatte, sich in Palästina gegenseitig umzubringen – der erste Schwarze, dem diese Ehre zuteil wurde. Im gleichen Jahr gewann Gwendolyn Brooks für *Annie Allen* den Pulitzer-Preis, das erste Mal, dass eine schwarze Schriftstellerin diesen Preis erhielt. Es schien, als könnte das Wort »Neger« in den Nachrichten nicht mehr ohne den Zusatz »der erste/die erste« verwendet werden. Auch in weniger spektakulären Bereichen kamen die Schwarzen voran. Der schwarze Soziologe E. Franklin Frazier fand heraus, dass 1953 ein Drittel aller Schwarzen in den eigenen vier Wänden wohnten – ein Anstieg um zwei Drittel gegenüber 1940. 74.526 Schwarze besuchten die Universität. 1930 waren es noch 17.880 gewesen. Das Tuskegee Institute meldete, dass 1952 das erste Jahr ohne Lynchmorde war – seit Beginn der Aufzeichnungen 71 Jahre zuvor.

Aber trotz der positiven Nachrichten war der Rassismus natürlich nicht vom Erdboden verschwunden. Der Gouverneur von Illinois, Adlai Stevenson, entsandte die Nationalgarde in den Chicagoer Vorort Cicero, um eine Meute von etwa 3.500 weißen Rassisten zu stoppen, die eine schwarze Familie darin hindern wollten, dort zu wohnen, wo es ihnen passte. Man nannte es nicht »lynchen«, als Harry T. Moore von der NAACP in Florida von einer Bombe in seinem Haus getötet und seine Frau schwer verletzt wurde. Tot war er trotzdem. Es tauchte zwar nicht in den Zeitungen der Weißen auf und war dem schwarzen Radio keine Sondermeldungen mehr wert, aber die alten Übel der Brutalität und Abhängigkeit von den Weißen quälten die Schwarzen noch immer, wenn auch in anderer Gestalt: Sozialhilfe, Drogensucht und die Gewalt der Polizei in den Städten hatten die Sklaverei abgelöst. Die demographische Verschiebung zugunsten der Städte brachte eine Veränderung mit sich, die auch für den R'n'B von entscheidender Bedeutung sein sollte. Mit einem Mal wurden Neger – die Menschen, die für Weiße früher unsichtbar gewesen waren (wie das Ralph Ellison in »Invisible Man«, seinem Meisterwerk von 1952, so brillant dargestellt hatte) – aufmerksam beobachtet und als wertvoller Markt ausgemacht.

Mitte der 50er Jahre erschien in Harper's ein Artikel über das »Neger-Radio«, geschrieben von einem damals noch unbekannten schwarzen Autor namens Alex Haley. Der spätere Bestellerautor hielt vier entscheidende Punkte fest: Mit Hilfe des Radios konnten sowohl schwarze als auch weiße Unternehmen potenzielle Käufer erreichen; das Radio informierte schwarze Hörer darüber, wo sie ohne Angst vor Belästigungen einkaufen konnten; es bot Schwarzen prestigeträchtige Jobs; und das Radio war ein von Kirchen und Kommunen genutzter Informationskanal. Die beiden ersten Punkte lassen sich leicht anhand von Werbespots aus jener Zeit belegen.

»Das Radio für 328.000 Neger rund um St. Louis seit 1947«, warb der Sender WXLW Anfang der 50er Jahre. Und WOKJ in Jackson, Mississippi, ließ wissen, es sei »der einzige Weg zu den 107.000 Negern« der Stadt und »das Neger-Radio mit den höchsten Werbe-Ratings von Hooper«. Die Vertriebsleute des mächtigen 50.000 Watt-Senders WDIA in Memphis erklärten ohne Scheu, dass sie 1.237.686 Neger (zehn Prozent aller Schwarzen Amerikas) erreichten und dass vierzig Prozent der Konsumenten in Memphis Schwarze seien.

Im Dezember 1947 schrieb *Ebony*, von den etwa dreitausend eingestellten Radio-Diskjockeys Amerikas seien nur sechzehn schwarz. »Die meisten Plattenaufleger, die in den einundzwanzig Sendern von Küste zu Küste arbeiten, sind relativ neu im Geschäft. Sie springen auf eine Welle auf, die die Plattenplauderer zu neuen Höhen geführt hat. Sie wurden in den letzten Monaten eingestellt, weil man mit ihnen gute Geschäfte machen kann. Farbige Diskjockeys haben sich schnell durchgesetzt. Sie bekommen säckeweise Fanpost und ziehen die besseren Programmsponsoren an. Sie sind genauso populär wie die Platten, die sie abspielen, von denen nicht wenige von schwarzen Musikern stammen.« Acht von ihnen kamen aus dem Showbusiness, neun vom College. *Ebony* betonte, dass man sie »auf Sendung nicht als Schwarze identifizieren kann. Einige erhielten sogar negerfeindliche Zuschriften, da man sie für Weiße hielt. Die Feststellung, dass Stimmen keine Hautfarbe haben, hat Schwarzen im Radio neue Perspektiven eröffnet«. Dem Vorbild Jack Cooper folgend wählten diese als weiß durchgehenden Diskjockeys ihr Programm sehr konservativ aus. Sie stützten sich ebenso sehr auf Count Basie und Sarah Vaughan wie auf die korrekte Aussprache ihrer Vokale.

Nur am Rande erwähnte *Ebony* einen Mann, der zum einflussreichsten schwarzen Diskjockey aller Zeiten werden sollte: Al Benson. Es ist nicht überraschend, dass *Ebony* kaum auf seinen Stil einging, war es doch genau die Art, die den aufstiegsorientierten Schwarzen nicht in ihr neues Selbstbild passte. »Sein verzweifeltes Gestammel, wenn er Wörter mit mehr als zwei Silben aussprechen musste, brachte ihm viel Spott ein, aber man konnte nicht leugnen, dass er in der Lage war, ein enormes Publikum aus schwarzen Frauen und Mädchen zu fesseln«, schrieb eine schwarze Zeitung in den 50ern.

In seiner besten Zeit hatte Benson – auch als »Midnight Gambler« bekannt – fünf Sendungen, die zwanzig Stunden in der Woche liefen und mit denen er 100.000 Dollar im Jahr verdiente. Eddie O'Jay, in den 50er Jahren als junger Diskjockey in Milwaukee, erinnert sich: »Benson hat sich an der englischen Sprache vergangen, und ich weiß nicht einmal, ob er es mit Absicht getan hat oder nicht. Wer etwas auf dem schwarzen Markt von Chicago verkaufen wollte, ob Bier, Teppiche oder Haarcreme, musste sich mit Benson auseinandersetzen.

Er tat nicht so, als sei er weiß. Er klang schwarz. Jeder wusste es, und die meisten von uns waren stolz darauf. ›Hier kommt eine schwarze Stimme aus meinem kleinen Radio, und wir wissen, dass er es ist.‹« Was man von Benson in Sachen Sympathie und Profitabilität eines schwarzen Stils lernen konnte, wurde bald im ganzen Land adaptiert. Es begann die Ära der Diskjockey-Persönlichkeiten.

1955 tummelten sich über fünfhundert Kinder Bensons im Äther, verhökerten Platten Cremes, die die Haut der Frauen etwas heller machten. Die Werbung lenkte die Hörer nicht von der Musik ab, konnte aber genauso wild, schmierig und cool daherkommen wie die Platten, die gespielt wurden. Von Mexiko bis nach Kanada, in kleinen Sendern, die abends auf 50.000 Watt-Sender umschalteten, rockten diese Jungs durch den Äther. Ein Hörer, dem die Geschichte der schwarzen Kultur geläufig war, hätte bemerkt, dass diese Schnodderschnauzen ganz in der Tradition schwarzer Vortragskünstler und ihrer ländlichen Figuren wie Brother Rabbit, Mr. Mojo und anderer standen, die die Afroamerikaner während ihrer langen erzwungenen kulturellen Auszeit in der »Neuen Welt« geschaffen hatten. Doch trotz all der ländlichen Zitate, die sie ihren Hörern boten, waren sie oft so urban wie die Ecke Lenox und 125ste Straße. Mit Musik als Inspiration, mit viel Witz, Einfallsreichtum und einem Augenzwinkern brüteten sie ihre Figuren und Sprüche aus.

Wegen seines rebellischen Stils und seines rhythmischen Instinkts galt der Bebop vielen als Ausgangspunkt. Lavada Durst, der sich mit großem Stolz »Dr. Hep-Cat« nannte, als er bei KVET in Austin aktiv war, stellte die Bebop-Verbindung mit diesem Zweizeiler her

*If you want to hip to the Tipp and bop to the top,*
*You get some made threads that just won't stop.*

Wie ich schon sagte, war es früh klar, dass der Bebop keine Tanzmusik war, und auch kein Stil für das Massenpublikum. Dennoch gibt es viele Beispiele für Diskjockeys, die mit seiner vielsilbigen Schönheit verrückte Dinge anstellten. So zum Beispiel Jocko Henderson aus New York, auch bekannt als »Ace from Space«, der in seiner Sendung »1280 Rocket« oft Bebop-Bezüge in seine Sprechgesänge einbaute:

*Be bebop*
*This is your Jock*
*Back on the scene*
*With a record machine*
*Saying »Hoo-popsie-doo, How do you do?«*
*When you up, you up,*
*And when you down, you down*
*And when you mess with Jock*
*You upside down.*

Das Prägen eingängiger Phrasen war ein integraler Bestandteil des My-thos der R'n'B-Diskjockeys. Vom findigen Henderson stammte der Satz »Great gugga mugga shooga booga«, der Eingang in den New Yorker Slang fand. Die Diskjockeys waren Trendsetter und Verkäufer, für die Plat-ten, die sie spielten, aber auch für sich selbst. Gary Byrd, heute Ansager bei Fernsehen und Radio, erinnert sich an den Diskjockey-Veteran Bill Cur-tis, wie er die inzwischen vergessene Drifters-Single »We gotta sing« anpries: »Zuerst legte er die Platte auf, dann ließ er sie langsamer laufen und fing an zu quasseln. Er erzählte, wie er an diese Platten gekommen war. Dann machte er einen Schlenker und erzählte, wie er ein paar Jungs kennen lernte, vor langer Zeit, und dass sie keiner kannte. Später wurden das die Drifters, und bla, bla, bla. Das war ihre neue Platte, und Bumm, er spielte sie als erster auf der Welt. Dann begann die Platte. Während sie lief, unterstrich er einzelne aufregende Stellen mit einem ›Oh‹. War die Platte am Ende, fing er an mit seinem ›Oh, wie schlimm, wie schlimm, unglaublich, wie schlimm‹, und legt sie noch einmal auf. Bill war ein Vor-läufer des späteren Trends der Disco-Zeit, die Laufzeit von Platten auszu-dehnen, und er zog sie endlos in die Länge. Die Telefone blinkten, und die Leute fragten: ›Wie heißt die Platte? Wo kann ich die kaufen?‹ Dann rie-fen die Plattenläden an, weil die Kunden sie fragten, ob sie die Platte von den Drifters hätten, die gerade bei WUFO lief.«

Einige dieser bunten Gestalten nannten sich die »Original 13«. Sie bildeten den Kern eines informellen Netzwerks, das die Macht besaß, Hits zu machen und Hits zu verhindern. Als Gründungsmitglieder gelten Jockey Jack Gibson, Jack (the Bell Boy) Lorenz, Larry Dean, Ed Cook, Bill Powell, Ken Knight, Gene Potts, Hot Rod Hulbert, John (Honey Boy) Hardy, Jimmy Woods, Hal Jackson, Tommy (Dr. Jive) Smalls und Spider Burke. Manchmal wird auch Ed Castleberry mitgenannt. Wenn die Originalbesetzung mit der Zeit auch immer ungenauer zu definieren ist, sind es diese Männer, schwarze und weiße, die den Kern der neuen Welle von großartigen Rhythm and Blues-Diskjockeys bilden.

Indem wir uns eine typische Karriere wie die von Jack Gibson ansehen, bekommen wir einen Einblick in den Stil und die Lebenseinstellung dieser Männer. Gibson war ein hellhäutiger Schwarzer, intelligent und willensstark. Er war der Sohn eines Arztes aus Chicago und profitierte von einer guten Ausbildung und einem stabilen familiären Hintergrund. Gibson kam an der schwarzen Lincoln University in Pennsylvania mit dem Radio in Berührung. Er studierte Medizin, weil er Gynäkologe werden wollte. Auf dem Campus lernte er einen cleveren Kommilitonen kennen, der einen kleinen Radiotransmitter besaß, mit dem man die Wohnheime bestrahlen konnte. Er fragte Gibson, ob er Lust hätte, den Moderator zu spielen. Gibson fand schnell heraus, dass ihm das Leben hinter dem Mikrofon – und die Anerkennung, die man damit errang – großen Spaß machte. Sein Ehrgeiz in Medizin verblasste, und nach seinem Abschluss 1944 zog er wieder nach Chicago, um sich Arbeit als Schauspieler zu suchen. Damals beherrschten Radio-Dramen die Phantasie der Amerikaner. Sie boten Schwarzen die einzigartige Chance, in einem Medium zu arbeiten, bei dem die Hautfarbe keine Rolle spielte. Gibson arbeitete regelmäßig in Seifenopern der Prä-Fernseh-Ära wie »Young Widow Brown«, »Ma Perkins« oder »Here comes tomorrow«, ein Radio-Drama über eine schwarze Familie aus Redmon, ein liberaler Versuch, Weiße an die Vorstellung heranzuführen, dass Schwarze auch Menschen sind. Im

Rückblick sagte Gibson: »An einem Tag spielte ich einen Briefträger, dann einen Lehrer oder vielleicht einen Bankangestellten. Eben das, was die Autoren geschrieben hatten – oder auch nicht.« Er war ein Naturtalent im Improvisieren, was seine Vorgesetzten stets in Unruhe versetzte, für seine Zukunft aber von entscheidendem Vorteil war. Ein Vertreter eines Gebrauchtwagenhandels in Chicago und regelmäßiger Werbekunde bei der CBS-Tochter WBBM in Chicago war zufällig im Kontrollraum des Studios, als Gibson bei offenem Mikrofon einen Werbespot eines anderen Ansagers nachäffte. Der Autohändler war scharf darauf, die Schwarzen im Süden von Chicago zu erreichen, und glaubte in Gibson den geeigneten Sprecher gefunden zu haben. Mit zwei späteren Fernsehstars, Gary Moore und Dave Garroway, wurde Gibson für 65 Dollar die Woche Gastgeber einer einstündigen Sendung, in der er Swing, Jump Blues und Bebop spielte und dazwischen seine »Kaufen Sie jetzt, zahlen Sie später«-Spots zum Besten gab.

Durch seine Arbeit in Chicago wurden schwarze Geschäftsleute aus Atlanta auf ihn aufmerksam. Sie sprachen ihn 1949 an, als sie das Geld für WERD, den ersten Radiosender im Eigentum von Schwarzen, zusammenbrachten.

»Ich bin stolz, dass ich der Diskjockey war, der 1949 an einem kühlen Oktobermorgen um sechs Uhr den Schalter umlegte und den Tag begrüßte mit einem kernigen: ›Guten Morgen, Atlanta! Wir sind da! Wir sind da! Wir haben keine Ahnung, was wir hier tun, aber wir tun es!‹ Jeden Morgen drückte ich eine Münze ab und kaufte die *Daily World*, die schwarze Zeitung von Atlanta. Zur Hauptnachrichtenzeit um zwölf Uhr las ich daraus alle Meldungen vor, die Atlanta betrafen. Wir hatten kein Format, wir hörten einen weißen Sender und ahmten deren Formate einfach nach. Was sie montags taten, machten wir – in unserer eigenen Handschrift – dienstags, und so weiter. Sonntags hatten wir sogar ein Symphoniekonzert, und ich moderierte es, weil ich der einzige war, der die Namen der klassischen Künstler aussprechen konnte, deren Platten wir spielten.«

1951 ging Jack zu WLOU in Louisville und trug dort seinen Teil zur Legendenbildung der R'n'B-Diskjockeys bei. Weil das Kentucky Derby ganz in der Nähe stattfand und die ganze Stadt verrückt nach Pferderennen war, ließ sich Gibson bei einem Schneider namens Giuseppe ein paar Jockeyhemden anfertigen. Als Diskjockey arbeitete er alleine oder zusammen mit einer Frau, die sich Louisville Lou nannte. Schon bald hatte er eine treue regionale Gefolgschaft und genoss nationale Anerkennung. Seine Sendungen starteten mit dem Fanfarenweckruf: »Mein Vater war kein Jockey, aber er hat mir Reiten beigebracht. Er sagte: ›In the middle, then from side to side.‹« Reite Jockey Jack, reite!« Seine Abschiedsfanfare ging:»Das weiße Tuch ist unten und ich bin auf dem Sprung. Bleibt cool bis ich morgen wieder bei euch bin, ihr Tiger.« Dann knurrte er.

1952 machte Gibson einen Abstecher nach Süden und stieg eine Stufe höher auf der Karriereleiter. Er wurde Programmdirektor des neuen Senders WMBM in Miami. Er war begeistert von dem Titel, von dem höheren Gehalt, das damit verbunden war, und von der Möglichkeit, sich nun am Pool des Lord Calvert Hotel herumzutreiben – des einzigen Spitzenhotels der Stadt, in dem schwarze Gäste zugelassen waren. Dort interviewte er Stars wie Nat King Cole, Billie Holiday und Sammy Davis Jr. Fröhlich berichtete er Lee Ivory: »Ich interviewte Stars, die mir Drinks ausgaben, bis ich die Hand vor Augen nicht mehr sah. Die meisten Spots habe ich improvisiert, weil ich das Manuskript beim besten Willen nicht mehr lesen konnte.

Ich konnte 25 Dollar pro Woche zusätzlich verdienen, indem ich ein Bier promotete – damals konnte man im Radio noch alles verkaufen. Ein Großhändler hatte beim Sender zehn Kisten Ballantine Ale für mich abgegeben. Ich war auf Sendung und quasselte mit Billy um die Wette, was für tolle Parties man feiern konnte, wenn man sich einen absolut kostenlosen Kasten Ballantine Ale abholen konnte, das Bier mit den drei Ringen, das gut für euch ist. Mann, die Zufahrtsstraße war in beiden Richtungen dicht. Menschen aller Rassen und Nationen in Autos und Lieferwagen aller Marken verstopften die Straßen, weil sie beim WBMW-Büro ihre Kiste Bier abholen wollten. Die Polizei brauchte fast eine Stunde von der Autobahn bis zu uns ins Studio, aber in nicht mal zehn Minuten hatten sie mir und dem weißen Sendermanager Handschellen angelegt und uns wegen Störung der öffentlichen Ordnung ins Kittchen verfrachtet. Die kriegten mich direkt auf Sendung am Arsch.«

Gibson wurde 1954 als Programmdirektor zu WERD zurückgelockt, wo er sich mit Einverständnis der Senderleitung als Aktivist in der schwarzen Gemeinde betätigte.»In Atlanta war ich so eingebunden, dass ich sogar Freundschaft mit dem Polizeichef schloss«, sagt er.»Immer wenn es im Ghetto Ärger gab, rief er mich an. Dann ging ich auf Sendung und sagte, wenn sie nicht aufhörten, käme die Polizei und würde ihnen was auf die Nuss geben. Sobald die Sendung vorüber war, ging ich in das betroffene Viertel und versuchte zu schlichten. Es kam vor, dass eine Frau aus dem Fenster rief: ›Ich hab hier dein Leibgericht: Butter Beans‹. Dann ging ich hinauf und aß mit der Familie zu Abend. Wer im schwarzen Radio erfolgreich war, musste auch zur Gemeinschaft gehören. Er konnte sich nicht verstecken. Er konnte nicht nur eine Stimme bleiben.«

Während seiner zweiten Phase in Atlanta, die bis 1958 dauerte, trat Dr. Martin Luther King in der Ebenezer-Baptistkirche aus dem Schatten seines Vaters und wurde zur nationalen Führungsfigur. Die Büros von Kings Southern Christian Leadership Conference (SCLC) befanden sich im Stockwerk unter WERD. Wenn King etwas Wichtiges mitzuteilen hatte, so Gibson, dann brüllte er einfach hoch. Ich ließ das Mikrofon aus meinem Fenster zu ihm ins Büro hinunter, damit er sagen konnte, was er zu sagen hatte. Danach zog ich das Mikrofon wieder hoch und schob einen kurzen Kommentar über die große Bedeutung der Arbeit von Dr. Martin Luther King nach. Dann ging es weiter im Programm.«

Weil die Diskjockeys eine so große Rolle im Leben der Stadt spielten, kamen auch junge Musiker zu Gibson und seinesgleichen. Die Diskjockeys leisteten einen wesentlichen Beitrag zur Musik, indem sie – natürlich auch aus finanziellem Interesse – junge Talente ausfindig machten. Zenas (Daddy) Sears, der populäre weiße Rhythm and Blues-Diskjockey bei WGST in Atlanta, startete 1946 eine wöchentliche Talentshow innerhalb seiner Sendung, und ein lokaler Sänger und Songschreiber mit sanfter Stimme namens Chuck Willis, der heftig trank, mauserte sich zum Star dieser Sendungen. Der Diskjockey und ein lokaler Plattenladenbesitzer brachten Willis zur Columbia-Tochterfirma Okeh, die auf schwarze Musik spezialisiert war und bei der Willis innerhalb der folgenden fünf Jahre vierzig Platten aufnahm. In dieser Zeit fungierte Sears als Willis' Manager und verschaffte ihm dank seiner Verbindungen eine eigene Fernsehshow in Atlanta, wo sie, so Sears, »kleine dramatische Sachen veranstalteten: Ich schrieb ihm die Show mit einer kleinen Geschichte, und Chuck spielte jede Woche fünf oder sechs Titel.« Auf Ratschlag des schillernden Screamin Jay Hawkins, der seine Shows oft mit einem Sprung aus dem Sarg begann, trug Willis auf der Bühne einen Turban. Das machte den Entertainer, der bereits vorzeitig sein Haupthaar verloren hatte und eher zum Songschreiber als zum Sänger taugte, etwas interessanter. Zu seinen bekanntesten Songs gehören Titel wie »Don't Deceive Me«, »I Feel So Bad«, »It's too late« und »Hang up my Rock'n'Roll Shoes«, Titel, die später von Elvis Presley, Buddy Holly, Otis Redding, The Band und Charlie Rich aufgenommen wurden. Aber seinen größten Hit erzielte Sears' Entdeckung erst, nachdem er sich nicht mehr von ihm managen ließ und bei Atlantic unterschrieben hatte. Dort nahm er 1957 den alten Bluesstandard »C.C.Rider« von Ma Rainey auf. In der Fernsehsendung *American Bandstand* lief Dick Clark Willis` Aufnahme, um einen neuen Tanz namens The Stroll zu untermalen. Es dauerte nicht lange und er war der König des Stroll. Ein Jahr später starb Willis bei einem Autounfall in der Nähe von Atlanta.

Roy Hamilton, ein Bariton mit großer Stimme, wurde zum populären Schnulzenstar des Rhythm and Blues, als er den schwarzen Diskjockey Bill Cook dazu überredete, seine Karriere in die Hand zu nehmen. 1953 moderierte Cook jede Nacht auf WAAT von zehn Uhr abends bis ein Uhr früh seinen Caravan Club. In der Zeitschrift *Soul Survivor* berichtet Cook in schillernden Farben von ihrer ersten Begegnung:»Eines Abends saß ich im Caravan Club, drumherum ein paar Ladies, weiße und schwarze, und versuchte Eindruck zu schinden. Manchmal muss man die große Nummer markieren, wenn man auf seinem Gebiet die Nummer Eins ist. Da sehe ich diesen Riesenkerl reinkommen, mit seinen abgetragenen Schuhen, einer verwaschenen Krawatte, die Hosenträger außen an die Hose geknöpft – ein seltsamer Anblick. Aber er sah gut aus und hatte sehr breite Schultern. Er stand eine ganze Weile einfach da, bis ich ihn fragte, was er wollte. Er sagte, er sei Sänger und er wolle mir was vorsingen. Die Ladies sahen nur seine breiten Schultern, er war jung und stand voll im Saft. Ich fragte ihn, was für Songs er kenne, und er erwiderte, er kenne ein paar populäre Songs. Man glaubt es kaum, aber er kannte nur zwei, drei Songs, abgesehen von Spirituals.«

Hamilton kannte den damals sehr beliebten Popsong »You'll never walk alone«. Die Frauen betrachteten ihn noch immer, und er »wollte einfach nicht gehen«. Da ließ Cook ihn von der Hausband begleiten. »Es war wie ein Hormonstoß«, erinnert sich Cook. »So aufregend. Er brauchte keine Band. Seine Stimme war so stark, dass er einen besonders großen Abstand vom Mikrofon halten musste.«

Ehrlich beeindruckt setzte Cook seine Beziehungen bei Epic Records ein – einer Schwester von Columbia. Dort ließ er Hamilton einen Vertrag unterzeichnen mit der Klausel, dass er, nicht die Plattenfirma, den Erscheinungstermin der ersten Platte bestimmen sollte. Cook entschied sich für den 4. Januar 1954, elf Tage vor dem traditionellen Marktstart. Mit Hilfe seiner Kontakte beim Radio schürte Cook im Staat New York echte Begeisterung für »You'll never walk alone«. Gegenüber Soul Survivor sagte er:»WNHR in Union, New Jersey, war gerade entstanden. Ich fuhr hin und bat den Programmdirektor George Hudson, ein Interview mit Roy Hamilton zu senden und die Platte zu jeder vollen Stunde zu spielen. Er hörte sich die Platte an und war sofort überzeugt. Er spielte die Platte zu jeder vollen Stunde. Als sie abends den Sendebetrieb einstellten, übernahm ich mit meinem eigenen Programm. Ich spielte die Platte zweimal pro Stunde und interviewte Hamilton. Dann übernahm ihn Willie Bryant für seine ›Willie and Ray Show‹ um zwei Uhr morgens. Wir rasten mit dem Wagen hin, um die letzte Sendestunde zu erwischen, von zwei bis drei Uhr morgens. Schließlich gab es noch den Sender WOV, der mit Sugar Ray Robinsons Schwester aus dem Palm Café eine Show namens ›Daybreak‹ sendete. Sie spielte ihn jede halbe Stunde bis zum Morgengrauen.«

Da überrascht es nicht, dass Hamiltons erste Single ein Hit wurde und ihn als Künstler etablierte, der bis in die 60er Jahre hinein erfolgreich blieb. Alle diese Fäden des Rhythm and Blues-Radios – die Kreativität, die Fähigkeit, Hits zu schaffen und das Engagement für die schwarze Gemeinde – liefen bei WDIA in Memphis zusammen, einem der ersten schwarzen Radiosender nach dem Krieg. Sendebeginn war 1948, nachdem auf der gleichen Frequenz ein alter Country-Sender gescheitert war. Mit einer Sendeleistung von 250 Watt hatte dieser Sender nicht die Kraft besessen, um den großen Country-Sendern aus Nashville Paroli zu bieten. Aber als WDIA startete, gab es in der ganzen Stadt keinen vergleichbaren Rhythm and Blues-Sender, nur den Bluesmann Sonny Boy Williamson, der beim ansonsten weißen Sender KWEM in West Memphis eine fünfzehnminütige Blues-Sendung machte, die von Hadacol Tonic gesponsert wurde. Die beiden weißen Geschäftsleute Bert Ferguson und John R. Pepper beschlossen, die wachsende schwarze Gemeinde der Stadt anzuzapfen, und landeten damit einen Volltreffer. Nur vier Jahre später war WDIA als »der Muttersender aller Schwarzen« im ganzen Süden bekannt.

Das neue Sendeformat wurde am 25. Oktober 1948 von Professor Nat D. Williams gestartet, besser bekannt als »Nat Dee«, einem ehemaligen Geschichtslehrer an Booker T. Washingtons High School, der bis 1940 Gastgeber der Talentshow im Palace Theater war. Williams' Sendung »Tan Town Jamboree« und seine Frühmorgen-Show »Tan Town Coffee« wurden zu Eckpfeilern des WDIA-Programms. Der Legende nach hatte der ansonsten sehr wortgewandte Williams einen Blackout, als ihm der Tontechniker das Zeichen für den Beginn seiner ersten Live-Sendung gab. Er lachte über seinen plötzlichen Anfall von Lampenfieber, und dieses Lachen – und kein flotter Spruch – wurde zu Nat Dees Markenzeichen. Williams hatte eine Collegeausbildung und war tief in der schwarzen Kultur verwurzelt. Sein urbaner Stil war für die meisten schwarzen Diskjockeys der ersten Stunde charakteristisch.

Das totale Gegenteil von Williams war Maurice (Hot Rod) Hulbert, bekannt für sein schnelles Mundwerk und seine improvisierten Reime. Hulbert saß mehrere Schichten am Tag vor dem Mikrofon und bewies dabei eine bemerkenswerte Flexibilität. Morgens war er Maurice Hulbert Junior, der Gastgeber der Gospel-Sendung »Tan Town Jubilee«, wo er aus der Heiligen Schrift las und Musik spielte, die zu seiner Rolle des weltlichen Predigers passte. Dann, um zehn Uhr, legte er – bildlich gesprochen – die Priesterrobe ab, schlüpfte in einen seidenen Anzug und verwandelte sich für die Sendung »Sweet Talkin' Time« in Maurice, the Mood Man. Diese Sendung war für schwarze Hausfrauen gedacht und bestand vornehmlich aus sexy Balladen und gehauchter Anmoderation. Besonders bemerkenswert bei Hulberts allmorgendlicher Metamorphose ist die Tatsache, dass in Memphis kaum jemand wusste, dass der Diskjockey, der die Seelen erbaute, und der Liebesflüsterer ein und dieselbe Person waren.

Nach einer wohl verdienten Pause tauchte Hulbert abends als »Hot Rod« wieder auf, als Zeremonienmeister des »Sepia Swing Club«. Angeblich soll Hulbert eines Tages so schnell gesprochen haben, dass er sich die Zunge ins Auge bohrte. Wie ein Bebop-Saxophonist spielte er mit der Melodie der Worte und verwandelte sie in eine neue rhythmische Sprache, wie »Ubel-du-ba-bla-bla-du-lay-a-way«, eine Verballhornung des Werbespots der »E-Z Credit Layaway Company«.

Einige dieser Diskjockeys, die genauso viel Unterhaltungswert besaßen wie die Musik, die sie auflegten, hegten selbst musikalische Ambitionen.

Das bekannteste Beispiel ist Riley B. King, besser bekannt als B.B. King, einst Diskjockey und Bluesgitarrist. Er war einfach in die Halle von WDIA gegangen, hatte Nat Dee gesehen und zu spielen begonnen. Es war nicht ungewöhnlich, dass Musiker direkt zum Sender gingen und dort jammten, um auf sich aufmerksam zu machen. Mit dieser Masche war King schon bei KWEM erfolgreich gewesen. Er hatte den Bluesveteranen Sonny Boy Williamson so beeindruckt, dass der den Neuling bat, ein paar Auftritte für ihn in den lokalen Clubs zu übernehmen.

Und auch dieses Mal klappte es. Der Miteigentümer von WDIA, Ferguson, lief zufällig vorbei und sah in ihm das perfekte Vehikel für eine neue Sendung, die vom Hersteller eines Allzweck-Tonikums namens »Pepticon« gesponsert werden sollte. Die täglich ausgestrahlte Sendung von fünfzehn Minuten Länge sollte Williamsons »Hadacol« Konkurrenz machen, und Ferguson engagierte King als Moderator. Bevor er zu B.B. wurde, war Riley King rund um Memphis als Pepticon Boy bekannt, der auf WDIA und auf der Ladefläche von LKWs rund um Memphis die Erkennungsmelodie sang:

> *Pepticon, pepticon sure is good,*
> *You can get it anywhere in your neighborhood.*

So werden Legenden gemacht. Zwar steckte WDIA das Pepticon-Geld ein, aber King durfte seine Auftritte bewerben. Trotz seiner vielen Konzerte trat King auch weiterhin im Palace Theater bei den Talentwettbewerben auf, wofür er – wie jeder Teilnehmer – einen Dollar erhielt. Und er tat es immer noch, als er schon die allabendliche Show »Heebie Jeebies« auf WDIA moderierte, ein Zeichen für die niedrigen Gehälter, die man schwarzen Diskjockeys zahlte. Glücklicherweise wuchs Kings Ansehen als Musiker. Der Sender gab ihm im Anklang an den Pepticon Boy den Spitznamen Beale Street Boy, woraus später B.B. entstand.

1950 gründete King seine erste Band, der auch der ausgezeichnete Sänger und Pianist James Alexander angehörte. Sie nahmen mehrere Hits auf, oft gleich in den WDIA-Studios. Den Durchbruch brachte der »Three O'clock Blues« aus dem Jahre 1951, der King einen Vertrag mit der New Yorker Agentur Universal Attractions einbrachte. Die schickte ihn zu den Perlen aller Tourneefahrpläne, in das Howard in Washington, das Royal in Baltimore oder das Apollo in New York, immer begleitet von der Tiny Bradshaw Band. Die Tournee hatte drei Effekte, die alle die Geschichte des Rhythm and Blues beeinflussen sollten. Erstens: Am Beginn seiner Karriere als Profimusiker war King ausschließlich beim schwarzen Publikum ein Star. Zweitens: Alexander übernahm Kings Band und machte mit ihr unter dem kernigen Bühnennamen Johnny Ace Aufnahmen. Drittens – und besonders wichtig für das Radio in Memphis: Kings Rolle übernahm ein anderer Diskjockey mit einem Ohr für Musik, Rufus Thomas.

Thomas` Karriere begann in den Zeltshows, die mit Unterhaltungsprogrammen den ländlichen Süden bereisten. Als Teenager steppte Rufus im Sommer mit den Rabbit Foot Monstrels und den Royal Americans, bestritt Auftritte in kleinen Städten, wo Schwarze und Weiße, durch einen schmalen Mittelgang getrennt, im Publikum saßen. Für Rufus waren diese Tourneen ein Blitzkurs in Sachen Showbusiness und Rassenfrage. Er lernte, dass das Gelächter, das er mit seinen Tanzschritten und dem Geklapper seiner Tanzschuhe auslöste, den schlimmsten Redneck freundlich stimmte.

1940 übernahm Thomas von Nat Dee die Talentwettbewerbe im Palace, und als King WDIA verließ, brachte Nat Dee Thomas an Bord. Neben seiner Arbeit in einer Textilfabrik und gelegentlichen Plattenaufnahmen – sein Titel »Bear Cat«, den er beim kleinen Sun-Label von Sam Phillips aufnahm, war ein Vorläufer seiner Stax-Records-Hits der 60er Jahre wie »Walking the Dog« und »Funky Chicken« – moderierte er von halb zehn bis elf Uhr abends die Sendung »Hoot'n'Holler«. Er erfüllte den Abend über Memphis mit wunderbar schmutzigen Reimen wie diesem:

*I'm young and loose and full of juice,*
*I got the Goose, so what's the use?*

*We're bright and gay but we ain't got a dollar!*
*Rufus is here, so let's hoot'n'holler!*

Nat Dee, Hot Rod Hulbert und Rufus sorgten für die treuen Hörer, Ferguson und Pepper steckten Geld in den Sender. Sie kauften einen 50.000 Watt-Transmitter, mit dem sie ganz Tennessee sowie Teile von Arkansas und Mississippi erreichen konnten. Mit dieser zusätzlichen Power strahlte WDIA ab 1954 ein Vierundzwanzig-Stunden-Programm aus. Ferguson ließ 40.000 Werbezettel an Privathaushalte verteilen. Ein solch aggressives Marketing hatte es zuvor noch bei keinem Radiosender für Schwarze gegeben. Doch die beste Werbung für WDIA war die Interaktion mit den schwarzen Einwohnern der Stadt. WDIA wurde zum »Schwarzen Brett« der Stadt. Zwischen Werbespots, Musik und dem Geplapper der Diskjockeys wurde nach verloren gegangenen Kindern oder Haustieren gesucht. Alles, was im schwarzen Memphis passierte, vom Wohltätigkeitstanzfest bis zum Scheunenbrand, erreichte die Wellen von WDIA. Jede Institution im schwarzen Memphis, das Palace und das Handy Theater, Lansky Brothers Clothes in der Beale Street, die schwarzen Kirchengemeinden, alle waren dem Sender und seiner Belegschaft geschäftlich oder gesellschaftlich verbunden. Die Diskjockeys traten bei wichtigen Veranstaltungen als Moderatoren oder Promoter auf. Der Sender wurde durch seine Diskjockeys bald zum Symbol und Katalysator der rassisch getrennten Wirtschaft in Memphis.

Dieses Phänomen blieb auch weißen Geschäftsleuten nicht verborgen. Weiße Sender, die mit schrumpfenden Werbeeinnahmen zu kämpfen hatten oder auf einen Sendplatz am Ende der Radioskala abgedrängt wurden, begannen ihr Programm auf Rhythm and Blues umzustellen, wobei sich viele auf weiße Diskjockeys stützten, um die schwarze Bevölkerung zu erreichen. Hauptvertreter im Radio der »schwarzen« Weißen war Dewey Phillips von WHBG. Ab 1950 machte seine Mixtur aus rauem Blues und erdigem Rhythm and Blues in Verbindung mit seiner manischen Persönlichkeit Phillips zu einer Institution in Memphis. Er war bei jungen weißen Rhythm and Blues-Fans so beliebt, dass Sam Phillips die erste Single von Elvis Presley in seiner Sendung platzierte. Dewey Phillips ist nicht nur inte–ressant, weil er schwarze Musik auflegte. Er hatte auch weit mehr und engere Kontakte zu Schwarzen, als das zu jener Zeit von den Weißen des Südens für akzeptabel gehalten wurde. Obwohl manche Musikhistoriker behaupten, er habe in seinen Sprechgesängen abfällige Bemerkungen über Schwarze versteckt, war seine Arbeit als Diskjockey Teil der Rhythm and Blues-Welt, genauso wie Nat Dee, B.B. King oder Rufus Thomas. Für manche »Ewig Gestrigen«, die wussten, dass Phillips ein Weißer war, der schwarze Musik spielte, war er ein »Nigger lover«.

Weiße Diskjockeys, die schwarz klingen wollten, beschworen manch bizarre Situation herauf wie etwa die Geschichte des schwarzen Moderators Vernon Winslow zeigt. Nach seinem Abschluss in Design am Chicago Art Institute zog Winslow nach New Orleans und lehrte dort an der Dillard University. Er lebte zehn Jahre in der Stadt, hörte Jazz im Radio und legte sich eine beachtliche Plattensammlung zu. Eines Tages rief Winslow bei seinem Lieblings-Radiosender WJBW an, um dem Moderator zu seinen Jazz-Kenntnissen zu gratulieren. Der Moderator, ein Weißer, der sehr wenig über Schwarze wusste, lud ihn zu einem Treffen ein, bei dem Winslow mit ein paar überraschend dummen Fragen konfrontiert wurde, zum Beispiel: »Warum tragen Schwarze ›Zoot Suits‹ und reden diesen merkwürdigen ›Jive‹-Jargon?« Winslow wurde klar, wie viel er vergleichsweise wusste, und er begann darüber nachzudenken, selbst zum Radio zu gehen.

Ein Jahr später hatte Winslow vom Lehrerberuf die Nase voll und beschloss, sich als Radiomoderator zu versuchen. Er schrieb Briefe an mehrere Sender der Gegend. Einer antwortete, dass ein spezielles Programm für Schwarze bei ihnen noch Zukunftsmusik sei. Aber WJMR antwortete: »Sie wussten nicht, ob ich schwarz oder weiß war, aber nach unserem Telefonat gingen sie davon aus, dass ich weiß war, weil ich nicht so klang wie die meisten Schwarzen in New Orleans«, erzählte Winslow Jeff Hannusch. Die Verwaltung von WJMR befand sich im Jung Hotel, wo Schwarze normalerweise nicht willkommen waren. Aber mit seiner relativ hellen Haut und seinem glatten Haar schafft es Winslow, am Portier vorbeizukommen und auch seinen Befrager eine Zeitlang hinters Licht zu führen. Erst am Ende fragte er Winslow: »Übrigens: Sind Sie ein Nigger?«

Man ließ Winslow wissen, es käme überhaupt nicht in Frage, einen Schwarzen ans Mikrofon zu lassen. Stattdessen bot man ihm an, er solle einem weißen Diskjockey beibringen, schwarz zu klingen. Das war »Blackface«-Radio in Reinkultur. Winslow schrieb die Texte, wählte die Platten aus und gab dem Diskjockey einen Namen, der aus dem lokalen Slang herrührte: »Poppa Stoppa«. Sätze wie »Look at the gold tooth, Ruth« oder »Wham bam, thank you ma'am« flossen dem weißen Diskjockey von den Lippen, den Winslow ständig über die neuesten Trends der Sprache der Schwarzen auf dem Laufenden halten musste. Ein paar Monate lang funktionierte die Scharade, und die Show war ein Riesenerfolg. Dann, als sein weißer Frontmann das Studio einmal kurz verließ, wagte es Winslow, ein Stück aus seinem Skript selbst vorzulesen. Er wurde auf der Stelle entlassen. Winslow ging an die Dillard University zurück. WJMR behielt den Namen »Poppa Stoppa« bei und setzte weiter weiße Moderatoren in dieser Rolle ein.

Sechs Monate nach seiner Entlassung bei WJMR erhielt Winslow ein Telegramm von einer Werbeagentur, die dem Schöpfer von Poppa Stoppa einen Job als Werbeberater anbot. Winslow erzählte Hannusch: »Ich war völlig aus dem Häuschen! Die Werbeagentur Fitzgerald und die Jackson-Brauerei hatten offenbar die Poppa Stoppa-Show gehört und nach genau so etwas gesucht. Sie hatten gerade eine Studie über den schwarzen Markt fertiggestellt und wollten ihre Erkenntnisse umsetzen.« Sie baten Winslow, ein paar Manuskripte zu schreiben und sich einen anderen Namen auszudenken. Er erinnert sich: »Damals nannte man jeden ›Doc‹; ›Doc, hast du mal Feuer?‹, ›Doc, willst du 'n Drink?‹ Dann kam der Ausdruck ›Daddy-O‹ in Mode. Ich hörte, wie Louis Jordan ihn verwendete. Ich setzte beides zusammen, und sie fuhren drauf ab.«

Vernon Winslow war jetzt Dr. Daddy-O und moderierte eine Radiosendung namens »Jivin' with Jax«, die jeden Sonntag aus dem New Orleans Hotel übertragen und von Jax-Bier gesponsert wurde. Aber es lief nicht alles reibungslos für Dr. Daddy-O, schließlich war er noch immer schwarz. Um in sein Sendestudio zu gelangen, musste er den Lastenaufzug benutzen. Deshalb verlegte er sein Studio in die berühmten J&M-Studios in New Orleans, von wo aus er zunächst fertige Bänder ins Hotel schickte, und später live mit Dave Bartholomews Band im Hintergrund sendete. Ein echter Schwarzer, der echt schwarzen Slang sprach, war eine aufregende Sache in der Stadt, und Dr. Daddy-O war eine allgegenwärtige Stimme, auch durch die zahlreichen Imitatoren bei kleineren Sendern mit grandiosen Namen wie Ernie the Whip, Jack the Cat, Okey-Dokey oder Momma Stoppa und durch seine wöchentliche, von Jax bezahlte Kolumne in der schwarzen Zeitschrift *Weekly* aus Louisiana.

Chronisten der Musikszene von New Orleans behaupten, dass Dr. Daddy-O der Auslöser für die Entwicklung des Radioprogramms weg vom Swingjazz hin zum rockigen Sound des Rhythm and Blues war, der in den 50er Jahren, gemeinsam mit Gumbo, die populärste musikalische Errungenschaft der Stadt war. Den Durchbruch markierte 1947 die Single »Good Rockin' Tonight« des Sängers Roy Brown. Dr. Daddy-O spielte die Platte »laut und lange«, manchmal bis zu dreimal in zwanzig Minuten. Das war entscheidend dafür, dass der Titel im darauffolgenden Jahr zum Hit wurde und den Weg für Musiker wie Lloyd Price, Fats Domino, Little Richard, Smiley Lewis, Allen Toussaint und viele andere ebnete.

Einer der beliebtesten weißen Diskjockeys jener Zeit war Bill »Hoss« Allen, ein freundlicher Mann mit Bassstimme, der mit zurückgekämmtem Haar und bleistiftdünnem Schnurrbart auch als sehr heller Schwarzer hätte durchgehen können. Nach der Armeezeit im Krieg besuchte er die Vanderbilt University, die südstaatliche Bastion konservativer Erziehung, bevor es ihn nach Massachussetts zog, wo er als Schauspielschüler im Priscilla Beach Theater arbeitete, was seiner Familie sehr missfiel (»Meine Mutter hielt nichts von Schauspielerei.«) 1948 zog er wieder Richtung Süden, zurück in seine Heimatstadt Gallatin in Tennessee. Er ergatterte einen Job als Moderator bei WHIN, einem neuen 1.000-Watt-Sender, wo er von drei Uhr nachmittags bis Sendeschluss eine Jazz-Sendung namens »Harlem Hop« moderierte. In Briefen und Anrufen verlangten die Hörer nach Bull Moose Jackson, Cecil Gant, Wynonie Harris und den anderen Entertainern der Nachkriegs-Ära.

Im September des gleichen Jahres beschloss der Plattenladenbesitzer Randy Wood, die Sendung von Gene Nobles beim Sender WLAC in Nashville zu sponsern, der über einen starken 50.000-Watt-Sender verfügte. Diese Entscheidung sollte die Entwicklung des Rhythm and Blues erheblich beeinflussen. Im Herbst sprach Allen bei WLAC vor und erhielt eine Mittagssendung, in der Wood eine Minute Sendezeit kaufte. Auch bei WLAC stellte Allen fest, dass seine Hörer scharf auf die neuen Klänge waren. Besonders die aus dem Krieg zurückgekehrten Soldaten verlangten danach und brachten häufig Platten beim Sender vorbei, die Allen und Nobles spielen sollten. Wegen der neuen Musik trafen Briefe und, noch wichtiger, Bestellungen bei WLAC ein. Aber das Wichtigste wusste beim Sender fast niemand: WLAC war klar und deutlich von der West- bis zur Ostküste, in der Karibik und – über Kurzwelle – sogar in Europa und Nordafrika zu hören.

Die positiven Rückmeldungen ermutigten Wood. In seinem Laden hatte er ungefähr zweitausend 78er-Blues-Schallplatten in zehn und zwölf Zoll-Größe. Er kaufte Sendezeit in Nobles Show für sechs Dollar die Minute und bot vier Platten zum Preis von 2,49 Dollar im Versand an. Zwei Wochen lang gab es keine Reaktion. In der dritten Woche kam ein riesiger Postsack bei WLAC an. Wood borgte sich Geld von einer Bank und kaufte fünfzehn Minuten Sendezeit in Nobles Sendung. Schon bald finanzierte der Plattenladen Nobles und Allen alleine. Ernie's Record Mart in

Memphis sponserte John R. Richbourg, und Herman Grizzard arbeitete mit Buckley's in Nashville zusammen. Wood gründete 1951 Dot Records und brachte das Geld, das er mit schwarzer Musik und ihren Fans verdient hatte, in ein Pop-orientiertes Label ein. Zu den Musikern, die er unter Vertrag hatte, zählten Gale Storm, Tab Hunter, Lawrence Welk und der Pseudo-Rocker Pat Boone. Randy Woods Plattenladen blieb für den Rhythm and Blues allerdings wichtiger als sein Plattenlabel, denn der regte andere dazu an, selbst Plattenläden mit dieser Musik zu eröffnen.

Ein anderer wichtiger Aspekt im Verhältnis von Radio und Schallplattenfirmen ist *Payola*. In den 80er Jahren löste dieser Begriff noch immer die gleichen Kontroversen aus wie in den späten 50ern. Die Rolle von Payola im schwarzen Radio kann man nicht verstehen, wenn man sich nicht klar macht, dass das Gehalt von 100.000 Dollar eines Al Benson eine Anomalie darstellt und dass die meisten schwarzen Diskjockeys pausenlos arbeiteten und grotesk unterbezahlt waren. Bis weit in die 50er Jahre hinein galten fünfzig Dollar für über sechs Stunden am Tag und sieben Tage die Woche vor dem Mikrophon als guter Verdienst. »Gewerkschaft« war ein Unwort. Es gab keine Verträge, keine Krankenversicherung und wenig Möglichkeiten, ins Management aufzusteigen. Ein Schwarzer konnte Programmdirektor werden – eine Funktion, die heute mit wesentlich mehr Macht verbunden ist als damals –, aber niemals Werbeleiter oder Sendermanager. Von ihren weißen Chefs bekamen sie regelmäßig zu hören, dass man sie jederzeit feuern könne. Ihre flinken Zungen und ihr selbstbewusstes Auftreten verschleierten eine Existenz in ökonomischer und sozialer Unsicherheit. Man erwartete, dass sie ihre Werbekunden selbst beschafften und von den Werbeeinnahmen strich das Management neunzig Prozent ein. Von den Werbespots, die die Werbeabteilungen akquirierten, erhielten sie gar keinen Anteil, obwohl die Zeiten nur aufgrund der Popularität ihrer Sendung gebucht wurden.

Unter diesen Umständen entstand *Payola*, die Praxis der Diskjockeys, sich von Plattenfirmen für die Platzierung ihrer Produkte bezahlen zu lassen.

Heute ist Payola im Wesentlichen ein Werkzeug, das große Plattenfirmen benutzen, um die Playlists der Pop-Radiosender zu steuern und mit Geld kleinere Labels aus dem Äther zu drängen. Aber für die Diskjockeys des Rhythm and Blues war Payola eine Möglichkeit, ein Stück vom Kuchen abzubekommen – von dem Kuchen, den ihre Kreativität erst so begehrenswert gemacht hatte.

Dave Clark, der 1938 die Verbindung zwischen schwarzem Radio und Plattenfirmen geschaffen hatte, zahlte zu seiner Zeit jede Menge *Payola*. Bevor er 1954 zu Duke-Peacock kam, arbeitete Clark für Savoy, Apollo, King, United, Atlantic und Chess Records, meist für mehrere Labels gleichzeitig. »Wer kein Top-Diskjockey war, verdiente kein Geld«, sagt er. »Ohne Payola hätte keiner überleben können. Wir wollten den Menschen helfen, die das Publikum erreichten und sich mit Musik auskannten. Das war nichts Unrechtes. Sie wussten, von wem sie Geld einnehmen durften und von wem nicht.«

Nicht jede Neuveröffentlichung wurde mit Payola gefördert, so Clark. »Wenn du eine Platte hattest, die was reißen konnte, dann hast du Geld reingesteckt, genauso wie heute. Manche Diskjockeys waren so groß und mächtig, dass sie eine Menge Geld fordern konnten, bis zu tausend Dollar für das Spielen einer Platte. Manche Jockeys, die wichtig waren, aber nicht viel verdienten, bekamen jede Woche ein bisschen was, fast wie ein Gehalt. Nicht, damit sie eine bestimmte Platte spielten, sondern damit sie dich auf neue Talente hinwiesen und dich auf dem Laufenden hielten, wie sich deine Platten in ihrem Sendegebiet verkauften. Sie hörten sich auch die Bänder an und sagten, ob eine Platte es wert war, gepusht zu werden. Das war wie ein Investment.«

Das Abspielen von Platten wurde nicht nur für Geld gekauft. Auch Flugtickets, Lebensmittel, Kleider waren gängige Zahlungsmittel. Ein Diskjockey aus dem Süden erinnert sich, wie er ein New Yorker Plattenlabel darum bat, seine Versicherungspolice für ihn zu bezahlen. Stattdessen schlug das Label vor, in seinem Namen einen Musikverlag zu gründen und ihm von einigen ihrer Schallplatten Tantiemen zu bezahlen. Dummerweise entschied sich der Jockey schließlich für Bargeld, eine Entscheidung, die er noch heute bedauert. All diese Machenschaften liefen meistens ohne Wissen und Zustimmung der Musiker ab.

Ich möchte Payola im schwarzen Radio nicht reinwaschen. Aber wenn man das Umfeld ignoriert, das Payola begünstigte, dann kann man mit vielen, die das Phänomen seither so einseitig untersuchten, nicht diskutieren. Sogar Dave Clark würde zugeben, dass Payola Schattenseiten hatte. Einmal versuchte Clark, einen Diskjockey zu gewinnen, der seine Platten nicht spielte, indem er ihm ein dringend benötigtes Paar Schuhe kaufte. »Aber nichts passierte«, erinnert sich der alte Plattenmanager. »Dave ging zum Sender dieses Kerls. Er fand ihn in seinem Studio. Er schlief, die Füße auf dem Mischpult mit Daves Schuhen bekleidet. Dave riss ihm die Schuhe von den Füßen. Man kann sich denken, dass der Diskjockey aufwachte. Dave sagte: ›Hoffentlich spielst du jetzt meine Platten.‹«

In den ersten zehn Jahren nach dem Zweiten Weltkrieg wurden die Rhythm and Blues-Labels zu festen Institutionen und zu einem Beispiel für eine »natürliche Integration«, für die Vermischung von schwarzen und weißen Interessen in ökonomischer und musikalischer Hinsicht. Sieht man diese Diskjockeys – so wie ich – eher als Unternehmer denn als Angestellte, dann liegt es auf der Hand, dass inmitten dieser Integration (nicht Assimilation) ein ganzes Panoptikum an Typen entstehen musste. Sie machten sich ihre Fähigkeit zu unterhalten ebenso zunutze wie die schwarze Musik und trugen damit zu ihrem Wachstum bei. Man mag vielleicht nicht all ihre Methoden – Robeys Art, Songs zu »schreiben«, ist besonders verwerflich –, aber dennoch: Als städtisches Muster, wie man schwarzes Unternehmertum in einer von Weißen dominierten Gesellschaft (die die meisten schwarzen Labels und Sender kontrollierte) etablieren kann, hat sich diese »Rhythm and Blues-Welt« große Verdienste erworben.

# Ein vergessenes Omen

Als Jackie Robinson 1945 bei den Brooklyn Dodgers unterschrieb und sich 1947 ihre blau-weiße Baseball-Kluft überstreifte, wurde dies völlig zu Recht als ein Meilenstein in der Geschichte der Integration in den USA gefeiert. Dieses Ereignis gehört heute untrennbar zum Legendenschatz der amerikanischen schwarzen Kultur. Leider kümmerte es kaum jemanden, dass dies auch das Ende des Baseballs und das Verschwinden einer »natürlich integrierten«, schwarzen Institution bedeutete. Wenn man ältere schwarze Männer fragt, klagen sie: »Das ist der Preis, den man fürs Mitspielen zahlen muss. Sehen Sie sich die vielen schwarzen Spieler an, die die Profiliga dominieren, Millionen verdienen und Vorbilder für die ganze Nation sind.« Folgen wir dem Rat des ominösen Informanten »Deep Throat« und folgen der Spur des Geldes, stellen wir fest, dass diese Abwicklun zwar – oberflächlich betrachtet – für die Schwarzen großartig, in Wirklichkeit aber eine Enteignung der schwarzen Club-Besitzer war.

Die schwarzen Ligen starben jedoch mit Würde. In den späten 40er Jahren begannen die Cleveland Buckeyes im Wettbewerb mit den frisch integrierten Cleveland Indians eine simultane Fernseh- und Radioübertragung und waren damit der Major League um ein paar Jahre voraus. 1953 unterschrieb eine Frau namens Toni Stone bei den Indianapolis Clowns, eine der ersten Frauen, die sich im Profisport mit Männern maß. 1953 gab es nur noch vier schwarze Teams, und 1960 waren sie ganz verschwunden, die Spieler in alle Winde verstreut, und viele der schwarzen Geschäftsleute, die die schwarzen Ligen geprägt hatten, wurden von den Häuptlingen der Major League einfach ignoriert. Die Ligen und viele ihrer Repräsentanten tauchten schließlich als Exponate in einem speziellen Flügel des Baseballmuseums und als Antworten in schwarzen Quizspielen wieder auf.

Mit Robinson bei den Brooklyn Dodgers waren die USA endlich gezwungen, ihre Verfassung ernst zu nehmen – für viele weiße Amerikaner ein erschütterndes Ereignis. Sieht man sich das Baseballgeschäft heute an, erkennt man allerdings, dass erst wenige Schritte in Richtung einer wirklichen Integration zurückgelegt wurden. In allen Vereinen gibt es schwarze Talentsucher, aber seit 1947 gab es erst drei schwarze Manager – Frank Robinson, Maury Wills und Larry Dobey. Keiner von ihnen war länger als zwei Jahre in seinem Job. Es gab noch nie einen schwarzen Teamchef, obwohl Henry Aaron bei den Atlanta Braves jahrelang Personaldirektor war. Muss man erst Babe Ruths Homerun-Rekord brechen, um einen exponierten Management-Job im Baseball zu ergattern? Antwort: Wenn du schwarz bist, schon.

Seit dem Tod der schwarzen Ligen hat es im gesamten Profi-Baseball nur einen schwarzen Club-Eigentümer gegeben – passenderweise der Besitzer eines Radiosenders, der 1985 das drittklassige Team St. Louis Cardinal in Savannah, Georgia, kaufte und 1987 wieder abstieß. Von den wirklich wichtigen Entscheidungen und von den verantwortungsvollen Positionen im Baseball bleiben Schwarze weiter ausgeschlossen. In den schwarzen Ligen gab es schwarze Ligapräsidenten wie Rube Foster, der in den 20er Jahren die Negro National League gründete und führte; Team-Besitzer wie Robert A. Cole und Horace G. Hall, denen in den 30er Jahren die Chicago American Giants gehörten, und Gus Greenlee, der in den 30er und 40er Jahren Team-Besitzer und Ligapräsident war. Dagegen bräuchten die integrierten Ligen bei dem Tempo, in dem sie Schwarzen Zugang zu Management-Positionen gewähren, noch mindestens zwei Generationen, um Wirtschaftsführer von ähnlicher Statur hervorzubringen.

Wegen der Kämpfe, die sie durchstehen mussten, verfügten die schwarzen Spieler über einen wundervollen Kampfgeist. Sie glaubten keine Sekunde an ihre Unterlegenheit. Wie der alte Sportjournalist Robert Lipsyte 1983 schrieb: »Die schwarzen Ligen waren gar nicht so verbittert darüber, dass sie von den Hauptligen ausgeschlossen waren, wie man sich das vielleicht vorstellen mag. Sie lebten besser als die meisten Schwarzen zu ihrer Zeit, und der einzige Unterschied zwischen ihnen und den Helden in der weißen Major League war der Schulabschluss. Sie hatten aufregende Spiele, Geld, ein Publikum, das sie bewunderte, und Frauen, die vor dem Stadion auf sie warteten.«

Seit Robinsons Debüt haben die Schwarzen im Major League Baseball das Gleiche getan wie in der Pop-Musik: Sie unterhalten das Publikum, verdienen viel Geld und schaffen Mehrwert für Unternehmen, die verdammt wenig davon an die schwarze Bevölkerung weitergeben. Sie füttern die Traummaschine, die schwarzen Jugendlichen weismacht, Entertainment – auf der Bühne oder im Stadion – sei der beste Weg, die Rassenschranken zu überwinden. Da man ihnen die Macht vorenthält, haben Schwarze durch die Integration in die Major League wirtschaftlich eher verloren als gewonnen.

**Drei**   Der »neue Negro«
(1950 – 1965)

Nach dem Zweiten Weltkrieg gab es in den USA plötzlich den »neuen Negro«. Er rüttelte an den Barrikaden des Rassismus und errang überall kleine und große Siege vor Gericht genauso wie im Baseball-Stadion.»Mit größter Besonnenheit und Eile«, hatten die Richter 1954 gesagt – eine Formulierung, die je nach Standpunkt mit Jubel oder einem Angstschrei aufgenommen wurde. Manchen Schwarzen war es angesichts des Nebeneinanders von »Besonnenheit« und »Eile« nicht ganz wohl. Es war, als sei den neun Richtern selbst bange gewesen bei der sozialen Revolution, die durch ihr Urteil beschleunigt wurde.

Aber es gab kein Zurück, und ein großer Teil des weißen Amerika begann, wenn auch widerwillig, sich dem Druck zu beugen. Das alles wäre natürlich undenkbar gewesen ohne Thurgood Marshal, der die NAACP vor Gericht im historischen Fall wegen der Rassentrennung in Schulen vertrat, ohne Adam Clayton Powell Junior aus Harlem, ein ehemaliger Prediger, dessen wachsende Autorität für seine reaktionären demokratischen Kollegen genauso beängstigend war wie die Urteile von Earl Warren, dem obersten Richter am Bundesgerichtshof, ohne Martin Luther King, den wortgewandten jungen Pastor, der in Montgomery und dem Süden an der Spitze des Kampfes gegen die Rassentrennung stand, und ohne Hunderte anderer Schwarzer und Weißer, Männer und Frauen, die die moralische Führung im Lande übernahmen. Es schien, als sei die Integration der Weg zur schon so lange versprochenen Gerechtigkeit.

Die gesellschaftlichen Erfolge sollten tiefgehende und unerwartete Auswirkungen auf die Führungsstrukturen der Schwarzen haben. In der voran-
gegangenen Generation hatten die meisten afroamerikanischen Führer
ihren Einfluss ausschließlich innerhalb der schwarzen Gemeinschaft gel-
tend gemacht. Ihre Effektivität bemaß sich daran, inwieweit sie den
Schwarzen in dieser Gemeinschaft bessere Lebensbedingungen verschaffen konnten. Wurden sie von Weißen ernst genommen – der Respekt der
weißen Massen war zu viel verlangt –, war das ein zusätzliches Plus, besonders für einen Politiker, aber nicht entscheidend für ihre Bedeutung
innerhalb der schwarzen Gemeinschaft. Neben Booker T. Washington gab
es auch Aktivisten wie Marcus Garvey, Prediger wie Adam Clayton Powell
Junior und Geschäftsleute wie die Kosmetikproduzentin Madame C. J.
Walker, die durch den Verkauf ihrer Produkte an Schwarze zur ersten
schwarzen Millionärin wurde.

Das begann sich Mitte der 50er Jahre zu ändern. Bald schien es so, als sei
die Aufmerksamkeit und Bewunderung, die ein potenzieller schwarzer
Führer bei den Weißen zu erringen vermochte, wichtiger als ein greifba-
rer Beitrag zum Wohlergehen der Schwarzen. Willie Mays war ein gutes
Beispiel. Es steht außer Frage, dass er einer der größten Baseball-Spieler
aller Zeiten war, schwarz oder weiß. Aber in den Augen seiner vielen Fans
gab es eine merkwürdige Beziehung zwischen seinem Handschuh, seinem Schläger und seiner Hautfarbe, die ihn heraushob – und es den weißen Sportjournalisten leicht machte, ihn zum Helden hochzuspielen.
Seine Fähigkeiten als Sportler wurden – wie bei vielen anderen schwarzen
Athleten auch – von den Weißen nicht als mächtiges Symbol dessen
wahrgenommen, was Schwarze zu leisten vermochten, sondern als das
neueste Beispiel eines alten Stereotyps: der schwarze Wilde mit animali-
scher Willenskraft und Männlichkeit. Eine Kombination, die einen natürlich zu einem tollen Sportler machen musste, wie die Journalisten
durchblicken ließen. Für einen Mann wie Mays war es selbstverständlich,
sich im wichtigsten Sport Amerikas der Konkurrenz zu stellen. Die weißen

Amerikaner klopften sich gegenseitig auf die Schulter, weil sie die Major League integriert und ihm dadurch erst eine Chance gegeben hatten. Aber wenn es darum ging, weiße Wohnviertel für Schwarze zugänglich zu machen oder ihnen Jobs zu verschaffen, richtete ein Star wie Mays fast nichts aus. Vielleicht übten einige Kinder das Ballschlagen etwas gewissenhafter, nachdem sie Willie zugesehen hatten, aber wurde deshalb auch nur ein Mensch weniger gelyncht? In meinen Augen ist der erste schwarze Polizist in einer vorher rein weißen Einheit vermutlich der größere Held.

Die Botschaft, die Mays hätte aussenden können – nämlich, dass Schwarze etwas leisten können –, wurde auf gefährliche Weise mit dem alten Vorurteil vermischt, dass Schwarze auf bestimmten Gebieten von Natur aus begünstigt seien. Falls sie überhaupt etwas bewirkten, dann haben Mays und andere schwarze Sportler zu einer neuen Rassen-Zweiteilung beigetragen, nach der Schwarze entweder Untermenschen oder Übermenschen sind, aber niemals normal, nie durchschnittlich genug, um sie zu berühren, oder gar mit ihnen zu leben. Dieser Eindruck wird im Baseball wie in anderen Sportarten noch weiter verstärkt, da es nur Top-Athleten mit Star-Potenzial bis nach oben schaffen. Während Weiße das Gerüst der Mannschaften bilden, halten sich Schwarze, die nicht über die Superstar-Qualitäten eines Mays, Hank Aaron oder Roberto Clemente verfügen, nie lange. Wenn Mays im New Yorker Polo Ground spielte, dessen Mauern seiner Anmut Schranken, aber keine Grenzen auferlegen konnten, bedeutete er für drei Personengruppen etwas ganz Unterschiedliches. Den Schwarzen auf den Tribünen war er Stolz und Freude, den Sportjournalisten ein wortreich zu beschreibendes Phänomen und den weißen Liberalen, die aus schwarzen Sportlern, Musikern und Gaunern ebenholzfarbene Übermenschen machten, deren Fähigkeiten zum Beispiel weit über denen eines durchschnittlichen weißen Philosophen lagen, war er ein romantisierter Fetisch. Beatniks, Dichter und alle, denen es in Eisenhowers Amerika unbehaglich war, richteten ihre Hoffnung auf die prominenten neuen Schwarzen. Ein junger, streitlustiger Autor namens Norman Mailer brachte diese neuen Gefühle auf den Punkt.

Nach dem Bestseller-Erfolg seines ersten Romans *Die Nackten und die Toten* und dem Misserfolg seines zweiten, *Der Hirschpark*, erforschte Mailer die Faszination der alternativen Welt des schwarzen Amerika. Er beschloss, auf Basis seiner Wahrnehmung dieser Welt seine eigene Rebellions-Phantasie zu formulieren. Von 1950 an bis ins nächste Jahrzehnt hinein verkehrten Mailer und andere weiße Intellektuelle diese Faszination in eine seltsame, manchmal unabsichtliche Vergewaltigung schwarzer Ideen und Lebensstile. Ironischerweise taten das zum Teil genau diejenigen Menschen, die die Kreativität der Schwarzen so sehr liebten – oder zumindest zu lieben vorgaben. In seinem Essay »The White Negro« behauptete Mailer 1957, ein neuer weißer gesellschaftlicher Außenseiter trete in Erscheinung, der »Hipster«, »ein philosophischer Psychopath«, dessen wesentliche Inspirationsquellen die Sexualität und die Musik der Afroamerikaner seien. Mailer schrieb den siebzehn Seiten langen Artikel, der ursprünglich in Irving Howes linker Zeitschrift *Dissent* erschien, zum Teil, weil er glaubte, dieser Imitationskult sei ein Protest gegen die weiße Furcht vor integrierten Schulen, zum Teil, weil er glaubte, dass diese Ängste direkt verbunden seien mit dem weißen Klischee von der sexuellen Überlegenheit der schwarzen Männer. Möglicherweise ist Mailer hier auf etwas gestoßen. Dieser Bedrohungsmythos – schwarze männliche Lust, die reiner weißer Weiblichkeit nachstellt – hat zu Lynchmorden und Kastrationen an Tausenden, wenn nicht Millionen schwarzer Männer geführt, seit 1619 der erste Sklave Virginia erreichte.

Aber indem er die Schwarzen romantisierte und der Überzeugung Nahrung gab, dass schwarze Jazzmusiker Zugang zu einer ursprünglichen sexuellen Energie hätten, machte sich Mailer genauso an der Verbreitung von Stereotypen schuldig wie die Rednecks und der weiße Mainstream, gegen die sich sein »White Negro« wandte. Liberale bejubelten Mailers provokanten Text, und viele weiße Teenager der Arbeiterschicht lebten schon die Ideen, die Mailer artikuliert hatte, weil sie für schwarzen Lebens-stil und schwarze Kultur schwärmten. Für Mailer war der Jazz das zentrale Element dieser neuen weißen Persönlichkeit. Er hatte keine Ahnung, welche Musik die meisten Schwarzen oder ihre weißen Fans kauften und aufnahmen.

Hätte Mailer seine Hausaufgaben gemacht, hätte er erstens die weißen R&B-Diskjockeys und zweitens einen jungen Mann namens Elvis Aaron Presley als Beispiele anführen können. Als *The White Negro* erschien, nahm Elvis schon drei Jahre professionell Platten auf. Möglicherweise waren Mailers Überlegungen zumindest teilweise davon inspiriert, wie dieser Jüngling vom Lande vom weißen Publikum aufgenommen wurde. Elvis war so sehr mit der schwarzen Blues- und Gospel-Kultur verbunden, wie es bei jemandem mit seinem weißen Mississippi-Hintergrund nur ir-gend möglich war. Neben der Musik, die er im schwarzen Radio hörte (WDIA in Memphis und WLAC in Nashville gehörten zu seinen Lieblings-sendern), nutzte Elvis auch heute längst vergessene Versatzstücke der schwarzen Kultur für sein optisches Styling, das so sehr zum Mythos Elvis beigetragen hat. Schon vor den Aufnahmen für seine erste Platte trug Elvis eines der beliebtesten Produkte des schwarzen Amerika, die Haar-creme Royal Crown Pomade, die von den schwarzen Hepcats benutzt wurde, um die glänzenden Frisuren jener Zeit hinzukriegen. Die berühm-te Rockabilly-Tolle, ein Stil, den auch auffallendere Hipster übernahmen, war ganz klar eine Interpretation des schwarzen »Process«-Stils, für den Schwarze sich die Locken entfernen ließen und ihr Haar in merkwürdige Formen legten. Manche behaupten, »process« sei ein Versuch der Schwar-zen gewesen, möglichst weiß auszusehen. Und so kam es zu einer für die Popkultur typischen Kollision der Kulturen, als Elvis einen schwarzen Stil übernahm, den die Schwarzen geschaffen hatten, um weiß auszusehen. Lange bevor Elvis in Sam Phillips' Sun Studio landete, kaufte er seine Klei-der auf der berüchtigten schwarzen Sündenmeile von Memphis, der Beale Street, bei Lansky's Men's Clothing Store – wo sich auch die Schwarzen aufstilten. Dort kaufte Elvis coole Gabardine-Hosen mit rosa oder limonengrünen Inlets, farblich abgestimmt auf seine Jacken und Socken, und Mr.B.-Hemden mit tiefgezogenem Kragen, die von dem großartigen JazzSänger Billy Eckstine entworfen und vermarktet wurden und wesentlicher Bestandteil des schwarzen Kleidungsstils der frühen 50er Jahre waren. Elvis trug sie mit hochgestelltem Kragen und der besten Pose, die er zuwege brachte. Es stimmte schon, dass Elvis' umgekehrte Integration so weit ging, dass er auf die Bühne die symbolische Kopulation übernahm, die die Schwarzen ohne Scheu in das amerikanische Entertainment eingebracht hatten. Elvis war sexy – nicht Hollywood-sexy, sauber, gesund und weiß erzogen, sondern sexy in der aggressiven, erdverbundenen Manier, die die Weißen mit den schwarzen Männern in Verbindung brachten. Dem jungen Presley gelang es wie keinem anderen Rock'n'Roll-Star, die wilde Sexualität der R'n'B-Sänger einzufangen. Und dann natürlich seine Stimme. Von »Heartbreak Hotel« über »Hound Dog« und »That's Alright Mama« war offensichtlich, dass Elvis mehr tat, als sich die Platten von Big Boy Crudup und Big Mama Thornton anzuhören. Er versuchte, ihre Leidenschaft in seine Seele zu übernehmen, und das mit erstaunichem Erfolg. Dieser Sound, ausgerechnet von einem weißen Südstaatler, ängstigte weiße Eltern und die Gralswächter der Rassentrennung genauso, als wäre Presley schwarz. »Die Schwarzen haben schon immer so gesungen und gespielt wie ich jetzt, Mann, länger als ich denken kann«, erwiderte er einem skeptischen Journalisten. »Aber niemand hat sich daran gestört, bis ich damit losgelegt habe.« Was Elvis zu erwähnen vergaß: Die Weißen störten sich nicht daran, weil diese Musik nur bei den Schwarzen, auf der anderen Seite der Eisenbahnschienen gespielt wurde, und nicht im landesweiten Fernsehen.

Sein Manager Colonel Tom Parker wusste, was keine der bestürzten Autoritäten zu verstehen schien: Elvis war nur eine Verpackung mit begrenztem musikalischem Ehrgeiz, der sich nicht ernsthaft für den schwarzen Stil interessierte, der ihn so gefährlich erscheinen ließ. Wie sein trauriger

Lebenslauf später deutlich machen sollte, hat Presley nie Zeit darauf verwendet, seine Interpretation des Schwarzseins weiterzuentwickeln, wie das beispielsweise Mick Jagger getan hat. Während Jagger seine Attraktivität immer wieder aufgefrischt hat, indem er sich über die schwarze Musik auf dem Laufenden hielt und sie in seine Musik integrierte, erwies sich Presley als verdammt fauler Schüler. Anders als Chuck Berry, das wahre Genie der Musik, die wir Rock'n'Roll nennen, der mit seinem Humor, seinen Gitarrenlicks und seinem Erzähltalent eine sehr persönliche, intensive Musik hinterließ, war Presley nur ein mittelmäßiger Interpret, der seine ganze Karriere in der Obhut von Colonel Parker verbrachte. Wäre Presley seinen Blueswurzeln der Sun-Zeit treu geblieben und hätte er zum Beispiel weiter die Arbeit des schwarzen Songschreibers Otis Blackwell verfolgt (der nicht nur »All shook up«, »Don't be cruel« und andere Presley-Hits geschrieben hatte, sondern dessen Stimme Presley auch imitierte), dann hätte er vielleicht zwanzig Jahre lang Musik hervorgebracht, die seinem Mythos gerecht geworden wäre.

Trotz vieler schlechter Platten blieb Presley der Ruf als weißer Neger. Noch in seinen Hollywood-Jahren verkörperte er die gefährliche Sexualität, die das weiße Amerika mit den Schwarzen verband. Obwohl ihm das politische Bewusstsein, wie es Mailer in seinem Essay definiert hatte, fehlte, stand Presley für die Rebellion der weißen Jugend. Aber es war sein trauriges Schicksal, dass er ausgerechnet dem Engländer Mick Jagger diese Funktion abtreten musste, und ihm selbst von seinem Manager der lange Weg ins Nichts gewiesen wurde. Schlechte Filme und schlechte Musik waren es, die ihn – zusammen mit den Drogen – letztlich zerstört haben. Zwei bedeutendere und in musikalischer Hinsicht wertvollere »weiße Neger« jener Zeit waren die Songschreiber Jerry Leiber und Mike Stoller. In ihrer besten Zeit, etwa zwischen 1952 und 1962, taten sie für die weißen Neger etwas, wozu Elvis nicht in der Lage war: Sie formten einen R'n'B-Stil, zu dem Tin Pan Alley-Melodien genauso gehörten wie schwarze Haut. Das machte es den Weißen (und den Schwarzen der Mittelschicht) leichter, in der weiteren Entwicklung des Rhythm and Blues eine größere Rolle zu spielen.

Anders als Stephen Foster, der Minstrel-Komponist, George Gershwin in den Werken, die sich schwarzen Themen widmeten (*Porgy und Bess*) oder W.C. Handy, dessen Einstellung gegenüber dem Blues genauso kolonialistisch war wie die der Weißen, verfügten Leiber und Stoller über die Fähigkeit, überzeugend aus der Perspektive der Schwarzen zu schreiben. Für die denkenden Weißen bildeten ihre Songs das Gegengewicht zu Presleys Hüftschwung. Auch andere professionelle weiße Neger, darunter Johnny Otis, Ahmet Ertegun und die Chess-Brüder, schrieben Rhythm and Blues-Hits. Aber nur Leiber und Stoller hielten durchgehend das hohe professionelle Niveau, das ihre Arbeit von anderen unterschied und gleichzeitig das gesamte Genre des Rhythm and Blues bereicherte. Zur gleichen Zeit, als die Broadway-Theater sich ihrer »integrierten Musicals« wie *Oklahoma* rühmten, in denen Musik und Handlung so ausbalanciert waren, dass sowohl die Unterhaltung als auch der Inhalt zu ihrem Recht kamen, schrieben Leiber und Stoller kleine Geschichten vom Leben in der Stadt, erzählt mit schwarzem Slang und schwarzem Humor, wie »Shopping for Clothes« von den Coasters, »Charlie Brown« und »Yakety Yak« – die Story eines unglücklichen Schwarzen, dem das Großstadtleben übel mitspielt. Wie Langston Hughes' Geschichte von Jessie P. Semple, eines Provinzlers in Harlem, waren die Songs von Leiber und Stoller flotte, mit sozialen Themen gewürzte Miniaturen aus dem Alltag.

Diese beiden jüdischen Songschreiber waren zu dieser Leistung fähig, weil sie unter Schwarzen aufgewachsen waren. Als Leiber fünf war, starb sein Vater, und seine Mutter kaufte am Rande eines Schwarzenviertels einen Süßwarenladen, aus dem mit der Zeit ein Lebensmittelgeschäft wurde. Leiber lieferte den schwarzen Kunden Kartoffeln, Konserven und Kohle direkt ins Haus. Jahre später erzählte Leiber Robert Palmer: »Ich liebte die dunklen Zimmer mit den Kohleöfen, den Geruch von Kohl und gekochtem Schweinefleisch – haufenweise Kinder, mit denen man sich herumbalgen konnte. Immer lief ein Radio. Diese Radios waren richtige Zauberkästen für mich. Sie spielten Musik, die ich nirgendwo sonst hörte. Manchmal spielten sie Country, aber hauptsächlich Rhythm and Blues.« Als seine ältere Schwester den Songschreiber Lew Porter heiratete – die Familie war 1945 nach Los Angeles umgezogen –, entschied sich Leiber, nachdem er kurz mit der Schauspielerei geliebäugelt hatte, für eine Musikkarriere. Mit sechzehn hatte er einen Job in einem Plattenladen, wo er mit einer ganzen Flut von Rhythm and Blues-Aufnahmen von unabhängigen Labels aus Los Angeles in Berührung kam und begann, sich für das Texten zu interessieren.

Ein Klassenkamerad an der Fairfax Highschool schlug ihm vor, sich mit einem Pianisten namens Mike Stoller zu treffen, der Komposition studierte. Stoller war in Long Island aufgewachsen. Sein Vater war Ingenieur und seine Mutter war in Gershwins Broadway-Musical *Funny Face* (deutsch: *Ein süßer Fratz*) aufgetreten. Mit elf hatte Stoller in Harlem bei dem greisen Pianisten James P. Johnson Klavierunterricht genommen. Er liebte Bebop und schlich sich mit vierzehn regelmäßig in die Jazzclubs an der 52sten Straße. Als Teenager war er sogar Mitglied in einem schwarzen Club in Harlem. Auf der Suche nach einem besseren Leben zogen auch die Stollers 1949 nach Los Angeles. Zu dieser Zeit träumte Mike von einer Karriere als Jazzmusiker, obwohl seine Fähigkeiten in der Improvisation noch unzureichend waren. Klassische Komposition und Filmmusik erschienen ihm als leichter erreichbare Ziele, und so studierte er bei dem Arrangeur Arthur Lange und komponierte für das Santa Monica Orchestra. Stoller gab den Kontakt zur Straße aber nicht auf. Er verbrachte seine Zeit mit den Teenagern des Mexikanerviertels, in dessen Nähe er wohnte. In seinen Drillichhosen und Hawaiihemden war Stoller wahrscheinlich der am ungewöhnlichsten gekleidete Schüler der Kompositionsklasse am Los Angeles College.

Als Leiber ihn anrief, war Stoller zunächst wenig kooperativ. Songschreiben verband er mit den hohlen Phrasen der Hitparade und damit wollte er nichts zu tun haben. Aber Leiber blieb hartnäckig und stand eines Tages mit einem ganzen Buch voller Texte vor Stollers Haustür. Stoller war noch immer reserviert, bis er merkte, dass Leiber im klassischen Blues-Schema textete und den Refrain zwischen den Paarreimen der Strophen wiederholte. Sie setzten sich gemeinsam ans Klavier und ein Songschreiber-Team war geboren. Da Leiber eine kräftige Stimme hatte, spielten sie mit dem Gedanken, ihn aufzunehmen, verwarfen die Idee aber schon bald, da sie nicht glaubten, dass ein weißer Mann authentische schwarze Songs singen konnte – anders als Sam Philipps in Memphis. Dieses Beispiel zeigt, welch hohen Respekt die beiden für die Schwarzen und ihre Musik hegten. Die Rhythm and Blues-Songs, die sie schrieben, waren nur ein Aspekt der schwarzen Kultur, die ihr Leben so weitreichend prägte. Sie besuchten schwarze Tanzfeste, verbrachten viel Zeit damit, sich die »Jump-Blues«-Platten eines Johnny Otis anzuhören, und kauften haufenweise Jazz-Platten. »Wir schrieben für schwarze Interpreten, weil wir ihre Stimmen und die Rhythmen liebten«, erinnert sich Leiber. »Im Herbst 1950 studierten Mike und ich am City College. Wir hatten schwarze Freundinnen und pflegten einen schwarzen Lebensstil.«

Lester Sill, Mitarbeiter bei Modern, dem größten Rhythm and Blues-Label in Los Angeles, gab ihnen 1951 die erste Chance. Er brachte sie in ein Büro von Modern, wo bereits die Mitglieder der Gesangsgruppe Robins versammelt waren. Stoller spielte Klavier, und Leiber sang »That's what the Good Book says«. Es gefiel den Robins, und sie erklärten sich bereit, den Song aufzunehmen. Dies war einer jener Legenden umrankten Momente, die so typisch für die chaotischen Anfangsjahre der Rhythm and Blues – Industrie waren. Von diesem Moment im Jahr 1951 bis 1956 schrieben Leiber und Stoller Songs, von denen kaum je ein Weißer etwas zu hören bekam. Big Mama Thorntons »Hound Dog«, das später auch Elvis Presley aufnahm, oder Wilbert Harrisons »Kansas City« waren nur zwei ihrer Rhythm and Blues-Hits. Ray Charles, Jimmy Witherspoon, Little Esther, Wynonie Harris, Joe Turner, James Brown, Ruth Brown, die Isley

Brothers, Charles Brown und Bull Moose Jackson: Sie alle sangen Leiber und Stoller-Hits, nur für Schwarze.

Sie zogen nach New York um und entwickelten eine enge Beziehung zu Atlantic Records. Das führte zur Zusammenarbeit mit den Coasters und den genauso legendären, wenn auch weniger eigenwilligen Kompositionen für die Drifters. In seinem Buch über Leiber und Stoller, *Baby, that was Rock'n'Roll* beschreibt Robert Palmer eine wichtige Veränderung im Songschreiben der beiden, eine Veränderung, die deutlich macht, welchen Einfluss ein anderer weißer Neger auf das Verhältnis zwischen schwarzer Musik und weißen Jugendlichen hatte: »In den Coasters-Platten lässt sich eindeutig eine Fortentwicklung feststellen, vom gruppeninternen schwarzen Humor, der anfangs im Vordergrund stand, hin zu einem universelleren und mehr an den Teens orientierten Humor.« Außerdem stellte er fest, dass ihre Songs immer mehr die Konflikte »zwischen den Jugendlichen und ihren Eltern«, und nicht mehr von Schwarzen in einer weißen Kultur, reflektierten.

Ohne Zweifel waren Leiber und Stoller vom Erfolg eines Alan Freed bei WINS in New York beeinflusst. Besonders von der Bezeichnung »Rock'n'-Roll«, die er für schwarze Musik, die von Weißen gemacht wurde, geprägt und bekannt gemacht hatte. In den frühen 50er Jahren hatte sich Freed bei WJW in Cleveland zu einem weißen Diskjockey entwickelt, der sich ungewöhnlich stark mit dem schwarzen Rhythm and Blues identifizierte. Auf Sendung benutzte er den Künstlernamen »Moon Dog« nach Todd Rhodes Instrumentaltitel »Blues for Moon Dog«. Freed war erst spät auf den Rhythm and Blues-Geschmack gekommen. WJW war der Sender der MOR-Kette für »gute Musik« gewesen. Freed begann erst auf Drängen des lokalen Plattenhändlers Leo Mintz hin vorsichtig damit, schwarze Musik beizumischen. Die Reaktion der Telefonanrufer war phänomenal. Freed war auf eine Goldader gestoßen, und er blieb dabei. Eddie O'Jay, damals Diskjockey beim schwarzen Sender WMAZ, erinnert sich, wie Freed »jeden schwarzen Künstler imitierte, den man sich vorstellen kann. Er kopierte nicht einen schwarzen Diskjockey, sondern übernahm einfach alles, was schwarz war. Jeden Spruch schnappte er auf. Die (WJW) hatten natürlich eine leistungsfähige Sendeanlage, die überall zu hören war, und deshalb kannte ihn jeder.«

Die Musik, die er auflegte, nannte er »Rock'n'Roll«, ein Ausdruck, der in der schwarzen Musik häufig als Euphemismus für Sex gebräuchlich war. So versuchte Freed, anfangs mit Erfolg, die Tatsache zu verschleiern, dass die Musik schwarz war. Indem er die Musik Rock'n'Roll nannte, konnte er zwar nicht alle hinters Licht führen, aber letztendlich konnte er die rassische Zugehörigkeit so weit verschleiern, dass sich die jungen weißen Verbraucher des Amerika des Kalten Krieges wohler in ihrer Haut fühlten. Rhythm and Blues war Ghetto-Musik, während es sich bei Rock'n'Roll zumindest dem Namen nach um »universale Musik« (ein Schlüsselbegriff in der Rezeptionsgeschichte schwarzer Musik durch Weiße) handelte. Unter dieser Bezeichnung war die Musik für Weiße akzeptabel und verlor die Aura der Unzugänglichkeit, die zum Beispiel Leiber davon abgehalten hatte, Rhythm and Blues zu singen. Damit soll nicht heruntergespielt werden, welche Wirkung weiße Cover-Versionen schwarzer Songs auf die weißen Jugendlichen und ihren Musikgeschmack hatten, aber der Begriff »Rock'n'Roll« – vielleicht der perfekte Begriff für das weiße Negertum – war allein mächtig genug, um eine eigene Sensibilität zu schaffen.

Rock'n'Roll – mit diesen Worten assoziiert man Hedonismus, die Romantik des Umherziehens (die aus dem Blues übernommen wurde) und die dem Blues verwandte Pseudo-Rebellion, allerdings fehlt der Kampf der Geschlechter des Erwachsenenlebens, der dem schwarzen Vorbild eigen war. Aber Freed wusste sehr gut, dass Rock'n'Roll kein eigenständiger Stil war, sondern ein Marketing-Konzept, das sich zu einem Lebensstil ausweitete. Jahre später forschten Kritiker und Fans nach der »ersten« Rock'n'Roll-Platte. Über diese Suche hätte sich Freed vermutlich totgelacht, denn nicht einmal er hätte sagen können, was Rock'n'Roll ist. Viele Aufnahmen, die unter seinem Namen in den 50ern gemacht wurden, zeugen von einer Vorliebe für Big Band-Swing mit bluesigen Saxophon-Breaks und für Coverversionen von Standards (zum Beispiel »Sentimental Journey« auf seiner Platte *Rock'n'Roll Dance Party Vol. I* von 1956.) Seine Platten beweisen, dass es für Freed keine präzise musikalische Abgrenzung gab, die definierte, was Rock'n'Roll war. Für Freed bedeutete Rock'n'Roll schlicht und einfach Geld. Er machte sich zunutze, dass Amerikas weiße Teenager sich bereitwillig auf alles stürzten, was Freed mit dem Rock'n'Roll-Etikett versah (Doo-Wop, Soloballaden, den schnellen elektrischen Blues). Er bekam einen Job beim mächtigen New Yorker Sender WINS, veranstaltete Konzerte in riesigen Sälen, spielte in einer Reihe schlechter Filme mit und bekam mehr Payola als irgendein anderer Diskjockey seiner Zeit (es hieß, er hätte seinen eigenen Geldeintreiber beschäftigt). Der Film *American Hot Wax* aus dem Jahre 1978 legt die Vermutung nahe, dass Freed am Ende glaubte, Rock'n'Roll sei mehr als eine Methode, sich die Taschen zu füllen. »Ich glaube, Alan Freed hat es noch kapiert«, sagt O'Jay ohne Häme. »Möge seine Seele Frieden finden.« Rhythm and Blues war die Entdeckung des schwarzen Marktes – Rock'n'-Roll die Ausbeutung der weißen Teenager, zunächst durch Freed, dann durch weniger geniale Vermarkter. Die Platten, die Fats Domino und Little Richard machten, bevor Freeds Begriff im ganzen Land bekannt war, unterscheiden sich nicht dramatisch von dem, was sie danach machten. Ihnen ging es immer um den gleichen Sound. Was sich änderte, war, wie bei Leiber und Stoller, das Publikum. Statt für Schwarze jeden Alters spielten sie jetzt für weiße Teenager. Kulturelle Bindungen zwischen Künstler und Publikum waren gut und schön, aber nur mit Geld bezahlt man Rechnungen, und die weißen Teenager hatten das Geld zum Ausgeben übrig. Ein anderer schwarzer Künstler war es, der den Sound der Jungen und Ruhelosen erschaffen und Freeds Bastard von seinen Pickeln befreien sollte. Chuck Berry hieß der ehrgeizige Kosmetiker aus St. Louis. Er hauchte dem Wort Rock'n'Roll die mystische Kraft ein, die ihm vorher fehlte. Viel effektiver als Jerry Lee Lewis, Elvis Presley oder sogar Little Richard benutzte er seine Songs, um die Geschichten der Teenager der Nachkriegszeit zu erzählen. In einem verkürzten Erzählstil, dem Blues eines Louis Jordan verwandt, schrieb Berry über sexuelle Frustration und Befreiung, Unterdrückung durch die Erwachsenen und die Ruhelosigkeit der Teenager. Er definierte den inhaltlichen Rahmen für die ganze moderne, an der Jugend orientierte Musik. Was Freed mit »Rock'n'Roll« angedeutet hatte, erfüllte Berry mit Leben. Die Inhalte seiner Songs kamen so gut an, weil seine Präsentation so aufregend und elementar war. Berry war der erste Gitarrenheld des Rock'n'Roll. Er machte – mit anderen Rockabilly-Gitarristen – die Gitarre zum zentralen Instrument des Genres und verdrängte das Saxophon mit der durchdringenden Präsenz, die sie sogar dann entwickelt, wenn sie ganz simpel geschrubbt wird. Die E-Gitarre fesselte Legionen weißer Kids, die quer durch die Nation vor dem Spiegel standen und Luftgitarre spielten. Berrys packende Riffs inspirierten Generationen weißer Garagenbands und wiesen vielen wenig begabten weißen Teenagern den Weg ins Star-Business. Berry leugnete nie, schwarz zu sein (man denke nur an den unterschätzten Song »Brown Eyed Handsome Man«). Doch seine Hits für weiße Teens wie »Rock'n'Roll Music«, »Sweet Little Sixteen« oder »Johnny B. Goode« trafen den Zeitgeist so genau, dass Berry bei den Schwarzen für alle Zeit mit der albernen Welt der weißen Teenager verbunden bleibt.

Der Generationenkonflikt und die Weltsicht der Teenager, die seit jeher untrennbar mit dem Rock'n'Roll-Ethos verbunden sind, waren den schwarzen Verbrauchern, ob jung oder alt, weitgehend fremd. Das soll nicht heißen, dass alle Schwarzen Rock'n'Roll ablehnten, aber Rhythm and Blues stellte eine Verbindung zum schwarzen Publikum her, die weit über die Musik hinausging. Es war unvermeidlich und oft gewollt, dass die Musik weißer Bands halbwüchsige Musik war, die für die Ohren Halbwüchsiger gedacht war. Auch schwarze Teens hörten sich das an, doch sie hatten andere Sorgen, und Rhythm and Blues artikulierte diesen Unterschied nicht nur in der Stimme und im Klang, sondern auch in der Einstellung. Rock'n'Roll war Musik für die Jugend. Rhythm and Blues schaffte es, sowohl alt als auch jung zu sein.

Angesichts des Kampfes um Selbstbewusstsein und schwarze Solidarität waren die Sorgen des Rock'n'Roll geradezu frivol. Das Wachsen der Bürgerrechtsbewegung hatte das schwarze Amerika in einen Krieg gegen die rassistische Ideologie geführt, die die Fortschritte der Rekonstruktions-Ära hundert Jahre zuvor beendet hatte. Schwarze wussten, dass jede friedliche Demonstration und jeder positive Gerichtsentscheid mit öffentlich gut geheißenen Gewaltakten beantwortet wurde. Für ein Volk, das sich in einem solchen Kampf befand, war es natürlich, Berry als einen Bruder zu sehen, der Freed dabei half, schwarze Musik an weiße Plattenkäufer zu verhökern. (Als Vergütung bekam Freed einen Eintrag als Ko-Autor des ersten Chuck Berry-Hits »Maybelline«.)

Zur gleichen Zeit geschah etwas in der Rhythm and Blues-Welt, das nichts mit Rock'n'Roll zu tun hatte, aber sehr viel mit der Mischung aus säkularer und sakraler Energie, die sich in der Bürgerrechtsbewegung zusammenbrauten. Die Kirchenführer hatten sich bei allem Einfluss, den sie hinter den Barrikaden auf die Schwarzen ausübten, immer damit begnügt, ihre Schäfchen vor weißen Teufeleien zu beschützen, aber selten zu Aktionen auf der Straße angestiftet. (Adam Clayton Powell Junior war eine Ausnahme.) Martin Luther King und seine kirchlichen Helfer änderten das in den 50er Jahren. King arbeitete eng mit der NAACP, dem Congress of Racial Equality (CORE) und anderen weltlichen Kampfbünden zusammen. Er inspirierte einen neuen Typus des schwarzen Priesters und Aktivisten und brachte Bürger wie Kommunisten, Marxisten und Leute aus dem Showgeschäft in Kontakt mit den Elementen der schwarzen Kultur, die sich vorher tunlichst von ihr fern gehalten hätten.

Während sich im politischen Bereich diese Koalition aus Spiritualität und Weltlichkeit formierte, erlebte die Musikwelt das Ende eines alten Tabus: Gospel und Rhythm and Blues reichten einander die Hand. Zwar war der Erfinder der Gospelmusik, der Pfarrer Thomas »Georgia Tom« Dorsey in den 20er Jahren auch Bluesmusiker gewesen und hatte viele Ideen aus dem Blues in die Kirchenmusik übertragen, aber die Grenze zwischen Blues und Kirche wurde von den meisten schwarzen Musikern lange respektiert und akzeptiert. »Es gibt schließlich«, schrieb Albert Murray in *Stomping the Blues*, »einen Unterschied zwischen der Art, wie man in der Kirche klatscht und mit den Füßen stampft, und dem Fingerschnippen auf dem Tanzboden, auch wenn der Rhythmus und das Tempo grundsätzlich gleich sind.«

Die Barrieren blieben bis Mitte der 50er Jahre bestehen, aber es gab Vorboten des Wandels wie die Gospel-Veröffentlichungen von Robey bei Peacock, manche Platten der Orioles (»Crying in the Chapel« von 1953), Clyde McPhatter bei den Dominoes, Drifters und als Solist, die Phrasierungen eines anderen Ex-»Dominoes«, Jackie Wilson oder die spektakuläre Karriere eines Sam Cooke. Aber es war einem blinden Jazz-Pianisten mit einer Vorliebe für den coolen Stil Nat King Coles vorbehalten, die Sache zu vollenden.


Rays Soul


Die meisten Historiker des Rock'n'Roll mit ihrer Ausrichtung auf die Jugendrevolte behaupten, die letzten beiden Jahre der 50er seien musikalisch flau gewesen. Eine Behauptung, die allerdings nur zutrifft, wenn man die brillante Arbeit eines Ray Charles ignoriert. Vom Thema her ist das großartige »What'd I say?« von 1959 Rhythm and Blues. Dem Klavierpart, dem Mädchenchor, der Struktur von Ruf und Antwort und dem altmodischen, einfachen Gefühl nach ist es ein hingebungsvoller Gospel. Obwohl sich das weltliche schwarze Publikum vermutlich an seinen Anleihen beim Gospel – wie in der Hitsingle »Hallelujah I love her so« von 1956 – störte, liebte es seine leidenschaftliche Stimme und die Beziehungsprobleme, von denen er erzählte. Dieser Sound, der damals noch nicht Soul genannt wurde, befasste sich mit den Leidenschaften erwachsener Menschen: Autos, Kinder und Sex. Er riss die Absperrung zwischen Kanzel und Bühne nieder und gab Blueskonzerten eine transzendentale Inbrunst, indem er ohne Scheu das Spirituelle mit dem Sexuellen verband. Bei Ray Charles waren Vergnügen (physische Befriedigung) und Glück (göttliche Erleuchtung) ein und dasselbe, und so schaffte er es, die Lebenswelt des Sünders vom Samstagabend und des Betenden am Sonntagmorgen, die ja meist die gleiche Person waren, in Einklang miteinander zu bringen. In diesem Geist begannen sich Charles' Jünger zu vermehren, Ungläubige zu bekehren, und die Plattenverkäufe gingen steil in die Höhe. Die Spiritualisierung der Konzertsäle war in vollem Gange. Mit der Aussicht auf eine lukrative Karriere ließen sich die besten Sänger aus den Kirchenchören in die Clubs locken und sollten in den folgenden zehn Jahren die Straßensänger als die treibende Kraft im Rhythm and Blues ablösen. Man denke an die süßen Balladen von Lou Rawls, die stampfenden Liebeslieder von Gladys Knight und den donnernden Predigt-Stil von Solomon Burke. Selbst Musiker ohne kirchlichen Hintergrund behaupteten, Gospel-Wurzeln zu besitzen, nur weil sie sich einen Vorteil davon erwarteten.

Genauso wichtig wie Charles' musikalische Leistung war die Tatsache, dass seine Neuerungen einem größeren Publikum zugänglich gemacht wurden. Wexler und Ertegun haben selbst zugegeben, dass ihr größter Beitrag zur Geburt des Soul darin bestand, Platten herauszubringen, für die andere Labels zu ängstlich waren. Als zum Beispiel der Sänger der Soul Stirrers, Sam Cooke, auf Drängen der schwarzen Berater Bumps Blackwell und James Woody (J.W.) Alexander den Gospel aufgab und sich mit »You send me« in Pop-Gefilde vorwagte, war Art Rupe, der Eigentümer von Specialty, außer sich. Nicht, weil er sich echte Sorgen um die Musik gemacht hätte, sondern weil er befürchtete, ein Boykott der Kirchgänger könnte die Gospel-Verkäufe seiner Firma gefährden. Das Gospel-Sortiment war das Fundament seines Profits, und er wollte nichts weniger als ein loyales Publikum – und eine verlässliche Geldquelle – verlieren. Atlantic hingegen war ein urbanes Rhythm and Blues- und Jazz-Label ohne Gospel-Sortiment und ohne Markt, der geschützt werden musste, einfach nur ein neues, unbekanntes Label, das nichts zu verlieren hatte. Es war riskant, auf Charles zu setzen, aber der Einsatz sollte sich lohnen. Ray Charles hatte seine eigene Band, eigene Arrangements und einen eigenen Stil und war damit der erste selbständige Star der Rhythm and Blues-Welt. Während Jordan in hohem Maße auf Material von außen angewiesen war, um seine Musikmaschine am Laufen zu halten, war Charles zu jener Zeit ein unabhängiger Künstler, dessen Treue einzig seiner Muse galt.

Musikalisch sollte sich das 1962 ändern, als er beim professioneller strukturierten ABC-Label unterschrieb. Bei der Aufnahme der Klassiker *Modern Sounds in Country & Western, Vol. I + II* spielte Charles Songs von anderen ein und arbeitete mit einer ganzen Reihe von Arrangeuren zusammen. Aber außerhalb des Studios wuchs seine Macht über das Produkt Ray Charles immer weiter. Er eröffnete sein eigenes Label, Tangerine, managte sich weitgehend selbst, spielte Platten anderer Sänger ein, nahm sowohl Jazz-Instrumentalmusik als auch Soul-beeinflusste Titel auf – zum eigenen Vergnügen wie für das Publikum. Er schuf Soul als Genre und wurde – trotz seiner spektakulären Verhaftung wegen Heroinbesitzes – zum Volkshelden, ja er wurde sogar als Genie betrachtet, das erste Mal, dass dieses inflationär eingesetzte Wort auf einen Rhythm and Blues-Musiker gemünzt wurde. Dass Charles später zu einer amerikanischen Institution wurde, verdeckt heute etwas, wie innovativ er musikalisch zu seiner Zeit war.

Charles' Weg zur wirtschaftlichen Unabhängigkeit reflektierte den Wunsch vieler Kräfte in der schwarzen Szene nach einer Form schwarzer Eigenständigkeit. Nun war Charles kein Moslem – er war keiner Ideologie gefolgt, außer einem untrüglichen Sinn dafür, was gut für Ray Charles war, und was nicht. Aber ökonomisch (oder sogar spirituell) passte sein Wunsch, sein Schicksal selbst zu bestimmen, und das Streben der Black

Muslims nach wirtschaftlicher Selbstbestimmung der Schwarzen philosophisch zusammen. In den gleichen Wohnvierteln, in denen Charles' Musik auf Tangerine, die er über ABC vertreiben ließ, aus offenen Fenstern dröhnte, verbreiteten auch die Jünger von Elijah Muhammad seine Botschaften mit »Muhammad spricht« und die Reden des ehemaligen Zuhälters Malcolm Little, besser bekannt als »Malcolm X«. Selbst diejenigen, denen das Gerede der Moslems von den »blauäugigen Teufeln« auf die Nerven ging, waren beeindruckt vom frischen Fisch und den Backwaren, die es in den wohl organisierten Moscheen gab.

Schwarze Autonomie war ein radikales Konzept in den ausgehenden 50er Jahren. Der Sog der Integrationisten hin zum weißen Mainstream hatte immer den Beiklang, dass weiße Institutionen, ob Läden oder Schulen, ihren schwarzen Gegenstücken automatisch überlegen waren. »Getrennt, doch gleich« war kein Ziel, das der durchschnittliche Schwarze der 50er Jahre für erstrebenswert oder erreichbar hielt. Die Organisationskompetenz und die Disziplin der Black Muslims griff dieses Konzept an, indem sie die Fähigkeit der Schwarzen – natürlich unter Führung der richtigen, nämlich ihrer Ideologie – zeigte, es den Weißen gleichzutun. Das Konzept widersprach den Integrationisten, denn es schien zu beweisen, dass Schwarze die ökonomischen und sozialen Probleme ihrer Gemeinschaft auf eigene Faust lösen konnten. In gewisser Weise hätte auch der alte Booker T. Washington, den viele schwarze Aktivisten nun als die Quintessenz des Onkel Tom betrachteten, die Disziplin und Würde der ausschließlich schwarzen Gefolgschaft der Muslims anerkennen müssen. Viele Anekdoten aus der Musikindustrie illustrieren, wie dieser Trend zur Selbstbestimmung sich in der Hochzeit der Bürgerrechtsbewegung manifestierte.

Eine dieser Geschichten beginnt in den 40er Jahren, als Ruth Bowen, Tochter eines weißen Jazzmusikers und einer Schwarzen, mit ihrem Ehemann Billy Bowen, Mitglied der Ink Spots, einer der populärsten Vokalgruppen jenes Jahrzehnts, durchs Land reiste. Auf der Durchreise in Pittsburgh entdeckten sie einen Tourbus mit dem aufgemalten Schild

»Dinah Washington – Queen of the Blues«. Ruth und Billy hielten an, um Hallo zu sagen.

Dinah Washington nahm ihr Schild sehr ernst – doch muss man hinzufügen, dass die in Chicago geborene Sängerin sich ebenso für die Königin des Jazz und des Gospel hielt. Dinah Washington konnte ihre saxophonartigen Jazz-Phrasierungen und die Inbrunst des Gospel in jeden Song legen, den sie auf schmerzlich bittersüße Weise vortrug. Diese Kombination machte Dinah Washington – möglicherweise mit Ausnahme von Billie Holiday vor ihr und Aretha Franklin nach ihr – zur prägnantesten Balladeninterpretin der amerikanischen Musik. Washington war eine Königin, aber sie war auch ein Ekel. Wenn man sie bei schlechter Laune antraf, konnte sie boshaft sein und fluchen wie ein Mann.

Der Saxophonist Eddie Chamblee, einer ihrer acht Ehemänner (einen heiratete sie gleich zweimal) hielt Dinah Washingtons Jähzorn für einen wesentlichen Einflussfaktor ihrer Kunst. »Sie kämpfte mit vielen widerstrebenden Gefühlen, und das hatte sehr viel damit zu tun, wie sie ihre Songs interpretierte. Manchmal sang sie eine Ballade besser, wenn sie Schmerz empfand«, verriet er Leslie Gourse. »Nicht unbedingt wegen eines Mannes, auch wegen ihrer Söhne oder ihrer Mutter. Sie beschimpfte mich oder einen Clubbesitzer, und im nächsten Moment steckte sie ein Mädchen, das ein Baby bekam, ins Krankenhaus und übernahm alle Kosten.« Dank ihrer Explosivität hatte Dinah Washington keine Angst vor Konflikten mit Weißen, die das Plattengeschäft beherrschten. Wie eine andere Bluesgröße, Ma Rainey in dem preisgekrönten Stück »Ma Rainey's Black Bottom«, stürmte sie um Stunden verspätet ins Studio, nahm einen Song in zwei Takes auf und verschwand so schnell sie gekommen war. Der Schlagzeuger Panama Francis, der bei ihrem Klassiker »What a Difference a Day Makes« mitspielt, behauptet, dass sie zu spät zur Aufnahmesession kam und dann feststellte, dass Francis der einzige schwarze Musiker war. Sie weigerte sich zu arbeiten, bis man mehr Schwarze herbeigeschafft hatte.

An dem Abend, an dem sie die Bowens kennenlernte, war Dinah Washington in freigebiger, freundlicher Stimmung. Sie scherzte, Billy habe Ruth »aus der Wiege geklaut«, weil er sie geheiratet hatte, als sie erst siebzehn war. Washington, eine sehr dunkelhäutige Frau mit ausgeprägt negroiden Zügen, verzauberte Ruth mit ihrem boshaften Humor, und die beiden nahmen sich vor, in Kontakt zu bleiben. Als Ruth die Konzertreisen aufgab, nach New York zog und Kurse in Public Relations machte, um sich zu beschäftigen, bot ihr Dinah einen Job als ihre Pressereferentin an, und Ruth nahm an. Ihre Arbeit für die »Queen« brachte ihr auch Aufträge anderer Musiker ein, wie für den R&B-Bandleader Earl Bostic.

Heute besteht die Aufgabe einer Pressereferentin darin, Nachrichten in den Zeitungen zu platzieren und Interviews zu vermitteln. Aber in den 50er Jahren, als sich weder Plattenfirmen noch Konzertagenturen um solche Dinge kümmerten, war Ruth schnell für alle möglichen Karrierebelange ihrer Kundin zuständig. Sie kümmerte sich um Hotelbuchungen und trieb nach Auftritten bei den Clubbesitzern die Gage ein. Bei der Sängerin flackerte die dunkle Seite auf. Sie forderte, Ruth solle alle anderen Kunden aufgeben und nur noch für sie arbeiten. Ruth gab die anderen nicht auf, sondern stellte ein paar Mitarbeiter ein, um mehr Zeit für Dinah zu haben.

Nach 1954 erwies sich das als sehr sinnvoll. Mit »What a Difference a Day Makes« landete Washington einen Tophit, aber sie war noch immer unzufrieden mit ihren Konzertterminen, obwohl sie mit Joe Glasers mächtiger Agentur »Associated Bookings« zusammenarbeitete. Sie hatte das Gefühl, dass Glaser ihr nicht die lukrativsten Auftritte in Las Vegas und auf anderen etablierten Showbühnen verschaffte. Um den Grund dafür herauszufinden, ging Ruth eine seltsame Beziehung zu dem alten Konzertagenten ein. Sie stellte naive Fragen und hing wie eine Klette an ihm. Glaser mochte ihre direkte Art. Sie kam sogar am Wochenende vorbei, wenn er ins Büro ging, um allein zu arbeiten. Bei einem dieser Besuche hörte Ruth, wie der Show-Veteran einem schwarzen Star ein Engagement in einem weißen Club ausredete, weil es nach Glasers Meinung nicht »der richtige Zug« war. Durch Glaser hatte sie also die einzigartige Gelegenheit herauszufinden, wie das Unterhaltungs-Establishment die Verdienstpotenziale schwarzer Künstler schmälerte und begrenzte. Glaser war nicht dumm, er bemerkte sehr wohl, dass hinter Ruths unschuldigen Fragen ein zunehmendes Verständnis der Zusammenhänge lag. Sie zapfte sein Wissen an, aber er fand es offenbar sehr amüsant. Sie versuchte, ihm bessere Buchungen für Dinah Washington abzuschwatzen, aber Glaser änderte seine Einstellung nicht.

Ruth Brown beschloss, ihr gewonnenes Wissen zu testen. Über Kontakte, die sie noch aus der Zeit der Konzertreisen mit ihrem Mann hatte, buchte sie für Dinah Washington Konzerte in Europa und den USA. Um den überraschten Glaser zu beschwichtigen, wollte Ruth ihm zehn Prozent Provision zahlen. Sie hoffte, ihn so dazu zu bewegen, bessere Konzerte für seine schwarzen Kunden zu buchen. Dinah hingegen war völlig anderer Meinung. Weiße Autoritäten konnten sie nicht einschüchtern. Sie weigerte sich, ihm auch nur einen Cent zu zahlen, und beschloss, zusammen mit Ruth eine eigene Konzertagentur zu gründen. Ruth war für die Arbeit zuständig – sie borgte sich 500 Dollar von Billy und mietete ein Büro im CBS-Gebäude –, der Name kam von Dinah: Queen Booking. 1963 starb Dinah an einer Überdosis Schlaftabletten, aber zu diesem Zeitpunkt organisierte die Agentur bereits die junge Aretha Franklin und die Motown-Revue. Sie sollte auf Jahre hinaus ein wichtiger Faktor in der Rhythm and Blues-Welt bleiben.

Heute ist erkennbar, dass Washingtons künstlerische Arroganz und ihre Entschlossenheit, ihre geschäftlichen Belange einer Schwarzen anzuvertrauen, eine der progressiveren Strömungen der folgenden Jahrzehnte vorwegnahm.

Ein schwarzer Trödelladen

Bruce Webb stammt aus Philadelphia. Er ist ein untersetzter Mann mit harter Schale und breitem Rücken, der seine Karriere in der Plattenindustrie als Eintreiber für den Plattengroßhändler Progress aus Philadelphia begann. Die Eintreiber waren für die unabhängigen Plattenlabels unentbehrlich, denn sie waren die Mittelsmänner zwischen den Plattenfirmen und den kleinen Einzelhändlern, den »Tante-Emma-Läden«, die in den meisten Gegenden den Kontakt zu den Käufern herstellten. Selbst einige der größten Labels machten von unabhängigen Großhändlern Gebrauch, speziell in Gegenden, in denen sie selbst nicht so stark vertreten waren. Es gab im ganzen Land Hunderte von Großhändlern, die sich einen Wettbewerb um Labels und Hit-Platten lieferten. Da die meisten Firmen, mit denen sie arbeiteten, klein oder nur in einer Region vertreten waren, mussten die Großhändler, die in ihren Gebieten die Platten bewarben, die Einzelhändler zum Bestellen und die Radiosender zum Spielen bestimmter Platten animierten. Ein großer Teil des Payola für die Diskjockeys stammte von Großhändlern, die ein finanzielles Interesse an einer Platte hatten – weil sie eine große Menge davon bestellt oder Geld in das Label investiert hatten. Es war ein offenes Geheimnis der Branche, dass die Großhändler die unabhängigen Labels nicht oder nur sehr zögerlich bezahlten, wenn diese keine regelmäßigen Veröffentlichungen vorweisen konnten. Aber die Großhändler mussten auch ihrem eigenen Geld hinterher sein, das ihnen für die Lieferung von Platten an die Einzelhändler zustand. Und hier war Webbs Arbeitsfeld.

»Ich gab mich nicht mit weißen Frauen, Drogen oder Homosexuellen ab. Es gab also nichts, womit man mich bestechen konnte«, erinnert sich Webb. »Und so kam Frank Miller, der Eigentümer von Progress, zu mir und sagte: ›Ich brauche einen Eintreiber. Die Leute, die ich jetzt habe, behalten das Geld entweder selbst oder gehen mit der Tochter dieser Kerle ins Bett.‹ Ich hatte früher geboxt, wusste, wie man sich bewegt und konnte austeilen, also übernahm ich den Job.« In Philadelphia, New York, Washington und Carolina waren Webb und sein Partner als Eintreiber tätig. Oft sah sich Webb gezwungen, »die Typen umzuhauen oder selbst umgehauen zu werden«. Dennoch tat Webb das, was er tun musste, um Progress vor dem Ruin zu bewahren. »Sie lieferten Platten aus, aber es kam kein Geld rein«, erinnert er sich traurig. »Unser Problem war, dass wir schwarz waren. Pop-Sender spielten unsere Platten nicht, und weiße Einzelhändler sowie schwarze und weiße Großhändler wollten nicht rechtzeitig zahlen.«

Progress kämpfte immer weiter, und Webb eröffnete mit seinem Verdienst 1962 in Philadelphia ein eigenes Kaufhaus, »Webb's Department Store«. Dort verkaufte er Hula-Hoop-Reifen, Transistorradios und Fernseher, aber sein Hauptgeschäft waren Schallplatten. Eine Zeitlang gaben die Progress-Eigner das Großhandelsgeschäft komplett auf und schlossen sich ihm in seinem Einzelhandel an, doch nicht einmal ein Jahr später hingen sie den Schallplattenhandel endgültig an den Nagel. Webb wurde rasch zu einem bedeutenden Plattenhändler in einer Stadt, die damals eine Hochburg der Popmusik war. Mit Dick Clarks TV-Sendung *American Bandstand*, die viele weiße Teenie-Idole auf den Weg brachte, einer Fülle von Tanzhits (besonders bemerkenswert Chubby Chekkers »Twist«-Songs auf dem Label Cameo-Parkway) und einem leidenschaftlichen Publikum, das von drei quicklebendigen Radiosendern versorgt wurde (WDAS, WFIL und WIBG), war Philadelphia eine Stadt, die Hits machte und Trends setzte. Überall in der Stadt gab es kleine Tante-Emma-Läden wie den von Webb. Sein Geschäft – an einer Straßenecke – lief bestens. Es war die große Zeit der kleinen Einzelhändler, die mit ihren Lautsprechern die Straße beschallten, um Kunden anzulocken. Webb erinnert sich begeistert: »Wenn einer reinkam, um zwei Platten zu kaufen und mit zwei Platten wieder rausging, hatte man keine Platte verkauft. Man hatte lediglich eine Bestellung erfüllt. Es ging darum, ihm die dritte und die vierte Platte zu verkaufen.

Wenn jemand reinkam, um Gospel zu kaufen, spielten wir nur Gospel. Wollte jemand Blues, spielten wir Blues. Wir spielten immer das, was er hören wollte.« Webb erzählt, er sei in dieser Art des Verkaufens so geübt gewesen, dass er in sechzig Sekunden den Anfang, die »Hookline«, von achtundzwanzig Platten erkennen konnte. »Wenn sie nur gucken und nicht aufhorchen, gehe ich zur nächsten Platte.«

Die Zusammenarbeit zwischen kleinen Einzelhändlern und Plattenlabels war für beide Seiten überlebenswichtig. Die Rhythm and Blues-Labels boten den Läden Freiexemplare an oder gaben Rabatte, wenn die Händler als Gegenleistung die Platten in der Presse oder im Radio unterbrachten. Webb hatte sehr viel Kontakt zu den Vertretern der Plattenfirmen, entweder persönlich oder telefonisch. Ob schwarz oder weiß: Die Vertreter der Labels kamen direkt bei den Händlern vorbei, um die Verkaufszahlen und die Bemühungen der lokalen Großhändler zu überprüfen. Wie die Radiosender waren die kleinen Einzelhändler in der Rhythm and Blues-Welt Finanzpartner der Plattenlabels. Nur bei großen Firmen wie Columbia und RCA war das anders. Die hatten in den frühen 60er Jahren ein paar Rhythm and Blues-Musiker unter Vertrag, wenn auch keine besonders zugkräftigen. »Die Großen wollten uns kein Lieferantenkonto einräumen. Ich kannte nur vier schwarze Händler, die direkt von ihnen kaufen konnten. Wollte man Johnny Mathis (bei Columbia unter Vertrag), musste man sich an einen Großhändler wenden.« Es war ihnen gleichgültig, dass Webb in seinem Laden die Top 30 der Pop-Hitparade verkaufte. Aber da sie nur wenige große R&B-Künstler unter Vertrag hatten, stellte ihre Verweigerungshaltung kein ernstes Problem für die Händler dar.

Webbs Hintergrund und seine offensive Geschäftspolitik führten dazu, dass er weit mehr tat als einfach Platten zu verkaufen. Für Freixemplare oder Preisnachlässe auf Singles (zum Beispiel 25 Cent auf eine Single, die für 79 Cent verkauft wurde) überwachte und animierte er für mehrere Plattenfirmen das Abspielen von Platten in Musikboxen (da er annahm, dass die Stammgäste auch die wichtigsten Plattenkäufer waren). Mit

Schallplatten unterm Arm und einer freundlichen Eine-Hand-wäscht-die-andere-Einstellung reiste Webb zur Pep's Lounge, dem Blue Note, dem Northwest und anderen Bars in den Schwarzenvierteln von Philadelphia. Barbesitzer, Barkeeper und Bedienungen erhielten kostenlose Platten für sich selbst und für die Musikbox. Webb gab ihnen ein bis fünf Dollar in rot, grün und blau markierten Vierteldollar-Münzen, die sie in die Jukebox einwerfen sollten, um in den Stoßzeiten die Platten laufen zu lassen. »Ich bat sie, die Platten am Freitag oder Samstag zu spielen, wenn die Bar voll war, wenn Baseballabend oder Ladies Night war. Sie fühlten sich wichtig, weil ich ihnen die Platten brachte. Das tat sonst niemand. Üblicherweise mussten sie warten, bis einmal im Monat der Automatenbetreiber vorbeikam, aber ich ging persönlich hin und sagte: ›Sie müssen diese Platte nicht spielen, aber ich gebe Ihnen einen Dollar, damit Sie sie spielen!‹ Dank solch persönlicher Beziehungen habe ich es geschafft, im Geschäft zu bleiben.« Der Unternehmergeist von Webb und anderen kleinen Einzelhändlern hat die schwarzen Gemeinden ohne Zweifel ökonomisch und kulturell bereichert. Diese Läden waren die weltlichen Tempel des Rhythm and Blues.


Zwei Seiten der Medaille


In den Anfangstagen von Webb's Department Store waren zwei Sänger besonders häufig über die beiden Gehsteig-Lautsprecher zu hören, mit denen die Kunden in den Laden gelockt werden sollten – zwei gut aussehende, schlanke, junge Männer mit ausdrucksvollen, leidenschaftlichen Stimmen. Einer war Sam Cooke, der andere Jackie Wilson. Diese beiden R'n'B-Prinzen hatten viel gemeinsam: Sie waren befreundet und tourten zusammen, sie hatten Charisma und Sex Appeal, und sie wurden beide vom schwarzen Amerika verehrt. 1962, 1963 hatten Cooke und Wilson noch ungefähr den gleichen Status als Stars der Rhythm and Blues-Welt, aber auf lange Sicht sollte Cooke Wilson hinter sich lassen. Allgemein ist man der Auffassung, dass Cooke mehr zur Fortentwicklung der schwarzen Musik beigetragen hat, und das nicht nur in musikalischer Hinsicht, sondern auch in Hinblick auf die Entwicklung des Musikbusiness. Cooke war ein Schwarzer auf dem Vormarsch, Wilson nicht. Cooke verkörperte den Ehrgeiz seines Volkes und die oft widersprüchlichen Wege, auf welchen dieser Ehrgeiz befriedigt wurde. Der Status Quo legte Wilson Fesseln an. Cooke dagegen war ein begnadeter Geschäftsmann und ein Markenartikel für den Massenmarkt. Er war eine Vision, wie sich die schwarze Musik in Zukunft entwickeln würde – im Guten wie im Schlechten.

Jackie Wilsons Karriere begann in Detroit, wo er als Teenager im Boxen die »Goldenen Handschuhe« gewann. Er nahm an einem von Bandleader Johnny Otis veranstalteten Talentwettbewerb teil und ersetzte bei den Dominoes Clyde McPhatter als Leadsänger. Mit McPhatter hatten die Dominoes eine Reihe bedeutender R'n'B-Hits, darunter »60 Minute Man«, aber trotz Wilsons Können war das Quartett nie wieder so populär. Der einzige Hit der Gruppe mit Wilson war eine Interpretation des Kirchenliedes »St. Theresa of the Roses«. Die musikalischen Widrigkeiten, denen er im Laufe seiner Karriere begegnen sollte, waren hier schon angelegt. 1957 verließ Wilson die Dominoes und ging zu Brunswick, einem Label, das von seinem neuen Manager Al Greene, und nach dessen Tod von Nat Tarnopol beherrscht wurde. Tarnopol wurde Wilsons Manager und kümmerte sich um seine Aufnahmen: Wilson wurde Tarnopols Goldesel. Er war an Tarnopol gefesselt wie Elvis an Colonel Tom Parker und kam nie in den Genuss einer einfühlsamen und intelligenten Führung, die seinem Talent angemessen gewesen wäre.

Obwohl es schwer zu dokumentieren ist, macht es ihn wohl zu einer der tragischsten Figuren des R'n'B, dass sein immenses Talent nie wirklich genutzt wurde. Mit seinem athletischen Bühnenauftreten konnte sich nur James Brown, auch er ehemaliger Boxer, messen. Aber während Brown auf der Bühne mit linken Haken und entschlossenem Hüftschwung das Bild eines Schwergewichtlers abgab, entsprach Wilson eher dem tückisch-schnellen Mittelgewichtler. Wilson konnte von einer Plattform auf die Bühne springen, auf den Knien landen und auf sich auf die Beine stemmen, ohne dabei auch nur einen Ton auszusetzen. Wer ihn jemals im Fernsehen oder auf der Bühne sah, wird nie vergessen, wie Wilson mit scharfen Schlangenlederhosen, das Hemd bis zum Bauchnabel offen, das geglättete Haar um den Kopf fliegend, über die Bühne schlitterte, während das Publikum raste wie bei einem rituellen Opfer. Bei Wilsons Show lag immer ein Geruch von Gefahr in der Luft. Nie wusste man, was das Publikum oder der Sänger als nächstes tun würden. Joe McEwen sagte, dass Wilson sich in einer frühen Form des Slam Dance mit dem Mikrofon in der Hand ins Publikum fallen ließ, um das Publikum von der Tatsache abzulenken, dass die angekündigte Hauptband des Abends nicht erschienen war. Ein anderes Bild dieses Sängers, an das es sich zu erinnern lohnt, zeigt ihn wieder halbnackt, dieses Mal aber, weil ihm seine hysterischen weiblichen Fans das Hemd in Fetzen gerissen hatten und sich nun über seine Hosen hermachten.

Wilsons Sexappeal, der in Konzerten so ungefiltert rüberkam, war auf seinen Platten nur selten spürbar. Das lag nicht daran, dass er es nicht wollte, denn seine Stimme röhrte auch ohne Show. Aber selbst in den Songs, die ihn zur Legende machten, wie »Reet Petite«, »Lonely Teardrops«, »That is why« und »A Woman, a lover, a friend«, waren die Arrangements mit weißen Hintergrundchören und Streichern überladen und einfach nicht dazu geeignet, Wilsons leidenschaftlichen, erdigen Stil rüberzubringen. Seine musikalischen Herren hatten vielleicht »Night« verstanden, eine süßliche, kitschige Ballade, die das zugekleisterte Arrangement bekam, das sie verdiente. Aber Tarnopol und seine Leute schafften es auch, die knackigen, leichtfüßigen Nummern wie »Lonely Teardrops« in Weißbrot-Sandwiches zu verwandeln. Jeder, der sich auf Wilsons Größe beruft, muss die Arrangements, die seine Hits in den Dreck zogen, ignorieren oder zumindest erklären. Tatsache ist, dass Brunswick sich nur selten um Songschreiber und Arrangeure bemühte, die Wilsons Talent wirklich zum Vorschein gebracht hätten. Die ganzen 60er Jahre hindurch watete Wilson durch Mist wie »Danny Boy« und nur selten schwang er sich zu so sublimen Höhen auf wie mit »Higher and higher«, und nie war in seinem Repertoire eine Richtung auszumachen. Er verschwand schließlich in zweitklassigen Nachtklubs und Kneipen und brach schließlich 1975 bei einer Oldie-Show in New Orleans auf der Bühne zusammen. Man sollte meinen, dass Wilson in den 60er Jahren, einer Zeit, als Schwarze mehr Selbstbewusstein entwickelten, mehr Macht über seine eigene Karriere hätte fordern müssen. Vielleicht hat er es versucht. Aber er hat diese Macht nicht bekommen.

Im Gegensatz zu Wilson blieb Sam Cooke sich immer treu. Zwischen dem Beginn seiner bemerkenswerten Karriere mit der Veröffentlichung von »You send me« im Jahre 1957 und seinem Tod einen Monat vor seinem dreißigsten Geburtstag – er wurde im Dezember 1964 von einem Motel-Manager in Hollywood erschossen – war Cooke eine abenteuerlustige, experimentelle und widersprüchliche Gestalt. Er formte sein Talent so, dass er bei Weißen gut ankam, aber gleichzeitig als Produzent, Songschreiber und Geschäftsmann Pioniertaten vollbrachte, die schwarzen Künstlern völlig neue Wege eröffneten. Cooke wollte alles, und er hat es in bemerkenswert hohem Maße auch bekommen. Geboren als Sohn eines Priesters in Chicago trat er schon vor seinem zehnten Lebensjahr mit Gospelchören auf. An der Wendell Philips High School in Chicago sang er beim Chor der Highway Baptist Church, auch als »Highway QCs« bekannt. Dann ersetzte er R. H. Harris als Leadsänger beim berühmten Gospelquartett The Soul Stirrers. Harris hatte in den Gospelgesang Adlibs und das Wiederholen von Schlüsselwörtern eingeführt, aber Cooke übertraf diesen großartigen Sänger noch an Popularität. Statt des heiseren Schreiens, das für männliche Gospelsänger so typisch war, nahm Cooke seine Stimme sehr zurück und brachte so das natürliche Vibrato seiner Stimme zur Geltung. Es war nicht so, dass Cooke nie geschrieen hätte, aber auf Drängen anderer Sänger hin – wie J. W. Alexander von den Pilgrim Travelers – modulierte er zwischen beiden Timbres hin und her, was ihm eine größere Ausdrucksbrandbreite bescherte. Und noch größeren Sexappeal. Nach allen Berichten aus jener Zeit war Cooke dank seiner Stimme, seiner honigbraunen Haut und seinen bubenhaften, jedoch sehr maskulinen Zügen das erste Teenie-Idol der Gospelmusik.

Keine wissenschaftliche Analyse schafft es jedoch, die Natürlichkeit von Cookes Sound einzufangen. Seine Stimme hatte etwas Einschmeichelndes, das die Zuhörer in Trance versetzte und eine ganze Generation von Sängern anspornte, seiner Sensibilität und gezogenen Phrasierung nachzueifern. (Dazu gehörten unter anderem David Ruffin, Johnnie Taylor, Otis Redding, Bobby Womack, Lou Rawls und Jerry Butler.) Aber Art Rupe, der Besitzer von Specialty Records, bei denen die Soul Stirrers unter Vertrag waren, glaubte nicht an Cookes Wirkung – bis Bumps Blackwell, sein Mann für die Entwicklung von Künstlern und Repertoire, Mentor von Little Richard und einer der vielen Schwarzen, die bei weißen Independent-Labels die künstlerische Richtung steuerten, ihn vom Gegenteil überzeugte. Cooke war nicht nur ein herausragender Sänger, sondern auch ein sehr fleißiger Songschreiber. Kompositionen wie »Touch the hem of his garment« genießen in Gospelkreisen noch heute großen Respekt. Als in den späten 50er Jahren Gospelstil und Gospel-Songstrukturen immer mehr Einfluss im Rhythm and Blues gewannen, war der charismatische Cooke ständig in Versuchung, auch die »Musik des Teufels« zu singen. Bill Cook, Roy Hamiltons Diskjockey-Manager, und Jerry Wexler von Atlantic Records gehörten zu den ersten, die Cooke zu diesem Schritt zu überreden versuchten. Aber schließlich waren es Alexander und Blackwell, die Rupe so weit brachten, dass sie ein paar weltliche Songs mit Cooke aufnehmen durften.

Statt sich auf Cookes leidenschaftliche Seite zu konzentrieren, hielten sie sich eher an zurückhaltendes Pop-Material, das in den unerwarteten Pop-

Hit »You send me« mündete. Diese Platte erschien bei Keen, nicht bei Specialty, denn Rupe hatte Cooke und Blackwell in einem Anfall von Jähzorn gefeuert, als er sie dabei erwischte, wie sie bei einer Aufnahmesession von Gershwin-Songs einen weißen Hintergrundchor einsetzten. Anders als Tarnopol war Rupe der Überzeugung, dass er seinem schwarzen Publikum so etwas nicht zumuten durfte. Cookes Material war für gewöhnlich besser ausgesucht und besser arrangiert als das von Wilson, aber wie schon erwähnt, waren Rupes Einwände nicht nur künstlerischer Natur. Wir wissen, dass Cookes Experimente bei engstirnigeren Mitgliedern der schwarzen Kirchengemeinden Befremden auslösen und Specialty auf dem Gospel-Markt schaden konnten. Für die kurzlebige Welt der weltlichen Musik ein so hohes Risiko einzugehen, erschien Rupe nicht sehr klug. Cooke hätte schließlich ewig Gospelsänger bleiben können. Sich am Pop zu versuchen und dabei zu riskieren, im Falle eines Fehlschlags von der isolierten Gospel-Fangemeinde nicht wieder aufgenommen zu werden, war ein gefährliches Spiel. Cookes Erfolg kann in hohem Maße auf seine eigenen Fähgikeiten als Songschreiber zurückgeführt werden. Songs wie »Only Sixteen« und »Wonderful World« sind bemerkenswerte Beispiele für gelungene Popsongs. Dass Cooke in der Lage war, eine mächtige Lobpreisungshymne wie »The Hem of His Garment« und einen Teenie-Pop wie »Sixteen« mit der gleichen Sicherheit zu schreiben, beweist, wie flexibel er war.

So war es ein logischer, wenngleich kühner Schritt, dass er 1958 mit Alexander die Kags Music Publishing gründete, einen der ersten Musikverlage, der einem bekannten schwarzen Musiker gehörte. Wie schon zuvor beschrieben, besaßen die Rhythm and Blues-Labels traditionell die Veröffentlichungsrechte, und dem Künstler blieben nur die Autorenhonorare am Song. Selbst davon erhielt der Verlag noch die Hälfte und er kontrollierte, wie der Honoraranteil des Autors verteilt wurde. Wenn also weiße Künstler schwarze Hits coverten oder alte Rhythm and Blues-Hits in neuen Filmen verwendet wurden, wurden die Erlöse über den Musikverlag an den Autor weitergeleitet. Für jeden J. W. Alexander, der verstand, dass man mit Verlagsrechten einen guten Dollar machen konnte, gab es buchstäblich Hunderte schwarzer Künstler, die das nicht verstanden. Natürlich klärten nur wenige Plattenbosse sie auf. Und wenn man es ihnen sagte, hörten sie manchmal nicht zu. In Peter Guralnicks Buch *Sweet Soul Music* beschreibt Alexander, wie wenig sich beispielsweise Fats Domino und Little Willie John für dieses Thema interessierten.

Die Gründung von Kags war nur der erste Schritt, den Cooke auf Alexanders schlitzohrigen Rat hin unternahm. Bald darauf zerrte er Keen vor Gericht, um Honorare für alte Aufnahmen einzuklagen. Cooke bekam eine enorme Summe zugesprochen, und die Plattenfirma ging pleite. Ungefähr zur gleichen Zeit feuerte Cooke seinen Manager Bumps Blackwell. Ein Grund war, dass der ihn nicht genügend auf die Verdienstmöglichkeiten im Zusammenhang mit Songrechten hingewiesen hatte. Da Blackwell auch Little Richards Mentor war, kann man sich die Frage stellen, wie sich das Leben und die Karriere dieses Sängers entwickelt hätten, hätte ihn Blackwell dazu ermutigt, in den frühen 50er Jahren einen eigenen Songverlag zu gründen.

1960 ging Cooke zu Elvis Presleys Plattenfirma RCA, wo er im Wesentlichen den sanfteren Stil pflegte, der bei Keen entstanden war. Während Presleys Flucht vor dem Blues nur ein Beleg für seine Ziellosigkeit war, behielt Cooke die Kontrolle über seine Songs und Arrangements, trotz des oft schädlichen Einflusses der weißen Produzenten Hugo Peretti und Luigi Creatore. Im Laufe der Zeit entwickelte Cooke auf Basis seines Images als sauberer, schwarzer All American Boy ein Pop-Repertoire, das seinen Gospel-Wurzeln gut zu Gesicht stand. Was die meisten seiner Fans nicht wussten: Der Mann, der »For Sentimental Reasons« aufnahm und auf *Live at the Copa* »Bill Baley« sang, war auch ein innovativer Soul-Produzent. Man könnte sogar behaupten, dass SAR Records, die Cooke und Alexander gehörten, das erste reinrassige Soul-Label war. Johnnie Taylor, The Valentinos mit Bobby Womack, Lou Rawls – alles Gospelsänger, die

Cooke bei den Soul Stirrers traf und dann »herausbrachte« – nahmen raue Lovesongs auf, die Cookes musikalische Sehnsüchte und sein Verständnis des schwarzen Amerika widerspiegelten. Pop-Songschmied auf der einen Seite, purer Soul-Pionier auf der anderen Seite: Cooke versuchte, wie Sammy Davis Jr. den Mainstream zu erobern und zugleich seinen Wurzeln treu zu bleiben. Dieser Balanceakt zwischen dem instinktiven Wunsch nach Integration und seiner Liebe für das unverfälscht Schwarze – damals war Soul in hohem Maße die Musik der Befürworter der Segregation – ermöglichte ihm eine Karriere, die auf spektakuläre Weise die Zwiespältigkeit des schwarzen Lebens nach 1960 reflektiert.

Cooke schaffte den »Crossover« zu den Weißen besser, als es sich ein Künstler aus der verbarrikadierten Rhythm and Blues-Welt je erträumen konnte. Aber, und das ist entscheidend, er benutzte sein Geld und seine freie Zeit, um anderen jungen Schwarzen die Chance zu geben, von seinen Errungenschaften zu profitieren. Ebenso wichtig ist, dass Alexander, ebenfalls schwarzer Geschäftsmann, dieses Anliegen förderte. Mit der langen Palette an Erfolgen, wie sie kaum jemand vor oder nach ihm erreicht hat, war Cooke kurz gesagt der schwarze »American Dream«, der sogar noch weiter wuchs, als er schon tot war. Nur zwei Monate nach Cookes Tod wurde Malcolm X erschossen. Damit war das schwarze Amerika zweier junger, dynamischer Anführer beraubt, die einen engeren Kontakt zueinander hatten, als damals bekannt war. Gerade als ihr gemeinsamer Freund Cassius Clay als Muhammad Ali zum Symbol schwarzen Stolzes und schwarzer Autonomie wurde, hätten diese beiden gefallenen Krieger mit ihrer visionären Weltsicht und ihrer Intelligenz im folgenden Jahrzehnt den Lauf der Dinge entscheidend verändern können. Die Beispiele, die sie gegeben haben, wirken noch heute nach.

## Schauplatz Chicago

Männer wie Stokely Carmichael, Organisator der Bürgerrechtsbewegung im Süden, bemühten sich, das politische Erbe von Malcolm X fortzuführen, und es gab Sänger und Songschreiber, die auf verschiedene Art Cookes Balanceakt zwischen Kunst und Geschäft, zwischen Crossover und schwarzem Soul, fortsetzten. Zwei der wichtigsten Jünger Cookes waren Curtis Mayfield, Sänger, Produzent, Komponist und Gitarrist, sowie Carl Davis, Plattenproduzent und Label-Manager. Gemeinsam schufen sie den lange unterschätzten »Chicago Soul« der frühen 60er Jahre. Mayfield war als Sänger und Songschreiber natürlich tief im Gospel verwurzelt. Seine besten Songs waren so inbrünstig wie eine Kirchenhymne, und sein Bemühen um seine schwarzen Brüder brachte ein Repertoire von scharfen Pro-Bürgerrechts-Songs hervor. In Mayfields eleganter Art spiegelte sich wider, dass die Führer der Bürgerrechtsbewegung nun ein positiveres Image anstrebten. Obwohl seine Wurzeln in der Gospel-Musik lagen, benutzten Mayfield, Davis und der Arrangeur Johny Pate viele musikalische Stile, um ihre Botschaft an den Mann zu bringen: Schmetternde Big Band-Bläser, rhythmische und harmonische Ideen aus dem brasilianischen Samba, dem spanischen Flamenco und dem Rumba dienten dem Chicago-Soul als Unterbau.

Er war nicht so dynamisch wie der Motown-Sound aus Detroit, und nicht so funky wie der von Stax aus Memphis. Der Ansatz aus der »Windy City« Chicago stellte eine einzigartige Mixtur aus sozialem Gewissen, emotionaler Zurückhaltung und Verspieltheit dar. Er war die Ausdrucksform der ersten schwarzen Nachkriegsgeneration Chicagos und bediente einen intellektuelleren, zurückgenommeneren Geschmack als der South Side-Blues ihrer Eltern. Die Chicagoer Szene erlangte nie die kulturelle Bedeutung der beiden anderen großen Soul-Metropolen der 60er, weil kein einzelnes Plattenlabel sich die besten lokalen Talente sicherte oder einen einheitlichen Sound mit hohem Wiedererkennungs-Faktor schuf. Der Soul blühte in Chicago bei mehreren Labels: ABC-Paramount, wo Mayfields Impressions zu Hause waren, Columbias Okeh-Label, das Carl Davis unter seinen Fittichen hatte, und das von Schwarzen geführte Vee-Jay-Label. ABC-Paramount und Okeh gehörten zu großen Labels. Die Großen waren zwar an Soul interessiert, verstanden ihn aber nicht wirklich. Vor allem schätzten sie sein kommerzielles Potenzial falsch ein. Okeh ist ein gutes Beispiel dafür, wie es in Unternehmen mit der schwarzen Musik auf und ab ging. Okeh begann in den 20ern mit Mamie Smiths »Crazy Blues«, wurde in den 30ern von Columbia Records übernommen und bis in die 50er Jahre hinein als Neben-Label mitgeschleppt, 1962 unter Davis reformiert und 1966 endgültig dicht gemacht. ABC Paramount – dort hatte Ray Charles seine Country und Western-Experimente veranstaltet – wies in punkto Rhythm and Blues eine ähnlich wechselvolle Geschichte auf, beispielhaft nachzuvollziehen an der Entmannung von Lloyd Price, der 1952 als Shouter mit »Lawdy Miss Clawdy« angetreten war, um 1959 als Schnulzenkasper mit »Personality« bei ABC zu landen.

Während Sam Cooke traumwandlerisch sicher auf dem schmalen Grat zwischen Pop und Peinlichkeit balancierte, fehlte vielen schwarzen Sängern wie Price oder Jackie Wilson das Material und die visionäre Denke (oder zumindest ein guter Berater), um den Schritt vom Rhythm and Blues zum Pop zu vollziehen, ohne die künstlerische Integrität einzubüßen. Wie die Bürgerrechtsbewegung gerade zu zeigen begann, bot der Umzug in ein weißes Viertel allein noch keine Gewähr dafür, dass man von den weißen Nachbarn akzeptiert wurde. Chess Records, das mächtige Independent-Label von Leonard und Phil Chess, schaffte es nicht, aus dem Chicago-Sound Kapital zu schlagen, weil – wie bei Art Rupe im Falle von Sam Cooke – ihre Vision von dem, was Schwarze zu leisten vermochten, auf das begrenzt war, was sie bereits bewiesen hatten. Die Chess-Brüder in Chicago hatten ihr Geld mit Muddy Waters auf der Blues-Seite und mit dem Teeny-Bopper Blues, also Rock'n'Roll, von Bo Diddley und Chuck

Berry gemacht. Die ursprünglichen Stars des Labels wurden langsam älter. Chess versuchte sporadisch, neue Eisen ins Feuer zu bekommen, tat aber nie einen ernsthaften und entschlossenen Schritt in Richtung Soul. Ursprünglich hatte Berry Gordy ihnen seine Platten lizensiert, aber 1963 war klar, dass der Mann aus Detroit – mit einigem von Chess übernommenem Material – Motown im mittleren Westen zum besten Indie-Label gemacht hatte. Nur ein Ausnahmestar des Chicago-Sound fand bei Chess statt: Der runde Billy Stewart mit seiner Honigstimme. Seine Version von Gershwins »Summertime« und die von ihm komponierten und interpretierten Songs »Sitting in the Park« und »I Do Love You« waren sanft und romantisch im Sam Cooke-Stil.

Als lokales Chicagoer Label war Vee-Jay am viel versprechendsten – und stürzte am spektakulärsten ab. Das von einer schwarzen Familie geführte Unternehmen war wie die Labels von Bobby Robinson und Lillian McMurry aus einem Schallplattenladen hervorgegangen. Das Ehepaar Vivian und James Bracken verkaufte seit 1952 mit Unterstützung ihres Cousins Calvin Carter 45er Singles in der düsteren, vorwiegend von Schwarzen bewohnten Stadt Gary in Indiana, einem Vorort von Chicago. Vivian arbeitete daneben als Diskjockey in Chicago. Wie in anderen populären Plattenläden jener Zeit kamen bei ihnen junge Sänger vorbei, die wissen wollten, wie man an einen Plattenvertrag kam. Die Brackens waren gern bei einer guten Sache behilflich, gründeten Vee-Jay und eröffneten ein Büro in Chicago. Die Veröffentlichung von »For Your Precious Love« von den Impressions mit Jerry Butlers kräftiger Bariton-Leadstimme zeigte, dass sie das Marktpotenzial der Chicagoer Musik erkannt hatten. Aber statt die gesamte Gruppe – einschließlich Curtis Mayfield – unter Vertrag zu nehmen, bekam Vee-Jay unglücklicherweise nur Butler. Im anderen Falle hätten sie sich ein großes Stück des Chicagoer Marktes sichern können. Der junge Butler verkaufte sich noch nicht so zuverlässig wie später in den 60ern. Sein größter Hit auf Vee-Jay war 1961 eine Neuaufnahme des Andy Williams-Standards »Moon River«. Betty Everett hatte ein paar regional begrenzte Hits, aber ihre einzigen bedeutenden nationalen Hits waren »Let it be me«, ein Duett mit Butler, und das wunderbare Girl-Group-mäßige »Shoop shoop Song (It's in his kiss)«. Auf Constellation, einer Tochtergesellschaft des Labels, hatte Gene Chandler tatsächlich ein paar landesweite Hits, von denen man sich an den witzigen Doo-Wop-Song »Duke of Earl« am besten erinnert.

So konnte Vee-Jay auf einigen kommerziell erfolgreichen Songs aufbauen und schien ein viel versprechendes schwarzes Unternehmen zu werden. Aber es sollte sich herausstellen, dass der Ehrgeiz der Eigentümer größer war als ihr Kapital. Sie nahmen Künstler aus einem sehr breiten musikalischen Spektrum unter Vertrag: die Dells, eine tolle Doo-Wop- und Gospel-Gruppe unter Leitung des Tenors Junior Marvin, die Bluesmusiker Jimmy Reed und John Lee Hooker; Dee Clark, einen Rhythm and Blues-Sänger mit einem Hang zum Rock'n'Roll; und die Four Seasons, ein weißes Gesangs- und Instrumentalquartett, das von der Falsett-Stimme Frankie Vallis in Songs wie »Sherry« und »Big Girls Don't Cry« geprägt war – das waren einige der Künstler, die Vee-Jay Gewinne einbrachten. Einer ihrer vorausschauenden Züge hätte die Veröffentlichung des US-Debüts der Beatles mit »She Loves You« werden können, wäre nicht Capitol Records noch rechtzeitig auf den Dreh gekommen, die Rechte von seiner Tochter EMI in England zu übernehmen. In einer Phase, in der Motown seine Wettbewerber reihenweise in den Ruin trieb, war Vee-Jay eines der ehrgeizigsten schwarzen Labels, die noch aktiv waren, und in der Vermarktung weißer Künstler war es das effektivste aller Zeiten. Leider waren die Besitzer von Vee-Jay nicht ganz so pfiffig, wenn es darum ging, die Konten im Auge zu behalten. Beobachter sagten, dass die Brackens sich nur am Rande für das Tagesgeschäft ihres Labels interessierten. Vee-Jay war bei einigen schwarzen Diskjockeys, die nie für ein Leben auf großem Fuße bekannt waren, als extravagant und spendierfreudig bekannt. Dennoch war es ein Schock, als Vee-Jay 1965 Konkurs anmeldete, obwohl noch Songs in den Hitparaden waren. Die Künstler waren rasch in alle Winde zerstreut, und Vee-Jays Absturz hinterließ nicht nur eine große Lücke in der Chicagoer Musikszene, sondern auch in der Geschichte der schwarzen Musik.

Trotz der Präsenz von Chess und Vee-Jay ergab es sich, dass ABC und Okeh am meisten von der Chicagoer Szene profitierten, denn sie setzten beide auf Curtis Mayfield, einen Mann, dessen Songs sich leichtfüßig zwischen Frivolität und sozialem Engagement bewegten. Für seine Kumpane in Chicago schrieb Mayfield Tanzmusik ohne großen Anspruch (»The Monkey Time«, »Rhythm« und »The Matador« für Major Lance (Okeh)) und romantische Balladen (»Just Be True« und »Bless Your Love« für Gene Chandler (Constellation) oder »It's All Over Now« für Walter Jackson (Okeh)). Für die Impressions nutzte Mayfield eine persönlichere Stimme, die ihn zu einem wichtigen Fürsprecher der Bürgerrechtsbewegung machte. Zunächst benutzte er seine sanften Gitarrentöne und sein Falsett-Tremolo mit stimmlicher Unterstützung von Sam Gooden und Fred Cash sowie die Trompete von Johnny Pate für seine Liebeserklärung an die schwarze Frau (»I'm So Proud« ist einer der idyllischsten Lovesongs, die je geschrieben wurden). Von 1964 an schrieb Mayfield eine Reihe von »Predigt«-Songs, die Engagement für den gesellschaftlichen Wandel predigten (»People Get Ready«, 1965) oder die Liebe zur eigenen Rasse (»We're a Winner«, 1968) und Brüderlichkeit (»Choice of Colors«, 1969).

Wie ein echter gewaltloser Aktivist der Bürgerrechtsbewegung sah Mayfield in Freunden und Gegnern immer das Beste, drängte sanft in Richtung Wandel und hob nie wütend den Finger der Anklage. Er machte »Musik der Liebe«, im wahrsten Sinn des Wortes. Seine Songs konnten ihre Herkunft aus dem Gospel nicht leugnen, aber in ihrer Wirkung reichten sie viel weiter. Mayfield nahm mit seinem Eintreten für »Peace« und »Love« psychedelische Bands vorweg – genauso, wie die Rhetorik der Bürgerrechtsbewegung die Hippie-Bewegung mit inspirierte. Er war eine freundliche Persönlichkeit, die die Werte der Brüderlichkeit auf so offenherzige Weise verkörperte, dass er fast schon naiv wirkte – zumindest auf militantere Gemüter. Dennoch: Mayfields Songs mit den Impressions zeigten, dass Rhythm and Blues und Soul mehr als pures Entertainment waren, und dass sie als positives Propaganda-Werkzeug die gleiche Wirkung haben konnten wie Gospel. Leiber und Stoller wussten das. Auch der Sam Cooke, der »A Change Is Gonna Come« schrieb. Aber kein schwarzer Star oder Songschreiber der frühen 60er Jahre setzte seine soziale Haltung so oft und so wirkungsvoll in seiner Musik um wie Mayfield. Leider wurden der Soul eines Mayfield und die Musikszene von Chicago überschattet von zwei Städten, die das Glück hatten, über gut organisierte und integrierte Plattenfirmen zu verfügen.

## Ying und Yang im R'n'B

Motown und Stax waren die zentralen Pfeiler des Soul der 60er Jahre. Sie lieferten die Energie für Hausparties und Liebesszenen jeder Hautfarbe. Was sie verband, war ihr gemeinsamer Erfolg. Ansonsten waren die beiden Firmen völlig gegensätzlich. Motown in Detroit befand sich im Besitz von Schwarzen, war heimlichtuerisch und streng hierarchisch organisiert und konzentrierte sich voll auf weiße Käufer. Der Stil der Motown-Produktionen machte die Produzenten, Autoren und Studiomusiker von Motown letztlich zu den Stars des Motown Sound. Stax in Memphis gehörte Weißen, war offen für alle Außenstehenden, und es gab Leitfiguren aller Couleur. Die Platten entstanden aus einer musikalischen Rassenmischung heraus, sprachen aber in erster Linie schwarze Amerikaner an, und das Stax-Repertoire fiel immer wieder durch das ungehemmteste Soul-Shouting auf, das je auf Platten gepresst wurde. Das Management und die Mitarbeiter von Motown hingegen waren sich der Schranken bewusst, die vor ihnen lagen, und so machten sie den Eindruck, als wollten sie sich um jeden Preis dem Mainstream anpassen. Aufgrund seiner speziellen

Chemie und Sensibilität (und letztlich auch aufgrund des stabilen, schwarzen Distributionsnetzes von Atlantic) wendete sich das Label immer zunächst an die R'n'B-Fans und erst in zweiter Linie an den Pop-Markt. Sowohl Stax als auch Motown waren anfangs sehr von der Kooperation mit Radiosendern abhängig. Stax, 1960 noch unter dem Namen Satellite, überredete die lokale Radiolegende Rufus Thomas dazu, sich und seine siebzehn Jahre alte Tochter Carla mit einem Song namens »Cause I Love You« aufzunehmen, den er selbst geschrieben hatte. Stewart überließ John R. Richbourg einen Teil der Veröffentlichungsrechte und sorgte so dafür, dass der Song auf WLAC gespielt wurde. Rufus Thomas spielte ihn bei WDIA, wo er tätig war, und brachte ihn über einen guten Freund namens Dick (Cane) Cole bei WLDK, einem anderen lokalen R'n'B-Sender, unter. Da WDIA zur schwarzen Senderkette Sounderling gehörte, konnte Thomas der Platte Sendezeiten bis nach San Francisco verschaffen. »Cause I love you« wurde in den Südstaaten ein Hit und ließ Atlantic-Chef Jerry Wexler hellhörig werden. Er kaufte die Rechte für tausend Dollar (das erste Geld, das Stewart und seine Schwester Estelle mit dem Label verdienten) und legte so den Grundstein für die fruchtbare Zusammenarbeit mit dem New Yorker R'n'B-Label, das seinen Schwerpunkt auf schwarze Musik verlegte.

John R. spielte auch eine wichtige Rolle beim Erfolg des größten Stars von Stax, Otis Redding. Der in Macon in Georgia geborene Sänger begann seine Plattenkarriere als erfolgloses Little Richard-Imitat. Er nahm ein paar miese Platten auf, bevor er einen Job als Fahrer bei der Band Johnny Jenkins und den Pinetoppers annahm. Eines Tages fuhr er Jenkins zu einer Aufnahmesession ins Stax-Studio in Memphis, und als Jenkins fertig war, waren noch vierzig ungenutzte Studiominuten übrig. Redding durfte zwei Songs aufnehmen, darunter die von ihm selbst geschriebene Ballade »These Arms of Mine«. Stewart war von dem einundzwanzigjährigen Sänger nicht sonderlich beeindruckt. Offenbar stimmte er der Aufnahme nur zu, weil man ihm fünfzig Prozent der Veröffentlichungsrechte versprach.

Ein weiterer Teil der Veröffentlichungsrechte wurde wieder John R. übertragen, der, nach Stewart, »die Platte sechs Monate lang buchstäblich jeden Abend spielte – so lange, bis sie schließlich kaputt ging«. So sorgte reiner Eigennutz für Otis Reddings ersten Hit und war die Initialzündung für die Karriere eines einzigartigen Sängers. Was die Allianz von Stax und R'n'B-Radio erst richtig zementierte, war 1965 die Ernennung von Alan Bell zum Promotion-Chef. Der groß gewachsene, schlanke ehemalige Prediger, der einst in der Bürgerrechtsbewegung mit Dr. King zusammengearbeitet und später als Star-Diskjockey von WLOK in Memphis und WUST in Washington hervorgetreten war, brachte eine Energie und eine charismatische schwarze Präsenz in die Stax-Reihen, die so lebendig war wie Reddings Stimme. Jerry Wexler war es, der den Vorschlag macht, Bell als Vertriebschef zu engagieren – Atlantic zahlte anfangs die Hälfte seines Gehaltes – sicher mit dem Hintergedanken, dass Stax ein loyalerer Geschäftspartner sein würde, wenn man dort einen eigenen Manager platzierte. Aber Bell hatte seine eigenen Vorstellungen, das wurde schnell deutlich. Schon 1965 brachte Stax mehr Platten im Radio unter als je zuvor. Der Stax-Sänger William Bell erzählte Peter Guralnick: »Al war der einzige, der gern Leute traf, Kontakte pflegte und über Geschäfte redete. Das war gut für die Firma, denn wir wuchsen – sowohl, was die Qualität der Künstler, als auch, was die Zahl der verkauften Platten betraf.« Bell verfügte in der R'n'B-Welt über ein makelloses Ansehen. In den Augen der Diskjockeys, besonders der schwarzen, war Bell ein Bruder, der es geschafft hatte, der wusste, was sie an Geld brauchten und der keine Probleme hatte, es zu beschaffen.

Mit Bell hatte Stax endlich eine schwarze Persönlichkeit, mit der das Label besonders durch das Bauen auf schwarze Rassensolidarität mit Berry Gordy mithalten konnte – ein anderer Plattenmanager, der seine schwarze Hautfarbe mit der gleichen Penetranz als Waffe einsetzte wie die Führer der schwarzen Bürgerrechtsbewegung. Wie jeder Fan amerikanischer Pop-Musik weiß, wurde Gordy mit seinem Motown-Label zum Symbol des selbstbewussten schwarzen Kapitalisten, der sich in der *New York Times* ebenso gut machte wie auf dem Titel von *Ebony*. Bei seinen wenigen öffentlichen Auftritten und in allen Werbeunterlagen von Motown machte Gordy unmissverständlich klar, dass er das Label an den Mainstream heranführen wollte. Er häufte Reichtümer an und dehnte seine Geschäftsbeziehungen aus – was auf verunsicherte Weiße wie eine Drohung wirken musste –, aber seine Botschaft hieß: »Keine Sorge. Ich will einfach nur so sein wie ihr.« Dafür stand sein Slogan »Der Sound des jungen Amerika« (»The Sound of Young America«). Gordys Traum war es, in Hollywood und Las Vegas anerkannt zu sein.

Radiomitarbeiter jener Zeit sagen, dass Gordy zwar ehrgeizig und fleißig war, aber nicht die finanziellen Mittel hatte, um die schwarzen Diskjockeys mit den gleichen Annehmlichkeiten zu versorgen wie Atlantic oder Duke-Peacock. Also nutzte er den Trumpf der Rassensolidarität, um die anfängliche Kapitalknappheit auszugleichen. Mit dem Diskjockey Georgie Woodies von WDAS in Philadelphia ging er in Nachtlokale. Mit LeBaron Taylor von WLHB in Detroit saß er nach der Arbeit lange zusammen. Bei Zusammenkünften schwarzer Diskjockeys, bei denen Jack Gibson, der Top-Diskjockey Magnificent Montague und andere nächtelang Karten spielten, spendierte Gordy Drinks und Sandwiches.

In manchen Fällen lieh er ihnen kostenlos Musiker fürs Wochenende aus. Die Diskjockeys buchten dann Motown-Musiker für Auftritte am Freitag- oder Samstagabend in Bars – oft die Supremes, allerdings vor ihrem Hit »Where did our love go«. Dafür erhielt Motown Abspielzeit für die Platten dieser Künstler. Später, als 1962 die Motown-Revue auf Tournee ging, gab Gordy den schwarzen Diskjockeys etwas von den Einnahmen in ihrem Sendegebiet ab. Ein prominentes Beispiel für dieses Verfahren war Georgie Woods, der mit der Promotion von Shows im Uptown Theater in Philadelphia ein Vermögen verdiente. Woods unterstützte Motown großzügig mit Abspielzeit und erhielt dafür die exklusiven Promotionsrechte an der Revue für die Auftritte in Philadelphia. Die Praxis, für schwarze Loyalität im Radio kostenlos Künstler für Auftritte zur Verfügung zu stellen, wurde auch fortgesetzt, nachdem Jack Gibson 1962 Promotion-Chef des Labels wurde. Genau wie Bell bei Stax verstärkte Gibson die Beziehung von Motown zum R'n'B-Radio. Das ging sogar so weit, dass Motown nicht ganz zu Unrecht das schwarze Radio für seinen natürlichen Verbündeten hielt, denn die Diskjockeys hatten aus ökonomischen wie aus rassischen Gründen ein Interesse am Erfolg von Motown. Und selbst die Zyniker der Branche waren inspiriert von der aufregenden Musik des Labels und seiner Aura schwarzer Geschäftstüchtigkeit.

Es soll angemerkt werden, dass Gordy bei aller Rassensolidarität wusste, wie wichtig es war, die Zukunft im Auge zu behalten – auch auf Kosten alter Partner. Das musste Queen Booking erfahren. Die Firma von Ruth Brown war eine der ersten der Branche, die die Künstler des frühen Motown-Tamla-Gordy-Labels im ganzen Land vermittelte. Auch sie nutzte kostenlose Diskjockey-Wochenenden, um die etwas weniger angesagten Bands zu promoten. Selbst die heute legendäre Motown-Revue war Anfang der 60er Jahre noch keine besondere Attraktion, da die Künstler, die darin mitwirkten – zum Beispiel die Marvellettes oder Marvin Gaye –, noch keine landesweiten Hits abgeliefert hatten. Queen Booking verlor an so manchem Motown-Künstler Geld, vertraute aber auf Gordy. Als die Motown-Platten die R'n'B- und Pop-Charts erklommen, musste Ruth Brown mitansehen, wie William Morris die Rechte an den Supremes, den Temptations, Stevie Wonder und anderen beliebten Bands übernahm. Bowen sagt, dass Gordy ihr die Motown-Stars aus der zweiten Reihe anbot (die Spinners, Edwin Starr), aber Gordy war so sehr seiner Integrations-Philosophie verhaftet, dass er nicht an Agenten festhielt, die seine Stars vor ihrem Hitparadenerfolg gebucht hatten. Ebenso wenig hielt er davon, seinen plötzlichen Erfolg dazu zu nutzen, Queen Booking in neue Märkte zu platzieren. Schließlich ging es hier ums große Geld.

Im Verlaufe des Jahrzehnts stellte Bowen fest, dass die Siege der Integration neue Schlachtfelder eröffneten. In den 50er Jahren war es darum gegangen, dass schwarze Künstler von schwarzen Firmen angemessen bezahlt wurden und von den Weißen zumindest gewisse Anerkennung erfuhren. Nun rangen sie mit weißen Mainstream-Geschäftsleuten um genau die Künstler, die jene früher ignoriert hatten. Nach Dave Clarks Worten gab es in der Branche »schwarzes Payola« und »weißes Payola«, zwei finanzielle Standards, nach denen Weiße in der Regel mehr Geld für das Abspielen von Platten erhielten als Schwarze. In den Köpfen der Schwarzen – in der Musikbranche und anderswo – dominierte das Gefühl der Unterlegenheit. Sie hatten nicht das Zutrauen, die Jobs machen zu können, die traditionell von Weißen ausgeübt wurden. Dass Motown sich weißen Konzertagenturen zuwandte und Queen zurückwies, zeigt, welch negative Wirkung die Kombination aus erfolgreicher Integration und den ausgeprägten Gefühlen der Unterlegenheit der Schwarzen haben konnte. Es war ein schlechtes Vorzeichen für die R'n'B-Welt.

Radio-Rap und die Gezeiten der Geschichte

Eddie O'Jay erkannte diese Vorzeichen und regte sich im Radio gelegentlich darüber auf. Dadurch änderte sich nichts, aber er schuf sich ein Publikum, und in Buffalo in den 60er Jahren war das das einzige, worum es wirklich ging. WUFO wurde 1961 mit O'Jay als Star-Diskjockey und Programmdirektor eröffnet. Es war die Wiedergeburt des Diskjockeys mit der tiefen Bariton-Stimme, der seine Karriere 1949 in Milwaukee begonnen hatte und es später bei WMAQ in Cleveland zu gewisser Bekanntheit gebracht hatte. »Wenn du schwarz warst und zu populär wurdest, fanden sie einen Weg, um dich loszuwerden«, sagt O'Jay. »Sie wollten nicht, dass du größer wirst als der Sender.« O'Jays Entlassung bei WMAQ war nicht allein vom Management zu verantworten, doch das Management hatte ihn eindeutig zur Befehlsverweigerung gezwungen. Er erinnert sich, dass er 1959 seinen Job verlor, »weil ich zu einer Party von Stroh's Bier eingeladen war. Ich verkaufte eine Menge von dem Zeug, also schickten sie mir – wie den anderen – eine Einladung. Die Weißen gingen hin, ich durfte nicht. Aber ich ging trotzdem, und als ich zurückkam, hatte ich keinen Job mehr.« Mit seiner Frau, einem Kind und einem brandneuen, steuerfreien Chevrolet Corvette, den er bekommen hatte, weil er in seiner Sendung Unmengen italienischen »Swiss Colony«-Weins verkauft hatte, verschwand O'Jay zwei Jahre aus dem Äther, bevor er in Buffalo bei WUFO, einem knackigen, neuen Sender der Sounderling-Kette einen neuen Job ergatterte. In der ersten Hälfte der 60er Jahre wurden einige R'n'B-Sender in sogenannten Zweitmärkten wie Buffalo eröffnet. Es entstanden neue Mikrofon-Jobs, wenn auch die Bezahlung (150 Dollar die Woche) noch immer Provinzniveau hatte.

Nach zwei Jahren Sendepause brach O'Jay über Buffalo herein wie ein Wirbelsturm. »Ich schuf verschiedene Shows, brachte Künstler und Plattenpromoter in die Stadt, die noch nie hier gewesen waren«, erinnert er sich. »Es gab einen Markt. WUFO ging auf Sendung, die Leute hörten zu. Ich war draußen auf der Straße, traf die Leute. So schufen wir uns ein Publikum. Heute machen Diskjockeys das nicht mehr. Sie senden drei oder vier Stunden, und dann nichts mehr. Niemand weiß, wer sie sind.«

Die Menschen in Buffalo wussten alle, wer O'Jay war, erinnert sich der WUFO-Hörer und spätere Diskjockey Gary Byrd. »Er war Eddie O'Jay, The Wild Child«, sagte Byrd. »Wenn er am Ende seiner Sendung die Abmoderation machte, hörte man den Motor aufheulen. Wenn er fertig war, sagte er ›Bye Baby‹. Dann hörte man den Wagen in den Sonnenuntergang davonbrummen. Er fuhr ja wirklich einen Sportwagen, und wenn er drei, vier Stunden nach der Show auf der Straße auftauchte, hörte man einen Motor hochdrehen, und da saß er wirklich in diesem Wagen. Das war großartig, man wollte selbst Diskjockey werden.« Obwohl nur ein Kleinstadt-Sender, wurde WUFO mit O'Jay, George (Hound Dog) Lorenz und dem Gospel-Mann Sonny Jim Kelsy ein wichtiger Startplatz – WUFO sendete Debüt-Platten vor den Radios in den großen Städten – und eine wichtige Schmiede für Mikrofontalente. Hank Spann, auch bekannt als »Dixie Drifter«, Gerry B. Bledsoe, Byrd und Frankie Crocker, ein schlaksiger Bandleader und Student, der sich »Your Record Rocker« nannte, machten sich alle in R'n'B-Kreisen einen Namen.

Zur gleichen Zeit fand ein Mann, den O'Jay immer mit einer Mischung aus Faszination und Neid beäugt hatte, einen frühen Tod. Alan Freed gehörte Cleveland und ein großer Teil des Rock'n'Roll-Geschäfts, das er geschaffen hatte. Aber in den frühen 60er Jahre wurde er wegen seiner zunehmenden Macht, mit der er protzte, zur Zielscheibe reaktionärer Kräfte. Seine rebellische Rock-Pose, eine Parodie der schwarzen Einstellung gegenüber den weißen Autoritäten, wiegelte die Teenager auf und erzürnte die weißen Autoriäten. Mit Payola, das Freed in noch immer größeren Mengen verdiente, als er zu den New Yorker Sendern WINS und WABC wechselte, wurde er zur Strecke gebracht.

Der Distrikt-Staatsanwalt von Manhattan, Frank Hogan, spielte den Beschützer der öffentlichen Moral (und wollte sich als Politiker die Stimmen der Mütter und Väter sichern) und wies sein Büro an, Freed aufs Korn zu nehmen. 1962 wurde der Diskjockey wegen Bestechlichkeit in zwei Fällen verurteilt. Obwohl man ihm nur eine Geldstrafe von dreihundert Dollar und eine Bewährungsstrafe von sechs Monaten aufbrummte, wurde Freed vom Mikrofon verbannt und erhielt Sendeverbot – sicher der härteste Aspekt des Urteils. Ein Prophet ohne Stimme hat keinen Grund mehr zu leben. Freed hatte schon immer tief ins Glas geschaut, wenn er nicht auf Sendung war, aber nun soff er wie ein Schwamm. 1964 zog er völlig pleite nach Palm Springs. Im selben Jahr gab ihm die Steuerbehörde den Rest. Sie verlangte 37.920 Dollar Steuern für nicht erklärte Einnahmen in Höhe von 56.652 Dollar zwischen 1957 und 1959. Im Januar 1965 starb Freed an Harnvergiftung und wahrscheinlich an gebrochenem Herzen.

Ab jetzt beherrschte eine Generation energiegeladner junger weißer Jockeys das Radio. Sie säuberten die Worte, perfektionierten die Aussprache und verkauften Coca-Cola und Clearasil an weiße Teenager. Durch Freed kamen weiße, oft aus italienischen oder jüdischen Einwandererfamilien stammende Diskjockeys nach oben: In Philadelphia gab es Jerry Blavat, genannt »The Geeter With The Heater«, aus Mexiko und später Los Angeles der schmutzige Wolfman Jack, in New York Murray Kaufmann, besser bekannt als »Murray the K.«. Wegen des Payola-Urteils gegen Freed wurde diese Form der Begünstigung eingeschränkt. Deshalb hatten diese Diskjockeys weniger Einfluss auf die Musik als ihre weißen Vorläufer der 50er Jahre oder als ihre schwarzen Zeitgenossen wie O'Jay. Programm- und Musikdirektoren übernahmen mehr und mehr die Rolle des Vermittlers zwischen den Plattenfirmen und den Diskjockeys. Sie stellten Playlists von vierzig oder weniger Titeln zusammen, die zu spielen waren. Auf diese Weise – man lese dies mit einem wissenden Augenzwinkern – machten sie der Praxis des Payola ein Ende.

Die Verbindung zwischen der Musik, die als Rock'n'Roll bekannt war, und ihrem ursprünglich schwarzen Publikum wurde beschädigt, aber das schwarze Amerika schien das nicht zu kümmern. Um einen kleinen Eindruck zu gewinnen, was geschah, blenden wir zurück in den Sommer des Jahres 1965 – nach Santa Monica, wo die Show zur Verleihung der Teenage Music International Awards aufgezeichnet wurde. Nur wenige Musikfilme vorher oder nachher wiesen eine zu große Bandbreite an Talenten auf. Gerry and the Pacemakers, die Miracles, James Brown, Lesley Gore, Chuck Berry, die Rolling Stones, die Supremes, Jan and Dean und Marvin Gaye standen gemeinsam vor einem Auditorium kreischender Teenager – vorwiegend weiße Mädchen. Der ständige Lärmpegel ist besonders bedeutsam. Es war immer laut, ganz gleich, wer auf der Bühne stand. Deshalb interpretierten manche das Kreischen bei diesem Integrations-Event als ein Exempel für Brüderlichkeit: Teenager aller Hautfarben jubelten Stars aller Hautfarben zu. Aber das Geschrei zeigte auch, dass in den Ohren dieser jungen Plattenkäufer so miese englische Produkte wie Gerry and the Pacemakers und Bill Kramer ebenso gut klangen wie Chuck Berry, der – obwohl gerade erst aus dem Gefängnis entlassen, wo er eine Strafe wegen Unzucht abgesessen hatte – noch immer deutlich besser war als seine Nachahmer mit ihrem fremden Akzent. Dass sie Mick Jagger mit der gleichen Lautstärke zujubelten, der mit einem lahmen »Funky Chicken« über die Bühne wackelte, wie James Brown und seiner unglaublich athletischen Bühnenshow, zeugte von einem bedenklichen Mangel an Urteilsvermögen. Wird schwarzen Klasse-Leistungen genauso laut applaudiert wie weißem Mittelmaß, wird der schwarze Künstler in Amerika immer der Verlierer sein.

Chuck Berry musste mehr als andere leiden, denn die Stile, die er entwickelt hatte, sollten zwei der dominierenden Gruppen der 60er Jahre, die Beatles und die Beach Boys, beeinflussen. Indem sie seine Songs und seinen musikalischen Stil adaptierten und natürlich ein riesiges Publikum bedienten, füllten sie weit mehr als die Lücke, die durch seine Abwesenheit entstanden war. Die Beatles, die sich letztendlich als die kreativere Gruppe erweisen sollten, suchten die gleiche jugendliche Direktheit (»I Saw Her Standing There« und »A Hard Day's Night«) wie Berry, hatten aber ihre Songschreiberqualitäten noch nicht so weit entwickelt, um ihn komplett ersetzen zu können. Dennoch plünderten sie geschickt seine Musik (mit Unterstützung ihres Produzenten George Martin), genauso wie sie den anzüglichen Gesangsstil von Litte Richard nachahmten. Die Beach Boys bedienten sich noch offener (oder nur entschlossener?) bei Berry und borgten sich Riffs und melodische Ideen. Der Genius der Gruppe Brian Wilson nahm Berrys lebensechten Textstil, bemalte ihn mit Sonnenbräune, rosa Bikinis, orangefarbenen Surfboards und dem Rot der Sportwagen und verwandelte Rock'n'Roll in seine persönliche Metapher für das konsumorientierte »gute Leben«. Ohne es zu wollen, taten sich die Beach Boys mit ihrem Jungen-Image und die frechen Beatles mit ihren revolutionären Haarschnitten zusammen und machten den schwarzen Mann aus St. Louis mit seinen Brillantine-Haaren, seiner roten Gitarre und den witzigen Tanzschritten überflüssig. Berry hatte bei Louis Jordan den

Rhythmus und den Humor geborgt und ins Land der Teenager übertragen. Aber Mitte der 60er Jahre waren nur noch Helden gefragt, die den Teenagern – oder dem, was sie sein wollten – möglichst ähnlich waren. Für die Baby-Boomer-Generation wurde Rock'n'Roll zur weißen Musik, die – abgesehen von gelegentlich eingestreuten schwarzen Oldtimern – von Weißen gemacht wurde. Jackie Wilson, Sam Cooke, Al Bell, Berry Gordy, Ruth Bowen und Eddie O'Jay waren nicht allzu betroffen, dass die schwarze Musik als Rock'n'Roll adaptiert worden war, denn ihr Publikum war es auch nicht. Mit dem Aufkommen der Beatles sahen die Schwarzen Rock'n'Roll als Musik der Weißen, die ihrem Musikgeschmack und ihrem kulturellen Hintergrund nicht mehr entsprach. Das soll nicht bedeuten, dass schwarze Jugendliche oder Erwachsene keine Beatles-Platten kauften. Aber im Großen und Ganzen bewegten sich schwarze Musiker und schwarze Plattenkäufer in eine andere Richtung, eine, die ihren musikalischen, kulturellen und in gewissem Maße auch ihren politischen Stil bis Ende der 60er Jahre prägen sollte. Im schwarzen Amerika entwickelte sich »R'n'B« zu »Soul«, ein Wort, das in jener Zeit mit »Rock'n'Roll« als Bezeichnung für eine soziale Strömung und wirtschaftliche Ausbeutung wetteiferte. Ray Charles hatte die Tür einen Spalt geöffnet, aber 1965 stand diese Tür bereits weit offen. Der arme alte Rock'n'Roll war, wie Blues, Swing, DooWop und andere, weniger bedeutende Elemente des Rhythm and Blues zuvor, nur noch Geschichte.

Ahmet Ertegun, der sich lange mit der Psyche der Schwarzen beschäftigte, hat beschrieben, wie dieser Zyklus von Werden und Vergehen in der schwarzen Musik zustande kommt. Ertegun sprach zwar über Jazz, aber seine Worte lassen sich auch auf den Rhythm and Blues und seine Transformation in den Soul beziehen. »Schwarze denken mehr in der Zukunft. Schwarze Musiker spielen nicht gern einen veralteten Stil. Sie spielen lieber im Stil von heute oder von morgen. Wenn man nach New Orleans geht, findet man Weiße, die Dixieland spielen. Diese Musik gehört zum Erbe dieser Gegend. Aber man findet heute kaum noch Schwarze, die diese Musik spielen, es sei denn, sehr alte. Denn die jungen Schwarzen haben Miles Davis und Charlie Parker gehört. Sie denken an das, was als nächstes kommt.«

**Vier**   Schwarze Schönheit, schwarze Verwirrung
(1965 – 1970)


In seiner Rede bei der Abschlussfeier der Howard University im Jahre 1965 betonte Lyndon Baines Johnson, dass er sich mit aller Macht darum bemühen wolle, die Schwarzen in die amerikanische Gesellschaft zu integrieren. Studenten und Lehrkräfte der renommierten schwarzen Universität in Washington D.C. jubelten. Denn im Unterschied zu vielen anderen in den 60er Jahren war Johnson als Präsident der Vereinigten Staaten in der Lage, seinen Worten Taten folgen zu lassen. Die wichtigen Gesetze – das Bürgerrechtsgesetz von 1964, das die Rassentrennung in öffentlichen Gebäuden aufhob, und das Wahlgesetz von 1965, das allen rassischen und religiösen Diskriminierungen bei öffentlichen Wahlen ein Ende setzte – gingen durch, weil Johnson, ein Weißer aus dem ländlichen Süden, sie durchsetzte. Johnson ernannte fünf schwarze Botschafter, berief den ersten Schwarzen in eine Kabinetts-Position (Robert Weaver wurde Direktor für Städte- und Wohnungsbau) und Richter Thurgood Marshall ins oberste Bundesgericht.

Marshalls Berufung war der gerechte Lohn dafür, dass er im Verlaufe seiner langen Mitgliedschaft in der NAACP und seines Engagements für das schwarze Amerika einen Fall nach dem anderen gewonnen hatte. Von den 60er bis in die 80er Jahre hinein erfüllte Marshall als Richter wie zuvor als Anwalt die integrationistische Agenda des »neuen Negers«.

Während Richter Marshall weiter erfolgreich tätig war und wohlhabend wurde, gerieten zwei seiner bedeutendsten Zeitgenossen ins Straucheln.

1965 zählte Adam Clayton Powell Junior zu den einflussreichsten Kongressmitgliedern. Er saß bereits zwanzig Jahre im Repräsentantenhaus und angesichts der Verehrung, die man ihm in Harlem entgegenbrachte, schien es, als sollte er noch weitere zwanzig Jahre dort bleiben. Am 28. März 1965 legte er ein Siebzehn-Punkte-Programm vor: »Mein schwarzes Positionspapier für die zwanzig Millionen Neger Amerikas«, das wenig mit den Argumenten der Befürworter der Rassenannäherung gemein hatte. Powell schrieb, dass Schwarze »die Macht anstreben – jene Macht, die das Haupt zu den Sternen erhebt« –, und vereinte die Ideen Washingtons und Du-Bois', indem er forderte, die Bürgerrechtsbewegung solle »einer zweigleisigen Strategie der schwarzen Revolution den Vorzug geben: ökonomische Autonomie und politische Macht«. Er war der Meinung, dass Johnsons Gesetze und insbesondere das Bürgerrechtsgesetz von 1964 im Norden ohne ökonomische Macht der Schwarzen wertlos waren. Deutlicher als jeder andere Vordenker seiner Generation artikulierte Powell die Unzufriedenheit junger Schwarzer mit den traditionellen Ansichten der Integrationisten über die schwarze Bürgerrechtsbewegung und die Glut des schwarzen Nationalismus, die sie unter den Aktivisten der Bewegung schürte.

Leider sollte Powell nie die Gelegenheit bekommen, für die Ansichten, die er in seinem Papier niederschrieb, zu kämpfen. So charismatisch er als Redner war, so leichtsinnig war er im Privatleben. Er war desorganisiert und hatte fragwürdige Frauenbeziehungen. 1967 verklagte ihn eine Wählerin wegen Missbrauchs. Ihm wurde sein Vorstandssitz im Komitee entzogen, und schließlich auch sein Parlamentsmandat. Später in jenem Jahr wurde er in Harlem wieder in den Kongress gewählt, aber seine Fraktionskollegen weigerten sich, ihn aufzunehmen. 1969 klagte er sich sein Mandat vor dem obersten Gericht ein und zog wieder in den Kongress, aber er war ein gebrochener Mann. 1970 verlor er bei den Kongresswahlen und starb zwei Jahre später.

Martin Luther King Junior kämpfte mit einem anderen Hindernis, das seine Wirkung aber fast genauso hemmte. Im Herbst 1965 kündigte er an, seine Southern Christian Leadership Conference werde eine Kampagne in Chicago starten. Er hoffte, mit den Taktiken der Bürgerrechtler des Südens in der »am meisten ghettoisierten Stadt des Nordens« Fortschritte zu erzielen. Er sagte: »Die gewaltfreie Bewegung muss auch gegen die Gewalt der Rassentrennung ankämpfen ... Ägypten existiert in Chicago noch immer, aber ihre Pharaonen sind subtiler und schlauer.«

King sollte Recht behalten. Bürgermeister Richard Daley, der letzte der irischen Machtmenschen des Nordens, war mit der Willensstärke eines Pharaos ausgestattet. In Chicago hatten viele lokale schwarze Führer enge Verbindungen zu Daleys weißem Machtgefüge. Deshalb erfuhr King nie die ungeteilte Unterstützung des schwarzen Establishment. Im Gegensatz zu der Rolle, die sie beim Kampf im Süden geführt hatten, standen auch die nationalen Medien beim Kampf in Chicago nicht hinter ihm und sagten häufig, der Gewinner des Friedensnobelpreises sei nun auf dem falschen Weg. Daley trickste King aus, indem er ihm eine Rolle in einem bereits existierenden Programm zur Bekämpfung der Armut anbot, um ihm, nachdem er das Angebot ausgeschlagen hatte, das Stigma einer zerstörerischen Kraft für die Stadt anzuheften. Dass King sich zu einem Zeitpunkt gegen den Vietnamkrieg wandte, als dies noch eine sehr radikale Haltung war, machte es auch nicht besser, schon gar nicht für einen Führer der Bürgerrechtsbewegung, der auf die Unterstützung der Regierungspolitiker angewiesen war.

Viele Weiße in Chicago, die King für seinen Kampf im Süden noch Beifall gezollt hatten, fühlten sich bedrängt, als man sie für das wirtschaftliche Ungleichgewicht in ihrer Stadt verantwortlich machte. Die Rassenbarrieren des Südens waren leicht identifizierbare – und weit entfernte – Ziele für Reformen gewesen. In Chicago war es schwierig, die Weißen davon zu überzeugen, dass sie mit dazu beitragen mussten, wenn die wirtschaftliche Diskriminierung beendet werden sollte. Für die Weißen in Chicago war es eine Sache, rassistische Gesetze abzuschaffen, aber ein Regierungsprogramm zu gestalten, das den Schwarzen den Zugang zum gleichen Lebensstil wie den Weißen erlaubte, war etwas ganz anderes. Schließlich, nach einem Jahr des Kampfes und der Bedrohung durch eine beinahe ins Gewalttätige gekippten Massendemonstration im nahen Cicero, wo in den 50er Jahren eine schwarze Familie fast gelyncht worden war, unterzeichneten King und Daley eine Vereinbarung. Sie war ein nettes Stück Papier, mit all den richtigen Worten und Standpunkten drin. Aber per Saldo hatte King seine Energie verschwendet. Es hatte sich nichts geändert. Als er abreiste, war Chicago noch immer die gleiche geteilte Stadt, die es bei seiner Ankunft gewesen war. Das einzig Bleibende, was King in Chicago hinterließ, war eine Organisation namens »Operation Brotkorb«, die er in die Hände eines jungen, ehrgeizigen Predigers namens Jesse Jackson gab.

Als King in den Süden zurückkehrte, um die Wunden des verlorenen Kampfs um Chicago zu lecken, hatte sich die Stimmung gewandelt. In Watts und Chicago gab es 1965 blutige Aufstände der Schwarzen. In den nächsten Jahren sahen Tampa, Cincinnati, Atlanta, Newark und Detroit ähnliche Ausbrüche im Herzen der schwarzen Gemeinden. 1968 sollten nach dem Mord an King in Memphis noch mehr Unruhen ausbrechen. Die Unruhen machten aus den Hauptstraßen der schwarzen Viertel eine Serie von »Vorher-Nachher«-Fotos. Von den Geschäften blieben nach den Wutausbrüchen nur noch ausgebrannte Trümmer übrig. Statt neuer Läden kamen kurzlebige Programme zur Bekämpfung der Armut, und Heroin, einst die Domäne der Jazzmusiker, überflutete die Straßen. Die Droge steckte die Jugendlichen der 60er Jahre mit einer grässlichen Krankheit an, die sie Verbrechen begehen ließ und die ihren Familien und ihnen selbst jede Basis entriss. Bürgerrechte, Autonomie, Protest, Politik – das alles verblasste bei denen, die körperlich und seelisch aufgegeben hatten. Der Kampf um die Bürgerrechte war nicht tot, aber die zuvor gebündelten Energien spalteten sich immer mehr auf. Die Black Panther wandten sich dem Kommunismus zu. Ron Karengas Organisation befürwortete einen afrozentrischen kulturellen Nationalismus, der die afrikanische Tradition als den Königsweg zur Heilung der amerikanischen Leiden propagierte. Aus Powells Black Power wurde alles, was seine Nutzer daraus machen wollten. Die Befürworter der Assimilation waren natürlich noch immer aktiv, unterstützt von der Regierung und den Antidiskriminierungs-Gesetzen, wenn auch das Vakuum, das Kings Tod hinterließ, enorm groß war. Aber in der Rhythm and Blues-Welt, damals die Welt des Soul, gab es keine Führungsschwäche, keine Energie wurde verschwendet, keine weltanschaulichen Konflikte störten. Der mächtigste Musiker der Szene war so selbstbewusst, schwarz und kulturell integer, dass ihn alle jungen politischen Aktivisten der schwarzen Bürgerrechtsbewegung und der nationalistischen Linken darum beneideten. Sein Name war James Brown.

»Godfather of Soul«

In den 60er Jahren zeigte James Brown im Alleingang, welche künstlerische und wirtschaftliche Freiheit die schwarze Musik bieten konnte, wenn man nur unausgesetzt gegen ihre Grenzen ankämpfte. Brown war mehr als der dynamischste Bühnenkünstler des Rhythm and Blues. »J.B.« nutzte sein Prestige als Waffe, um Innovationen im Klang und in der Vermarktung schwarzer Musik zum Durchbruch zu verhelfen. Zwar steht Berry Gordys Name an der Spitze aller schwarzen Unternehmer im Musikbusiness. Doch Browns Weg – obwohl nur von dem eigensinnigen Willen geführt, sich selbst in den Mittelpunkt zu stellen – war in vielerlei Hinsicht beeindruckend. Ihn trieb ein enormer Ehrgeiz und ein riesiges Ego. Er wurde zum lebenden Symbol des schwarzen Selbstbewusstseins. Die meisten schwarzen Stars hatten weiße Manager, die alle geschäftlichen Entscheidungen für sie trafen. Doch Brown bugsierte seinen weißen Manager Jack Bart, und später dessen Sohn Ben, in die Position eines Co-Managers. Keine wichtigen Entscheidungen – und kaum eine unwichtige –

wurden ohne den Sänger getroffne. In den frühen 60er Jahren, als Browns Zeitgenossen und Rivalen Jackie Wilson und Sam Cooke bestenfalls mit einer Gitarre und einem Bassisten tourten, baute Brown eine opulente Revue auf. Als Begleitung hatte er die beste Big Band seiner Zeit, eine, die mit der Grandezza von Louis Jordans Tympany Five und der Disziplin des Count Basie-Orchesters zu Werke ging. Selbst die größten R'n'B-Acts mussten sich von Konzertagenturen und den Managern der Veranstaltungssäle kleinliche Vorschriften machen lassen, doch Browns Management nutzte seinen legendären Ruf, um die besten Termine und die fettesten Gagen zu kassieren. Er mied landesweite Promoter und regelte die Tourpläne selbst. Er ließ Vermittler außen vor und konnte deshalb schwarzen Händlern und Diskjockeys einen Teil der Einkünfte für spezielle werbliche »Berücksichtigung« überlassen. Motown war vielleicht der »Sound des jungen Amerika«, doch Brown war eindeutig der König des schwarzen Amerika. Die Art, wie er sein Königreich lenkte, zeigt seine Bedeutung und gibt bis heute Nahrung für Legenden.

Browns Band galt zu Recht als die »am härtesten arbeitende Band im Showbusiness«. Von Mitte der 60er Jahre bis in die frühen 70er absolvierten sie stets fünf oder sechs Auftritte pro Woche in verschiedenen Städten. Bis 1973 tourte er regelmäßig neun bis elf Monate im Jahr. Die einzigen Unterbrechungen in seinem Nonstop-Tourprogramm waren längere Engagements im Apollo, Howard, Uptown oder sonst wo. Allgemein weniger bekannt ist die Tatsache, dass der strenge Zeitplan auf ihn selbst zurückzuführen ist. Alle zwei Monate packten Brown und seine Road Manager (in den späten 60er Jahren waren das Bob Patton und Alan Leeds) die Straßenkarten von Amerika aus und legten den Tourverlauf fest. Schlüsselstädte, »Money Towns« genannt, wurden immer auf die wichtigen Termine am Freitag und Samstag gelegt. Dann studierten Brown und seine Leute die Karte und überlegten, welche Städte sie bequem bis zum nächsten Abend von dort aus erreichen konnten. Wenn sie freitags im Uptown in Philadelphia spielten, waren sie vielleicht samstags in Richmond Virginia und sonntags in Fayetteville in Arkansas. So wurde ein idealer Zeitplan festgelegt. Dann fingen Browns Leute an zu telefonieren, um zu sehen, ob die Shows ihrem Plan entsprechend gebucht werden konnten. Meistens konnten sie, denn Brown war bei den Veranstaltern sehr beliebt. Seine Show war zwar laut und erdig, aber Brown war immer sauber – kein Fluchen, keine Zoten – und man konnte die ganze Familie mitbringen. Da die Konzertsäle direkt mit Browns Leuten verhandelten statt mit einem lokalen Promoter, brauchten sie sich nie um Browns Pünktlichkeit zu sorgen – die Konsequenzen eines so unprofessionellen Verhaltens hätte Brown selbst tragen müssen. Browns Team achtete peinlich genau darauf, dass man lukrative Städte nicht überbuchte und auf diese Weise trockenlegte. Sie versuchten, zwischen den Terminen in einer »Money Town« immer sechs bis neun Monate Abstand zu lassen, und spielten an weniger lukrativen Orten nur alle achtzehn Monate.

Da Brown selbst über seine Shows bestimmte, konnte er sie als Strafe oder Belohnung für Diskjockeys und Händler nutzen, die bei der Promotion seines Materials geholfen hatten oder nicht. In kleineren Städten gab Brown den notorisch schlecht bezahlten Diskjockeys einen Teil seiner Einkünfte ab. So sicherte er sich ihre Loyalität und sorgte dafür, dass seine aktuellen Platten in den Wochen vor seinem Konzert im Radio gespielt wurden. Oft wurden die Diskjockeys als »die Repräsentanten von Mister Brown« bekannt – ein Ehrentitel in der schwarzen Gemeinde. Man erwartete von ihnen, dass sie aus erster Hand an Browns Team berichteten, wie seine Platten ankamen und dass sie sich um das Ankleben der Konzertplakate kümmerten.

Zwei Monate bevor Brown in die Stadt kam, kümmerten sich die lokalen Disjockeys gemeinsam mit Browns Management um den Kauf von Sendezeit im Radio und begannen, Anzeigen in der schwarzen Presse zu schalten. Etwa zwei Wochen vor der Show sah Browns Management nach den Kartenverkäufen und entschied, ob zusätzliche Werbemaßnahmen wie Radiospots oder Freitickets nötig waren.

Anders als heute, wo bei Tourneen tonnenweise Equipment in Lastwagenkonvois von Stadt zu Stadt transportiert wird, passte die gesamte James Brown Revue – vierzig bis fünfzig Leute und die komplette Ausrüstung – in einen Bus und einen Lastwagen. Mitte bis Ende der 60er Jahre bestand die Ausrüstung der Show aus zwei Supertrooper-Lichtanlagen, einem Mikrophon und einem Verstärker für die Saxophone. Schlagzeug und die Rhythmusgruppe aus Bass und Gitarre wurden – abgesehen von den Bühnenverstärkern – überhaupt nicht abgemischt. Road Manager Leeds erinnert sich, dass »das Publikum vor Ehrfurcht erstarrte«, als Brown 1966 in die Bühnenshow ein blitzendes Stroboskop-Licht einbaute, zu dem er die Mashed Potato tanzte.

1985 brauchte es die Aufnahme von »We are the world« und das Live Aid-Konzert, um Topstars und Musiker zusammenzubringen. In der Rhythm and Blues-Welt der 60er war es üblich, dass Musiker beim tourenden Künstler hereinschauten um »Guten Tag« zu sagen. Bei James Brown-Konzerten fanden hinter der Bühne Parties, Business-Gespräche und Jam Sessions gleichzeitig statt. Ein wesentlicher Grund dafür war die berufliche Kameradschaft untereinander, doch es gab auch viele Musiker bei diesen Treffen, die versuchten, einen Job in James Browns Band zu ergattern. In den späten 60er Jahren verdiente ein Neuling bei Brown 400 Dollar die Woche, ein Veteran um die 900. Er zahlte mit die großzügigsten Gehälter des Rhythm and Blues.

Und Kritiker, Diskjockeys und andere Musiker waren sich außerdem einig, dass seine Band die beste ihrer Art war. Manche hielten Otis Reddings Bar-Kays für stark oder auch die Jungs, die für Sam und Dave arbeiteten. Manche hielten zur Band von Joe Tex. Aber die JBs, wie sie bald hießen, waren berühmt, weil sie genau so willensstark und intensiv an ihrer Musik arbeiteten wie ihr Boss. Unter Leitung von Brown und dem vorzüglichen Bandleader Albert »PeeWee« Ellis nahmen die JBs die Rhythm and Blues-Klänge eines Louis Jordan und seiner Jünger auf und verwandelten sie in einen neuen Stil, den man heute Funk nennt und der Sly Stone, George

Clinton und viele andere, die noch kommen sollten, inspirierte. Funk entstand, wenn die JBs auf Tournee waren, im Tourbus, in Hotels, hinter der Bühne und in hastig zusammengetrommelten Aufnahmesitzungen im Studio. Viele von Browns Tanznummern wurden direkt im Anschluss an Konzerte aufgenommen, darunter auch das frühe Funk-Experiment »Cold Sweat« von 1967 und das legendäre »Sex Machine« von 1970. Er mochte es, Ideen sofort aufzunehmen, wenn sie ihm einfielen. Oft zündete der Funke auch auf der Straße, wenn Ellis und die Musiker das Material variierten, um die Show nicht langweilig werden zu lassen. Durch diese Neuarrangements wurden aus alten Songs neue.

Im Januar 1967 erreichte der Brown-Song »Let Yourself Go«, eine zweieinhalb Minuten lange Tanznummer, an die sich heute kaum noch jemand erinnert, den fünften Platz in den Soul-Charts der Zeitschrift *Billboard*. Der Titel ist vor allem deshalb aus dem Gedächtnis entschwunden, weil aus den gleichen Harmonien später ein besserer Song entstand. In einem Winter aber wurde während der Tournee aus »Let yourself go« ein zehn Minuten langes Stück, bei dem Brown einige seiner spektakulärsten Tanzschritte zeigte, darunter den »Kamelgang« und den »Mashed Potato«. Als er im Apollo auf der Bühne stand, fiel jemandem auf, dass es sich eigentlich schon um eine neue Melodie handelte. Das Resultat war »There was a time«, ein Song mit einem der besten Bläsersätze der JBs. Er wurde live aufgenommen und zu einem der größten Hits von James Brown. Die Melodien von Browns Songs wurden immer rudimentärer, und die Rhythmen komplexer. So begannen die JBs, Bläser, Gitarren und Keyboards, eigentlich Melodieinstrumente, immer mehr perkussiv einzusetzen. Kurze, schrille Töne der Blech- und Holzbläser akzentuierten nun den Rhythmus und ergänzten Browns krächzende Stimme. Wenn man sich Platten der JBs aus der Zeit zwischen 1967 und 1969, der kreativsten Phase der Gruppe, anhört, kann man manchmal die Gitarren und die Congas kaum voneinander unterscheiden, so sehr ist die Band auf die rhythmische Interaktion konzentriert.

Robert Palmer schrieb in *Rolling Stone Illustrated History*: »Brown, seine Musiker und seine Arrangeure behandelten jedes Instrument wie ein Schlaginstrument. Die Bläser spielten oft nur akzentuierte Einzelnoten, die auf unbetonte Taktschläge gesetzt wurden. Der Bass spielte kurze, aus nur zwei oder drei Tönen bestehende Licks, was in der Latin-Musik schon seit den 40er Jahren üblich war, aber nicht im Rhythm and Blues.« »Schiere Energie« empfand der Schriftsteller Al Young, als er Browns Klassiker »Cold Sweat« zum ersten Mal hörte. »James Brown schob und zerrte und strahlte in den konzentrischen Kreisen des glühenden Funk«, sagt Young. Zum Zeitpunkt der letzten großen Platte von James Brown, »The Big Payback«, 1973, war Browns Sound so verdichtet und sparsam wie eine Kurzgeschichte von Hemingway. Man konnte aber zugegebenermaßen wesentlich besser dazu tanzen.

Browns unausgesetzter Nachschub an Singles war das Produkt seiner nicht einzudämmenden Kreativität. Seine Grooves konnten einfach nicht auf die drei Minuten begrenzt werden, die das 45er-Format dieser Zeit vorgab. Leider war die Zwölf-Inch-Single noch nicht Mode. Sie wäre für Browns vorwärts drängende Musik genau das Richtige gewesen. Heute wären es Marketingstrategien und die Veröffentlichungsregeln der Plattenfirmen, die seinen Output reglementieren würden – die Überzeugung, dass man nur eine bestimmte Anzahl Produkte pro Jahr herausbringen darf. Aber bei King Records hatte Brown freie Hand. Für diese Macht hatte er gekämpft.

Sein Album *Live at the Apollo* von 1962 verkaufte sich phänomenal. Selbst ohne die Unterstützung von Weißen erhielt das Album eine goldene Schallplatte – zu einer Zeit, als Studioalben von Schwarzen um die 200.000 Stück verkauften. Das Album hielt sich 66 Wochen in den *Billboard*-Charts und kletterte bis auf den zweiten Platz. Trotz dieses Erfolgs hatte Brown den Eindruck, dass seine Singles nicht ordentlich vermarktet wurden. In einem ehrgeizigen Versuch, mehr Einfluss auf seine eigene Karriere zu nehmen, gründete er 1964 Fair Deal Productions, und statt seine nächsten Aufnahmebänder an King zu schicken, brachte er sie zu Smash, einer Tochtergesellschaft von Mercury Records aus Chicago. Eine der Aufnahmen war »Out of Sight«, ein brillantes Stück, das mit seinen Breaks – Stimmen, Bläser oder Gitarren sind allein zu hören – die Arbeit der Diskjockeys der Disco-Ära in den 70ern vorwegnahm. Mercury hatte eine größere Reichweite, und so wurde dieser Song zu einem der ersten von Brown, der auch Weiße erreichte.

Syd Nathan, der reizbare Präsident von King, einer aus der alten Schule der unabhängigen Rhythm and Blues-Labels, zögerte nicht, Brown zu verklagen. Brown, King und Mercury stritten fast ein Jahr. Das Ergebnis: Brown blieb bei King, aber Nathan versprach, seine Platten offensiver zu vermarkten und gab Brown mehr künstlerischen Einfluss – ähnlich wie Ray Charles bei Atlantic und ABC oder Sam Cooke bei SAR und später bei RCA. Erst dieser Einfluss ermöglichte Brown die kontroversesten und wichtigsten Platten seiner Karriere.

Dr. Martin Luther King Junior wurde am 4. April 1968 in Memphis ermordet. Am selben Abend sollte Brown im Boston Garden auftreten. Zunächst wollte der Bürgermeister die Show verbieten, weil Aufstände in den schwarzen Vierteln Bostons ausgebrochen waren. Dann schlug jemand vor, die Show live im öffentlichen Fernsehen zu übertragen, um die wütenden Schwarzen von der Straße fernzuhalten. So geschah es, und noch heute werden Mitschnitte dieses Konzerts unter schwarzen Fans kopiert und wie Schätze weitergegeben. Damals erfüllte der Auftritt seinen Zweck. Die historisch gespannten Beziehungen zwischen den Schwarzen und Weißen in der »liberalen« Stadt Boston kamen nicht zum Ausbruch – jedenfalls nicht an diesem Abend.

Für Brown, dem es noch nie an Selbstbewusstsein gemangelt hatte, war das die Bestätigung seiner Macht im schwarzen Amerika. Im Sommer zuvor hatte der Vizepräsident und Präsidentschaftskandidat Hubert Humphrey ihm einen Preis verliehen, weil er mit öffentlichen Auftritten das Ausbrechen von Unruhen verhindert hatte. Als Kapitalist und Patriot – er spielte für die Truppen in Vietnam und Korea – war Brown ebenso bewegt wie von der schwarzen Bewegung. Um seiner Rolle als Führer gerecht zu werden, nahm er »America Is My Home« auf, was ihm bei radikalen Schwarzen das Etikett eines Onkel Tom eintrug. (Sein »Living in America« von 1986 war das Gegenstück.) Aber er sah darin keinen Widerspruch, weil er im Sommer 1968 »Say it loud, I'm black and I'm proud« veröffentlichte, was von vielen Weißen wie der Ruf »Black Power« als Kampfansage aufgefasst wurde. Eine Zeitlang litt Browns »sicheres« Ansehen bei Weißen in der Unterhaltungsbranche. In Interviews hat Brown Weißen und ihren Ressentiments die Schuld daran gegeben, dass er bis in die 80er Jahre hinein keinen Top-Ten-Hit in der Pop-Hitparade mehr hatte. (1969 kam »Mother Popcorn« auf Platz 11 und »Give it up or turn it loose« auf Platz 15). Aber das brachte Brown nicht von seiner neuen Rolle als Führer ab, und er nahm anschließend die Botschaft »I don't want nobody to give me nothing«, den Appell »Get up, get into it, get involved«, das stolze »Soul Power«, das zynische »Talking loud and saying nothing« und die Rap-Platte »King Heroin« auf, ein schwarzer Knastreim mit Musik. Die Ironie von Browns musikalischen Stellungnahmen und seiner öffentlichen Position als »Soul Brother Nummer eins« ist, dass er später peinlicherweise den als anti-schwarz berüchtigten Politiker Richard Milhous Nixon unterstützten sollte.

Nixon befürwortete den »schwarzen Kapitalismus«, eine scheinbar freundliche Philosophie, die in der Zunahme schwarzer Unternehmen einen Schlüssel für den Fortschritt der Weißen sah. Das war es, was ihn für Brown interessant machte. Zu jener Zeit besaß Brown mehrere Radiosender, viele Immobilien und eine große Firma. Er identifizierte sich mit dem selbstbewussten Ton des schwarzen Kapitalismus. Nixon, der den Wunsch nach politischer Macht verstand, gab Brown das Gefühl, ein Schlüsselbeispiel für den erfolgreichen schwarzen Kapitalismus zu sein, was wiederum dem gewaltigen Ego des Sängers schmeichelte. Aber Brown verstand eine wichtige Nuance in Nixons Plan nicht, der einzelne schwarze Unternehmer herausstellte, aber gleichzeitig Johnsons Great Society-Programm zurückstufte, das trotz allem Missmanagement einer ganzen Generation von Schwarzen den Weg des gesellschaftlichen Aufstiegs geebnet hatte.

Im Falle Nixon erwies er sich zwar als naiv, aber Brown nutzte diese Verbindung in seiner langen Karriere, um eine Art Führungsrolle im schwarzen Amerika zu übernehmen. Es reichte ihm nicht mehr, nur Künstler zu sein. Er sah sich als Sprecher, der seine Weltsicht genauso artikulieren durfte wie die Bürgerrechtler H. Rap Brown, Stokely Carmichael, Eldridge Cleaver oder eine andere der offensichtlicheren politischen Gestalten mit Autorität. Der »Godfather of Soul« hatte beschlossen, dass auch er seine Vision verfolgen durfte.

Im Rückblick finde ich, dass es nahezu unmöglich ist, alle Widersprüche im Charakter James Browns aufzulösen. Als Geschäftsmann mit einer langen und einträglichen Karriere, die auf kühnem Selbstmanagement basierte, war er ein glänzendes Beispiel und ein glänzender Befürworter der schwarzen Autonomie. Er war auch glücklich im von Weißen dominierten System und kaufte sich Diamantringe vom Geld seiner weißen Fans. Politisch ein eiskalter Assimilationist, trug er sich mit einer arroganten, selbstbewussten Haltung, die eigentlich nicht viel von dem Straßenstil weit radikalerer Sprecher der Schwarzen in den 60ern trennte. Es sind genau diese Widersprüche – und Browns unbekümmerter Umgang mit ihnen –, die ihn zu einem echten Amerikaner machen.

Bevor wir Brown aber zum Vorbild küren, müssen wir einen anderen Aspekt seiner Person in Betracht ziehen. Der unverhohlene Machismo, der – wie bei Carmichael, Cleaver und anderen – einen großen Teil seiner Energie ausmachte, führte dazu, dass schwarze Frauen nur ein Anhängsel für die an schwarze Männer gerichtete Botschaft waren. Wie Michele Wallace mit einiger Übertreibung, aber auch viel Wahrheit, in *Black Macho and the Myth of the Superwoman* schrieb, dachten diese Männer an Frauen als Mütter, Köchinnen und Dienerinnen der Revolution, aber niemals als Führerinnen.

## Die »Queen«


In den 60ern gab es eine Stimme, die direkter als alle anderen zu den aufgewühlten Seelen der Schwarzen sprach, obwohl sie unpolitisch war und von Herzensangelegenheiten sang. Es war die Stimme einer Frau. Wer sich je die Frage gestellt hat, was »Soul« eigentlich bedeutet, braucht sich nur irgendein Album von Aretha Franklin anzuhören.

Von 1967 an, als sie nach sechs frustrierenden Jahren bei Columbia – wo sie Pop-Standards und traditionellen Blues aufnahm, der ihrem feurigen Gospel-Stil nicht entsprach – bei Atlantic anfing, bis etwa 1971 war Aretha Franklin nicht nur unbestritten die beste Sängerin der der Rhythm-and-Blues/Soul-Welt, sondern für ihr Publikum auch – um ein gängiges Klischee der 60er Jahre zu zitieren – wichtigster Lieferant für positive spirituelle Energie. Als Tochter des lautstarken Detroiter Priesters C. L. Franklin war Aretha schon früh mit der Vorstellung von Erlösung durch Musik vertraut. Gleichzeitig sorgten ihre in der Presse breitgetretenen Eheprobleme – die Zeitschrift *Time* widmete ihnen gar einen wesentlichen Teil der Titelgeschichte vom Juni 1968 – und ihre unverwechselbare Stimme dafür, dass sie zum Inbegriff der Soul-Musik wurde, so wie Ray Charles zehn Jahre zuvor. In einem der überzeugenderen Abschnitte des *Time*-Artikels wird ihre Stimme beschrieben als »ein direkter, natürlicher Stil, der über vier Oktaven reicht, und sie beherrscht ihre Sitmme so, dass sie lange Phrasen ausstoßen kann, die sich sanft um den Rhythmus kräuseln und sich unwiderstehlich von den Blue Notes abstoßen. Aber was ihre Wirkung am meisten bestimmt, ist mehr als Handwerk: Es ist ihre kraftvolle, kernige Entschlossenheit.«

In einem der weisesten Momente seiner langen Karriere nahm Jerry Wexler Aretha Franklin im Fame-Studio in Muscle Shoals, Alabama, und im Criteria Studio in Miami mit Studiomusikern, Weißen und Schwarzen aus den Südstaaten, auf. Diese Musiker gaben ihrer Stimme den nötigen musikalischen Rückhalt, der ihr bei Columbia gefehlt hatte. Die Songs schrieb Aretha entweder selbst, oder sie wurden ihr auf den Leib geschrieben. Die Arrangements wurden um ihr gospellastiges Piano-Spiel herum aufgebaut. In einer Zeit, als populäre schwarze – und später auch weiße – Slang-Ausdrücke aufforderten, locker, ungehemmt und natürlich zu sein, gab es wenige Dinge, die diese Werte besser kommunizierten als Aretha Franklins Gesang. Obwohl sie Liebeslieder sang, von denen manche melancholisch sind, gab ihre Stimme eine solche Bandbreite von Emotionen wieder, dass es sich der Beschreibung entzieht.

»Unerreicht« ist ein Wort, das Musikkritiker täglich überbeanspruchen, aber man höre sich Aretha Franklin mit »Dr. Feelgood«, »Ain't no way«, »Say a little prayer« oder »Think« an. Man entdeckt nicht eine Aretha Franklin, sondern Hunderte verschiedener Frauen: manche süß, manche verrückt, manche cool, manche traurig, manche zornig, und sehr viele verspielt und sexy. Franklin drückte alles aus, was eine schwarze Frau sein konnte, während ihre Zeitgenossinnen (Diana Ross, Tina Turner, Dionne Warwick, Martha Reeves oder gar die unterschätzte Gladys Knight) durch die Entscheidungen männlicher Produzenten oder durch die Begrenztheit ihrer stimmlichen Ausdrucksmöglichkeiten auf eine Rolle beschränkt blieben. In Anbetracht ihres Talents und des herrschenden Zeitgeists war es kein Wunder, dass Franklin das erste Beispiel für einen natürlichen Crossover wurde. Verglichen mit Motown machte Franklin in ihrer Musik wenig Zugeständnisse an »weiße« Befindlichkeiten. Sie und Atlantic fanden heraus, dass zu jener Zeit das weiße Amerika mehr als je zuvor gewillt war, »echte« schwarze Musik zu akzeptieren. Wieso?

Die westliche Welt machte politisch und kulturell einen tiefgreifenden Wandel durch. Angetrieben von der Bürgerrechtsbewegung und dem Vietnamkrieg wurden alte Werte – Machismus, Monogamie, Patriotismus – abgelehnt oder zumindest in Frage gestellt. Der Markt der weißen Teenager, den Alan Freed einst kultiviert hatte, war zum Nährboden für einen dynamischen Wandel geworden. Sie interessierten sich für Politik, Drogen und freie Liebe. Ihre Musik änderte sich. »Rock'n'Roll«, dieses geradlinige, kunstlose Konsumprodukt, veränderte sich, wurde experimenteller und schwerer einzuordnen und nannte sich »Rock«. Weiße Musiker drückten nun expliziter ihre Erfahrungen in der Popmusik aus. 1967 manifestierte sich die breitere Perspektive, die der Rock bot, im Beatles-Album *Sergeant Pepper's Lonely Hearts Club Band*. In dieser Musik kamen Schlagzeug, Gesang und Instrumente des guten alten Rock'n'Roll – die Adaption des Rhythm and Blues – zusammen mit Instrumenten und Melodien der europäischen klassischen Musik und der englischen Tanzsäle. Dieses wollte mehr sein als bloßer Rock'n'Roll. Es war elektronisch. Es war experimentell. So verkaufte man Alben statt nur Singles (und deshalb interessierten sich die großen Labels dafür). Es war Rock. Es war weiß.

Es war auch liberal – Brüderlichkeit und all so was. Die Aufsplitterung der Bürgerrechtsbewegung in verschiedene Formen des Nationalismus, sowohl in der Musik als auch in der Politik, hatte eine Lücke hinterlassen. Motown verkaufte sich noch immer als »Der Klang des jungen Amerika«, aber es gab immer mehr Kritiker, weiße wie schwarze, die die aggressive Strategie des Labels als unnötigen Versuch ansahen, dem Schwarzsein zu entfliehen und sich dem Establishment zu verkaufen. Soul mit seinem kompromisslosen Star Aretha Franklin wurde von Schwarzen und Weißen gleichermaßen geschätzt und gekauft. Eines der intensivsten Dokumente des Soul in Albumlänge, das je aufgenommen wurde, *Aretha live at the Fillmore* mit einem Gastauftritt von Ray Charles, wurde in einem der Tempel des weißen Konzertveranstalters Bill Graham, dem Fillmore West in San Francisco, aufgenommen.

In den 50er Jahren überschattete der Rock'n'Roll den R'n'B. In den 60er Jahren hatten weiße Musiker das Problem, ihre eigene Version des Soul zu schaffen. Das lag im Wesentlichen daran, dass weißen Sängern die stimmliche Intensität fehlte, die der Soul braucht, obwohl man die Kluft zwischen weißer und schwarzer Musik damals anders, nämlich politisch wahrnahm. In seiner Einführung zu seinem Buch *The Age of Rock* von 1969 erklärte

Jonathan Eisen, warum es nur bei drei der vierunddreißig Essays um schwarze Musik ging: »Ich habe den Schwerpunkt auf die Musik der weißen Gemeinde gelegt. Die Gründe dafür sind, so hoffe ich, offensichtlich. In den letzten Jahren haben sich junge schwarze Musiker meist in einem sozial und musikalisch völlig anderen Milieu bewegt. Die meisten von ihnen konzentrierten sich darauf, größeres nationales Selbstbewusstsein zu entwickeln.«

In den späten 60er Jahren war der Soul integraler Bestandteil des schwarzen Amerika, während das weiße Rock-Publikum die Auferstehung des Electric Blues der 50er Jahre erlebte, einer Musik, die einst zum Rhythm and Blues gehört hatte, aber – wie Rock'n'Roll und Doowop – wegen des Soul in Vergessenheit geraten war. B.B. King, mit dessen Karriere es seit den frühen 60er Jahren stetig abwärts gegangen war, wurde 1966 plötzlich vom Rock-Publikum wiederentdeckt, weil ihn weiße Gitarrenhelden wie Mike Bloomfield von Eletric Flag und Eric Clapton (Cream) als Vorbild vergötterten. Er bekam Auftritte in Grahams Fillmore East und Fillmore West.

Muddy Waters, Howlin' Wolf und Bobby »Blue« Bland gehörten zu den großen alten Bluesmännern, die plötzlich besser bezahlt wurden als je zuvor. Bei Rockfestivals und in Konzertsälen ließen sich nur wenige Schwarze blicken. Ältere Fans, die Muddy Waters und seinesgleichen in der Bar an der Ecke zugejubelt hätten, kamen selten in diese Tempel der Jugendkultur – zum Teil, weil sie sich zwischen weißen Mittelschicht-Teenagern und College-Studenten nicht wohl fühlten, zum Teil aber auch, weil sie nichts von den Konzerten mitbekamen. Die Werbung in der Untergrundpresse und im Rock-Radio, dem Schlüsselmedium der Jugendkultur, erreichte sie nicht. Schwarzen, die den Blues noch immer schätzten, schien es so, als hätten die jüngeren Brüder und Schwestern der Leute, die schon Chuck Berry vom rechten Pfad abgebracht hatten, die Helden ihrer Kultur gekidnappt. Und für jüngere Schwarze, die Soul-Kinder der 60er, war der Blues einfach nicht mehr »relevant« – erinnert Sie das an etwas? – in einer

Welt der Dashikis und der Schlaghosen. Um es mit den Worten von Ahmet Ertegun zu sagen: Schwarze Musik ist die konstante Flucht vor dem Status Quo. Junge Schwarze kehrten zu jener Zeit dem Blues den Rücken, weil sie ihn für »depressiv« und »rückständig« hielten und weil er sich bei den Weißen anbiederte. Dieses Argument ist Unfug – »Relevanz« ist ihrerseits irrelevant. Aber damals wie heute war das die Überzeugung vieler Schwarzer. Der Blues erlitt bloß das gleiche Schicksal, das schon bald den Soul treffen sollte.

## Kulturschock

Die Rastlosigkeit des schwarzen Publikums verbrennt Musikstile und lässt sie zurück. Weiße Amerikaner dagegen, der europäischen Tradition zur Erhaltung bestimmter Kulturformen und Stile um der Tradition willen verpflichtet, scheinen Musikstile noch lange zu pflegen und zu schätzen, wenn sie sich längst nicht mehr weiter entwickeln.

Die fanatischsten Geschichtsschreiber des Blues waren allesamt Weiße. Diese Wissenschaftler graben mit den besten Absichten alte Blues-Platten aus, interviewen obskure Gitarristen und stapfen mit der Entschlossenheit eines Völkerkundlers durchs Mississippi-Delta. Trotzdem hat – mit Ausnahme vielleicht von Eric Clapton und Johnny Winter – kein weißer Bluesgitarrist ein Werk geschaffen, das sich auch nur im mindesten mit einem der schwarzen Giganten messen könnte. Schwarze schaffen Neues und ziehen weiter. Weiße dokumentieren und verwerten. Zu dieser Erkenntnis kommt man, wenn man die Geschichte der Popmusik betrachtet.

Aber – und hier liegt das Paradoxon – alle großen schwarzen Musiker, die sich in einem Pop-Idiom bewegten, sei es Rock'n'Roll, R'n'B oder Funk, wandeln sich zu Kuratoren oder historischen Kritikern. Sie übernehmen etablierte schwarze Formen, erhalten deren Wesenskern, aber filtern sie durch ein ehrgeiziges, kreatives Bewusstsein, und machen auf diese Weise erstaunliche Musik, die der Tradition verhaftet bleibt und dennoch über ihr steht. Jimi Hendrix nutzte Blues und R'n'B als Ausgangsmaterial, und Sly Stone kam von Gospel und Soul. Doch das schwarze Amerika reagierte unterschiedlich auf die beiden: Hendrix wurde zurückgewiesen, während Sly bis zu seinen Drogenexperimenten als Held betrachtet wurde. Der Unterschied war, dass sich Hendrix auf einen Stil stützte, den die Schwarzen bereits abgelegt hatten. Sly war dem Publikum dagegen klugerweise immer ein paar Schritte voraus. Beide waren Kinder der Rhythm and Blues-Welt. Hendrix hatte, nachdem er Seattle als Teenager verlassen hatte, in vielen R'n'B-Bands mitgespielt, darunter auch bei den Isley Brothers. Sly, getauft unter dem Namen Sylvester Stewart, wuchs in einer Kirche auf und arbeitete als Diskjockey bei mehreren Radiostationen rund um San Francisco. Beide rebellierten gegen die Engstirnigkeit ihrer Umgebung. Es ist kein Zufall, dass beide den Durchbruch in einem Umfeld schafften, das nichts mit den Traditionen des schwarzen Amerika zu tun hatte, Hendrix in London und Sly im San Francisco der »freien Liebe«, wo beide in die Gegenkultur der Hippies eintauchten und mit einem schwarzen Sound im Flower-Power-Gewand wieder auftauchten, der wenig mit dem Soul-Bewusstsein von James Brown oder Aretha Franklin gemein hatte.

Unglücklicherweise beschädigte Hendrix seine Verbindung zum schwarzen Publikum wegen seiner Innovationskraft auf der E-Gitarre, einem Instrument, das mit dem Verschwinden des Blues in Ungnade gefallen war. Bei Motown waren elektrische Gitarren, bis zu vier an der Zahl, in ein enges rhythmisches Korsett gepresst. Bei Stax waren Steve Croppers Solos kurze, kompakte Statements. Aber die Dominanz der Leadgitarre war ein entscheidendes Merkmal des Rock und seines kulturellen Umfeldes. Sie war die perfekte Begleitung zu LSD und anderen beliebten Chemikalien. Hendrix, einst frustriert von der Begleitfunktion in R'n'B-Bands, stürzte sich mit seiner Stratocaster gierig in jeden Freiraum. Letztendlich war Hendrix die Rache des Rhythmusgitarristen, der die Stimmen in seinem Kopf in Musik verwandeln konnte – man konnte bloß nicht dazu tanzen. Okay, vielleicht ging der Boogie ab, wenn man bei einer Light Show der *Jimi Hendrix Experience* stoned war. Wenn bei einem lokalen »Love-in« genügend Gras in Umlauf war, konnte man vielleicht dazu tanzen. Aber für das Publikum von Stax, Motown und James Brown waren »Purple Haze« oder »Hey Joe« einfach nicht der Bringer. Jimis Musik war – wenn schon nicht aus einer anderen Welt, dann zumindest aus einem anderen Land. Auf gruselige Weise war Jimi Hendrix mit seinem Publikum aus weißen Teenagern das Gegenstück zu Chuck Berry in den 60er Jahren. Wie Berry machte ihn der Erfolg mit gitarrenlastiger Musik in der schwarzen Szene zum Außenseiter.

Sly war leider genauso verrückt nach Drogen wie Hendrix und genauso angetan von der »Rock-Kultur«. Seine Band war vollkommen integriert, nicht nur rassisch, sondern auch sexuell. Sie sahen aus, als seien sie gerade einer Hippie-Kommune entsprungen. Strenge Choreographie? Kein Thema bei Sly's Family Stone. Es herrschte organisiertes Chaos oder, wie Dave Marsh schrieb: »Die Frauen spielten, die Männer sangen, die Schwarzen flippten aus, die Weißen spielten funky. Jeder tat was Unerwartetes.« Sly spielte nie auf den traditionell schwarzen Bühnen. Wie Hendrix spielte er fast von Anfang an mit Rockbands auf Rockfestivals und wurde in der Musikszene der Westküste häufig gebucht.

Seine Rhythmusgruppe mit Bassist Larry Graham, Schlagzeuger Greg Errico und Gitarrist Freddie Stone spielten James Browns eckige Polyrhythmik. In »I Want to Take You Higher«, »Thank You (Falettinme Be Mice Elf Agin)« und »Sing A Simple Song« brachte er Browns Funk fast ungefiltert zu den Rock-Massen. Fast, denn es wäre ungenau zu behaupten, Slys Musik wäre nur die Massenübertragung Brownschen Sounds gewesen. Seine denkwürdigen Melodien und sein Hang zum Slogan (»Hot Fun in the Summertime«, »Stand!«, »Everyday People«, »Everybody is a star«, »You can make it if you try« waren so eingängig wie der Gruppengesang, den er als erster einsetzte. Dazu, und das ist entscheidend, war Sly der erste große Innovator im R'n'B, der es bei einem großen Plattenlabel zum Star brachte.

Zwei Jahre, bevor 1968 Slys Debüt *Dance to the Music* auf Epic Records erschien, hatte das Schwesterunternehmen bei Columbia, CBS, Aretha Franklins Vertrag auslaufen lassen und seine Verbindung zu Carl Davis und seinem »Chicago Sound« gelöst. CBS war praktisch aus dem Geschäft mit der schwarzen Musik ausgestiegen. Die Dinge änderten sich bei CBS, und das war das Verdienst des jungen Präsidenten des Labels, Clive Davis. 1965 hatte CBS (Columbia, Epic und die Tochtergesellschaften) einen Marktanteil von elf Prozent. Ende 1968 waren es siebzehn Prozent, und die Zahl stieg, weil Davis eifrig neue Rockstars wie die »weiße Negerin« Janis Joplin, Chicago, Blood, Sweat and Tears, Simon and Garfunkel und Sly and the Family Stone unter Vertrag nahm. Zunächst war Davis skeptisch, ob Sly in seinen Glitzerkostümen im Hippie-Zeitalter des Aquarius das weiße Publikum begeistern würde, was damals der einzige Markt war, der CBS interessierte. In seiner Autobiographie erwähnt Davis ein Gespräch mit Sly über die künftige musikalische Richtung. Wie Davis sich erinnert, sagte der Bandleader: »Die werden bald wissen, was sie damit anfangen sollen. Ich habe eine bestimmte Idee, was ich machen will, und dabei möchte ich bleiben. Vielleicht wird es die Kids zunächst abschrecken, aber sie werden es lernen.« Davis gibt zu, dass er Slys visionäre Kraft unterschätzte. Aber Slys Plan funktionierte. CBS unterstützte die Gruppe auf der ganzen Linie. Das bedeutet jedoch nicht, dass Columbia eine konsistente Strategie zur Ausbeutung des schwarzen Marktes gehabt hätte. Zu dieser Zeit wurde Columbia zur dominierenden Kraft im Rock-Geschäft, und ein neuer Erzfeind tat sich im Jugendmarkt auf – das Konglomerat aus Warner Brothers, Elektra-Asylum und Atlantic Records mit seinem herausragenden schwarzen Repertoire. Diese Verbindung, heute unter dem Namen WEA bekannt, sollte der schärfste Rivale von CBS werden.

Mit dem Verkauf von Atlantic Records hatten Ahmet Ertegun und Jerry Wexler für den Rest des Lebens ausgesorgt. Mit dem Strom von Dollars konnte auch ein Wandel in der Ausrichtung des Labels solide finanziert werden. 1967 nahm die Atlantic-Tochter ATCO eine der ersten Super-gruppen des Rock, Cream (mit Gitarrist Eric Clapton, Bassist Jack Bruce und Schlagzeuger Ginger Baker), und ein Beatles-ähnliches Gesangsstrio aus Australien, die Bee Gees, unter Vertrag. 1969 lieferten Led Zeppelin bei Atlantic zwei Alben ab, die den Grundstein zu einem neuen Genre, Heavy Metal, legten, und Ertegun höchstpersönlich dinierte und trank so lange mit den Rolling Stones, bis sie ihm einen Vertrag unterschrieben. Nun war Altantic die Heimat des britischen Rock, so wie es einst die Hei-mat der schwarzen Musik gewesen war. Nach den späten 60er Jahren sollte die Wagschale bei Atlantic sich endgültig Richtung Rock neigen. Es begann, als Otis Redding am 10. Dezember 1967 bei einem Flugzeugab-sturz ums Leben kam. In einem bitteren Gespräch zwischen Wexler und Jim Stewart von Stax kam heraus, dass sich Atlantic 1962 die Rechte an sämtlichen Masterbändern von Stax gesichert hatte. Atlantic machte sich einen Formulierungsfehler im Vertrag zunutze und bestand auf seinen Rechten. Es scheint, als habe Wexler sie zunächst nur als Köder in der Ver-handlung erwähnt. Peinlich berührt schlossen Stewart und Al Bell einen Vertrag mit der Musik-Firma der Paramount-Filmproduktionsgesellschaft, einer Tochter der Ölgesellschaft Gulf+Western, über drei Millionen plus Gulf+Western-Aktien. Als Teil der Transaktion wurde Bell Vorstand bei Stax und erhielt einen Teil der Rechte am wachsenden East-Memphis-Ka-talog des Labels.

So gehörte Stax ganz unerwartet zum Amerika der Großkonzerne – auch wenn das Label für eine riesige Ölgesellschaft wie Gulf+Western eine rela-tiv kleine Akquisition darstellte. Nur wenige Beobachter sahen zu diesem Zeitpunkt voraus, welch negative Auswirkung diese Verschiebung in den Vertriebsnetzen auf die Musik und die Institutionen der Rhythm and Blues-Welt haben würde. Man nahm einfach an, dass ein größerer Dollarzufluss dazu führen würde, dass das Produzieren, Promoten und Vertreiben von schwarzer Musik nun besser funktionieren würde als je zuvor.


## NARA – Verband der Diskjockeys


Slys Erfolg bei Columbia und der Verkauf von Atlantic und Stax waren Anzeichen für eine Machtverschiebung in der Rhythm and Blues-Welt. Zur gleichen Zeit durchlief auch das schwarze Radio einen internen Machtkampf und damit einhergehend eine stilistische Umwälzung.

Dieser Wandel wurde ausgelöst, so Del Shields, damals Jazz-Diskjockey bei WLIB in New York, durch die Ermordung von Martin Luther King. Während James Brown in Boston vom öffentlichen Fernsehen live übertragen wurde, blieben die schwarzen Diskjockeys im Lande den ganzen Abend auf Sendung, in manchen Fällen gegen den Willen der Sender, um die Schwarzen von gewalttätigen Reaktionen gegen diesen jüngsten Ausbruch des Rassismus abzuhalten. Shields sagt,»das schwarze Radio wurde in der Nacht, als Dr. King ermordet wurde, erwachsen. Bis dahin war schwarzes Radio nie landesweit ausprobiert worden. Niemand kannte seine Macht. Man wusste, dass schwarze Diskjockeys populär waren, dass sie Produkte verkaufen konnten. Aber in der Nacht, als Dr. King ermordet wurde, waren alle schwarzen Radios auf Sendung, jeder war live drauf, auch ich, und ich sagte den Leuten, dass sie sich bremsen sollten. Wir versuchten alles, was uns einfiel, um die Schwarzen davon abzuhalten, noch mehr zu explodieren als sie es ohnehin taten. Bei WLIB waren wir gerade in einer Sendung, die gegen sechs Uhr abends zu Ende gehen sollte. Wir blieben bis Mitternacht drauf, bis ein Uhr morgens. Wir ließen alle Vorgaben der Federal Communications Commission links liegen, und mussten der FCC später Rede und Antwort stehen, warum wir auf Sendung geblieben waren. Das Ungewöhnliche daran war, dass wir, die schwarzen

Diskjockeys, die Entscheidung getroffen hatten, auf Sendung zu bleiben. Das Resultat war, dass der Sender den Peabody-Preis erhielt. Der Eigentümer persönlich hatte mich angerufen, um mir zu sagen, dass ich kein Recht hatte, das zu entscheiden, aber ich ließ ihm ausrichten, dass ich keine Zeit hätte, mit ihm zu sprechen. Amerika wurde in dieser Zeit schlagartig klar, dass das schwarze Radio eine mächtige Kraft geworden war. Hätte in einer größeren Stadt ein Diskjockey gesagt »Erhebt euch!«, wäre die Hölle losgebrochen. Diese Nacht war auch der Anfang vom Ende des schwarzen Radio. Es sollte sich nie wieder erheben dürfen.«

In den 60er Jahren war Shields ein politischer Mensch, der vor und nach seiner Jazz-Sendung in der Lenox Avenue in Harlem mit vielen Leuten Kontakt hatte, darunter auch der Black Power-Anwalt H. Rap Brown und dessen Cousin Bill Cosby, ein aufstrebender Komiker und Star der ersten gemischtrassigen Action-Fernsehserie *I Spy*. Shields sah in beiden – dem Sprecher eines radikalen schwarzen Amerika und einem massenmarkttauglichen Symbol für die Aufstiegsbereitschaft der Schwarzen – eine Mischung, die das Potenzial des schwarzen Radios zur Geltung bringen würde. Damit Shields' Vision Wirklichkeit werden konnte, mussten mehrere Dinge eintreffen: Es musste mehr schwarze Eigentümer geben (in den späten 60er Jahren befanden sich nicht einmal zehn Stationen in der Hand von Schwarzen) und besser ausgebildete Diskjockeys, die höhere Gehälter fordern konnten (Shields verdiente als Top-Diskjockey in New York 250 Dollar in der Woche, Weiße verdienten achthundert). Außerdem mussten schwarze Diskjockeys in irgendeiner Weise vor der Willkür weißer Sendermanager und vor dem Einfluss von Plattenbossen geschützt werden. Wegen der großen Unterschiede hinsichtlich der Job-Inhalte und der Bezahlung kam eine Gewerkschaft nicht in Frage. Eine Organisation, engagiert geführt von einer Bürgerrechts-Organisation, war nötig, und eine passende Struktur war bereits vorhanden.

Die National Association for Radio Announcers (NARA), der »Nationale Verband der Radio-Ansager«, war aus einem informellen Netzwerk schwarzer Diskjockeys auf Initiative von Jack Gibson bereits in den 50er Jahren entstanden. 1955 erklärte Gibson die NARA formell zur Organisation, obwohl »Club« eine passendere Bezeichnung gewesen wäre. Die Parties der NARA waren legendär. Die Diskjockeys, viele von ihnen bei kleinen Sendern im Süden tätig, benutzten die jährlichen Zusammenkünfte, für spektakuläre Auftritte, die an Plattenstars oder Zuhälter erinnerten. Gibson erzählt von einem Treffen in St. Louis, wo die NARA ein Hotel »stürmte und feierte, bis es Zeit zum Kirchgang war«. Lange vor den Exzessen der Rockstars war die NARA berüchtigt dafür, bei Hotelmanagern nachhaltigen Eindruck zu hinterlassen. Das hatte sehr viel mit Ego zu tun. Man brauchte nur vierhundert Männer zu versammeln, die ihren Lebensunterhalt mit flinker Zunge und flotten Sprüchen verdienten, und man hatte ein Hotel voller Konkurrenzkampf. Jeder wollte herausfinden, wer mehr vertrug, wer länger und öfter Liebe machte, wer am gerissensten Pokern konnte, und wer das meiste Payola bekam. Dieser Geist des Wettstreits ist für die Geschichte der NARA wichtig, da die größten Diskjockeys die Organisation beherrschten und den Ton angaben. Der NARA und ihren Mitgliedern war die Bürgerrechtsbewegung und die Veränderungen, die sie für das Leben der Schwarzen mit sich brachte, nicht gleichgültig. Sie gaben Geld und liehen ihre Stimme. Aber der innere Wille zum gemeinsamen Auftreten war schwach. Für die meisten lohnte es sich, alles beim Alten zu lassen. Andere fürchteten Repressalien ihrer weißen Bosse, wenn sie zu politisch wurden.

1965, drei Jahre vor der Ermordung Kings, hatte Shields, damals bei WDAS in Philadelphia, ein schicksalhaftes Gespräch mit Clarence Avante. Avante, Manager von Jazz-Organist Jimmy Smith und Filmmusikkomponist Lalo Schriffen, genoss bei Weißen wie Schwarzen Ansehen als großer Verhandlungskünstler. Er unterhielt lose Kontakte mit weißen Plattenmanagern und TV-Bossen bei ABC und im Management von CBS. Er sagte zu Shields, es sei an der Zeit, der NARA mehr Gewicht zu geben und bat ihn um ein paar Gedanken zu einem Konzept. Gemeinsam mit Ed Wright,

Programmdirektor bei WABQ in Cleveland, und Jimmy Bishop, Diskjockey bei WDAS, begannen Shields und Avante Kontakt zu anderen Diskjockey im ganzen Land aufzunehmen, um einen Staatsstreich vorzubereiten. Beim Treffen der Gruppe in jenem Jahr in Houston überraschte die Gruppe – von allen zärtlich und herabsetzend »die Welpen« genannt – alle, indem sie die Wahlen für alle entscheidenden NARA-Posten gewann. Um den neuen Ansatz der Welpen zu betonen, änderten sie den Namen der Organisation in NATRA (National Association of Television and Radio Announcers), weil sie der Meinung waren, dass man die Arbeit über das Radio und die Plattenindustrie hinaus auf alle Bereich der Kommunikationsindustrie ausdehnen müsste. Im Waldorf Astoria wurde eine Preisverleihung veranstaltet – die erste ausschließlich für Schwarze in der Rundfunkindustrie. Die Auswahl der Preisträger war bezeichnend: Lena Horne, damals nicht sehr populär unter den Schwarzen Amerikas, und Sheldon Leonard, der weiße Produzent von *I Spy* waren die Frau bzw. der Mann des Jahres der NATRA. Horne wurde ausgewählt, in dem wohlmeinenden Versuch, ihr Image, das unfairerweise mit ihrer Anbiederung an Weiße verbunden war, zu erneuern; und Leonard, um gegenüber den NATRA-Mitgliedern zu betonen, dass die Welt der Kommunikation aus mehr bestand als nur Hit-Schallplatten.

Politische und soziale Inhalte rückten nun ins Zentrum der Organisation. Vertreter der NATRA besuchten das »Center for Study of Democratic Institutions« in Santa Barbara, ein liberales wissenschaftliches Institut, und diskutierten dort über Strategien, ihre Mitglieder zu politisieren. 1968 wurde Kontakt zu Vizepräsident Hubert Humphrey gesucht und anschließend gepflegt, mit dem Resultat, dass NATRA zur Teilnahme in zwei Kommissionen des Präsidenten zu Jugendfragen eingeladen wurde. Würde Humphrey Präsident, so dachte Shields, würde er den Schwarzen helfen, mehr Eigentum an Sendern zu erwerben. Als Vizepräsident warb er für mehr Werbespots der Madison Avenue im schwarzen Radio, sprach mit Werbeagenturen und Fachzeitschriften.

Shields sorgte dafür, dass H. Rap Brown eine nicht in der Tagesordnung aufgeführte Rede auf der NATRA-Versammlung in Atlanta halten konnte. Im folgenden Jahr, nachdem Kings Ermordung die Macht des schwarzen Radios offengelegt hatte, organisierte die NATRA in New York zum ersten Mal ein Treffen zwischen schwarzen Diskjockeys und weißen Senderbesitzern, um ihre Differenzen auszudiskutieren. Die Eigentümer nahmen nur widerwillig teil, weil sie genauso viel Respekt für die Diskjockeys hegten wie umgekehrt – nämlich keinen. Es war ein Beleg für die wachsende Bedeutung der NATRA, dass sich überhaupt welche blicken ließen.

Der kühnste Vorstoß von Shields und Avante war der Vorschlag, die NATRA solle eine eigene Rundfunk-Schule gründen. 1968 fanden sie ein aufgegebenes College in Delaware und verhandelten, um die Schule dort anzusiedeln. Durch Avantes Kontakte versprachen CBS und ABC, die Ausrüstung zur Verfügung zu stellen. Zehn Plattenfirmen, die am NATRA-Treffen 1968 teilnahmen, sagten je eine Spende von 25.000 Dollar zu.

Shields erinnert sich wehmütig. »Als wir das Treffen in Miami verließen, hatten wir eine Viertelmillion Dollar an Spenden in der Tasche, um die NATRA Rundfunkschule aufzubauen, und wir haben es vermasselt.« Er spekuliert, dass es »bestimmte Leute in der Fernseh- und Rundfunkindustrie gab, die nicht zusehen wollten, wie schwarze Diskjockeys diese Verantwortung und diese Macht übernahmen, von der wir sprachen«. Es klingt fast, als verdächtige Shields einen »Big Brother« – und vielleicht hatte er nicht Unrecht. Ganz sicher war man auf dem Kriegspfad, eifersüchtig auf den Einfluss, den die NATRA gewann und suchte nach einem Weg, sich einzumischen. Diese Kräfte schreckten auch vor Gewalt nicht zurück. Eine Serie von gewalttätigen Aktionen, von denen sowohl Weiße als auch Schwarze betroffen waren, riss die ehrgeizigen Pläne der NATRA in Stücke.

In der Branche wurde sehr viel davon geredet, dass »Druck« ausgeübt wurde – schwarze Aktivisten legten sich mit den weißen Besitzern der Plattenfirmen an und forderten »Entschädigung für die frühere Ausbeutung«, was viele Schwarze begrüßten, aber laut Shields waren auch Repressalien gegenüber schwarzen Diskjockeys nichts Außergewöhnliches. Shields erinnert sich, dass er einige Monate vor dem Jahrestreffen 1968 zur Zielscheibe von Bedrohungen Einzelner wurde, die die Aktivitäten der »Welpen« zum Stillstand bringen wollten. »Ich werde nie vergessen«, erzählt Shields, »wie Clarence Avante zu mir sagte: ›Was du auch tust, verkauf' dich nicht.‹« Kurz vor dem Treffen wurden die Gerüchte in Harlem lauter, dass ein paar Schläger unterwegs seien, um Shields zu verprügeln – und eines Nachts, als Shields gerade das WLIB-Gebäude an der Lenox Avenue in der Nähe der 125. Straße verließ, schlugen ihn drei Männer nieder. Die Täter wurden nie gefasst.

Das war nur das Vorspiel. Zwischen dem 14. und 18. August wurden weiße Mitarbeiter von Plattenfirmen und schwarze Radiomitarbeiter bedroht, einige von ihnen verprügelt. Marshall Sehorn, Bobby Robinsons alter Kontakt aus New Orleans, wurde zusammengeschlagen. Phil Walden, der weiße Manager von Otis Redding, wurde bedroht, ebenso wie Jerry Wexler. Shields blieb nur einen Tag in Miami. Als er am Flughafen ankam, warnten ihn NATRA-Leute: »Die« waren hinter ihm her. Währenddessen beschwerten sich NATRA-Mitglieder aus dem Süden, dass die Organisation zu wenig für die Bedürfnisse der unterbezahlten Diskjockeys im Süden tue, weil sie zu sehr damit beschäftigt sei, Politik zu machen. Zurück in New York erhielt Shields Besuch vom Chef der FCC, Nicholas Johnson. Der Bezirksstaatsanwalt zapfte sein Telefon an und ließ ihn zwei Monate lang rund um die Uhr überwachen. Nach den Gewaltakten und Meinungsverschiedenheiten beim Jahrestreffen in Miami löste sich das Engagement für die Schule in Nichts auf, und der Enthusiasmus für die Welpen schwand. Beim Jahrestreffen 1969 in Washington zahlte Shields zehntausend Dollar für Wachen, die ihn und die Teilnehmer des Treffens schützen sollten. Einer seiner Widersacher griff Shields an, wie »tief er doch gesunken« sei, seine eigenen Schläger zu engagieren.

Nach 1969 zogen sich die Welpen aus der NATRA zurück. Shields und Avante gingen 1971 nach Los Angeles, um sich mit dem Kauf des Radiosenders KACE einen Traum zu erfüllen. Das Büro der NATRA zog nach Chicago, und die Organisation fiel bald wieder in ihre alte Rolle zurück als mobiler Partyveranstalter für schwarze Diskjockeys. Vier Jahre versuchten die schwarzen Brüder am Mikrofon, Bedeutung zu erlangen. Es war ein bisschen zu viel für sie. Statt eine geeinigte politische Macht zu schaffen, um die Arbeitsbedingungen zu verbessern, blieben die schwarzen Diskjockeys unorganisiert und ohne gemeinsames Ziel.

## Gary Byrd

Gary Byrd, geboren in Buffalo und aufgewachsen mit Hound Dog Lorentz und Eddie O'Jay bei WUFO, kann als Übergangsfigur in der Geschichte des schwarzen Radios angesehen werden. Seine Karriere begann zur Zeit der Diskjockey-Individualisten, überdauerte jene und erlebte die Geburt eines neuen Stils im schwarzen Radio, der von einem strengen professionellen Standard geprägt war.

Byrds Geschichte begann 1965, als er als fünfzehnjähriger Schauspieler in einem Schultheaterstück namens *The In-Crowd* auftrat, das auf der Hitsingle von Dobie Gray basierte. Hank Cameron, Lehrer und Teilzeit-Diskjockey bei WUFO, war so beeindruckt von Byrds Stimme, dass er ihn fragte, ob er schon einmal über eine Karriere beim Radio nachgedacht habe. Byrd, dessen Ehrgeiz in Richtung Theater und Comedy zielte, fand Radio gar keine so schlechte Alternative. Cameron besorgte Byrd eine Ausbildungsstelle beim Sender. Er erhielt seine eigene Wochenendsendung, wo er sich zunächst auf Jazz konzentrierte, aber rasch entdeckte, dass R'n'B den Leuten besser gefiel. Vor allem aber wollte das Publikum, dass die Musik mit Flair präsentiert wurde. Byrd musste eine Menge lernen, aber, wie er sich erinnert, fand er Mittel und Wege, um schnell besser zu werden. »Ich schrieb mir alles auf. Ich hatte ein kleines Notizbuch, das ich

immer bei mir trug, und ich schrieb mir alles auf, was nach einem Diskjockey mit Persönlichkeit klang. Als ich anfing, hatte ich es mit Jazz. Ich
erinnere mich daran, dass mich mein Friseur mal ansprach und sagte, dass
er und sein Kollege sich darüber stritten, wer höher singen könne: Smokey Robinson oder Eddie Kendricks. Ich fragte: ›Wer ist das, Smokey und
Eddie?‹ Ich stand auf John Coltrane. Ich stand deshalb auf solche Sachen,
weil ich in Buffalo in einem Viertel aufgewachsen war, wo ich ständig Jazz
hörte. Als die also schon über Smokey und Eddie sprachen, sollte es bei
mir noch ein Jahr dauern, bis ich wusste, worum es ging. Als diese Platten reinkamen, schrieb ich eine kleine Notiz auf: ›Pick deine Lieblingsplat-
ten heraus und präsentiere sie groß‹, und ich unterstrich ›groß‹, um mir
zu zeigen, dass ich etwas tun musste. Also nahm ich ›Baby do the Philly
dog‹ und ein paar andere Platten, die ich sehr mochte und versuchte sie
so, wie ich das als Teenager konnte, aufzubauen und zu präsentieren. Es
schien mir gut zu gelingen, und dann geschah etwas. Ich war ein Teil des
Radios, das auf die individualistischen Diskjockeys baute, als dieses Konzept gerade in den letzten Zügen lag.«
1966 war Byrd durch seine Sendeerfahrung zum Radio-Junkie geworden.
Er nahm sich einen freien Tag, um seinen Lieblingssender, WWRL in New
York, zu besuchen. Am »Junior Day«, einem Tag, der in Buffalo den Schü-
lern gewidmet war, die ihren Aufstieg von der »Junior High School« in die
höhere Schule feierten – manche sparten sogar auf diesen Tag hin –, verkündete Byrd seiner Großmutter, die ihn aufgezogen hatte, dass »mir der
Junior Day ziemlich egal war. Ich wollte lieber nach New York City«. Seine
Großmutter fragte: »Was willst du in New York?« Byrd antwortete: »Ich
will diesen Radiosender hören, WWRL. Ich will versuchen, den Sender zu
sehen.« Seine Großmutter gab ihm die Adresse einer Tante in der Stadt,
bei der er übernachten konnte, und Byrd, der noch nie zuvor geflogen
war, machte sich auf den Weg nach New York. »Als Erstes drehte ich RL
an«, erinnert er sich. »Als Nächstes rief ich den Sender an und sagte, dass
ich vorbeikommen wollte.« Heute ist es unvorstellbar, dass ein Siebzehn-

jähriger einen Job bei WUFO bekommt oder dass er sich nur aufgrund eines Telefonanrufs Zugang zu einem wichtigen New Yorker Radiosender verschaffen kann. Aber damals war das anders, und wenig später saß Byrd neben Rocky G. Groce im WWRL-Studio. »Ich saß neben ihm. Er fragte mich, ob mich Radio interessiert. Ich sagte: ›Ich bin Diskjockey.‹ Groce entgegnete: ›Wie kannst du mit siebzehn schon Diskjockey sein?‹ Ich antwortete: ›Ich bin Diskjockey. Ich sitze jeden Tag am Mikrofon und mache jedes Wochenende meine eigene Sendung.‹ Er sagte: ›Hör auf. Du kommst also aus Buffalo, der Heimatstadt von Frankie Crocker?‹ ›Ja‹, sagte ich. Er meinte: ›Also gut, wenn ich jetzt das Mikrofon aufziehe und dich auf Sendung lasse. Was passiert dann?‹ Ich entgegnete: ›Was wollen Sie denn, das dann passiert?‹ Er sagte: ›Mach' eine Anmoderation für diese Platte hier.‹ Die Platte war *Shake, Rattle and Roll* von Arthur Cobbs. Er schob den Mikroregler hoch. Das Mikrofon ging an, und gleichzeitig ging das Monitorsystem aus, weil man die Lautsprecher nicht mehr hören konnte, und ich trug keinen Kopfhörer. Aber ich traf das Signal trotzdem. Ich traf es einfach blind. Man hört die ersten beiden Takte einer Platte und spürt es einfach. Ich traf das Signal, und er war natürlich total überrascht, dass es genau passte. Auch Fred Barr, der weiße Gospel-Diskjockey, der dabei war, war platt. Der Manager kam rein und bot mir einen Job bei RL an – mit siebzehn. Ich konnte es nicht fassen.«

Aber Byrds Großmutter war entschlossen, sich dem Fortschritt in den Weg zu stellen. Sie rief ihn nach Buffalo zurück, wo er – nicht bereit, das Leben eines normalen Teenagers zu führen – einen Job bei WYSL ergatterte, einem Hitsender im Staat New York, der ein neues Senderformat praktizierte, das das Popradio zu einer synthetischen Einheitlichkeit führte, das die Senderbesitzer liebten und die Diskjockeys der alten Schule hassten. Das Format, von Bill Drake entwickelt, wurde 1965 in Los Angeles bei KHJ eingeführt und der Verlustbringer so in den erfolgreichsten Radiosender im zweitgrößten Radiomarkt der USA verwandelt. Drake schaffte das, indem er die Playlist »verdichtete«, das heisst, dass er die populärsten

Songs am häufigsten spielen ließ, er verkürzte den Erkennungs-Jingle des Senders und spielte ihn seltener und machte höchstens vierzehn Minuten pro Stunde Werbung, vier weniger, als die FCC erlaubte. Zwei Songs hintereinander zu spielen und die Platte in die Moderation des Diskjockeys oder in das Ende der Nachrichten hinein spielen zu lassen, waren Drakes Innovationen, die zum amerikanischen Radio-Standard wurden, da sie das Tempo der Sendungen erhöhten. Es ließ den Diskjockeys aber auch wenig Zeit zum Reden, weil Drake glaubte, dass ein einheitlicher Klang des Senders wichtiger war als das Kultivieren von Star-Diskjockeys. Nach KHJ beriet Drake auch alle anderen RKO-Sender bei der Gestaltung ihres Formats und stieg zum Vorstandsmitglied der Kette auf, bevor er eine eigene, sehr erfolgreiche Beratungsfirma gründete. Byrd beschreibt das Drake-Format als »Zeit, Temperatur, Künstler, Titel der Platte. Es ist 4:07 auf CKLW. Ich bin Gary Byrd. Hier sind die Temptations. Und dann läuft ›Ain't too proud to beg‹.«

Nach Byrds Einschätzung hat Drakes Format »das Land erobert, weil es Diskjockeys zum Schweigen brachte, die sowieso nichts Unterhaltendes zu sagen hatten. Und weiße Diskjockeys hatten es damals mit ziemlich abgedrehtem Humor. Ich sage nicht, dass alle schwarzen Diskjockeys toll waren, aber es war eine andere Beziehung. Es ging nicht darum, verrückte Sachen anzustellen. Das neue Format bedeutete: Wenn ein Typ kein Talent hatte, konnte er immer noch Radio machen, sofern er eine gute Stimme und sich selbst unter Kontrolle hatte. Er konnte dem Sender einen einheitlichen Klang geben. Wenn er's vergeigt, nehmt ihn raus und setzt einen anderen Diskjockey hin. So einfach war das. Jetzt stand nicht mehr der Diskjockey, sondern der Sender im Vordergrund.«

Und diese Philosophie wurde zu Byrds Missfallen auch im schwarzen Radio umgesetzt. Byrd nennt zwei Gründe, warum die R'n'B-Welt Drakes Format übernahm. Wie Shields führt Byrd die Abschaffung des schwarzen Individualisten am Mikrofon auf die Angst der weißen Eigentümer vor seiner Macht zurück. »Es war die Plantagen-Mentalität, die sich hier zeigte«, sagt er. »Damals hatte schwarzes Radio mächtige Persönlichkeiten, die quasseln und sich mit der Gemeinde verbinden konnten. Das machte sie sehr populär. Aber die Manager der Sender waren Weiße. Sie wollten nicht, dass ein schwarzer Diskjockey berühmter war als der Sender.« Der andere Grund war die veränderte Psychologie des schwarzen Amerika. Für einen breiten Querschnitt der schwarzen Gesellschaft – angefangen bei denen, die sich mit Dr. Kings erbaulichen Kadenzen identifizierten, bis hin zu denen, die Ron Karengas Nationalismus nacheiferten, und denen, die den Sozialismus der Black Panther favorisierten, oder den vielen, die beweisen wollten, dass sie so amerikanisch dachten und fühlten wie jeder Weiße – war das Geschnatter der schwarzen Diskjockeys peinlich. Zu einer Zeit, als Sidney Poitier der erfolgreichste schwarze Schauspieler war, hatten Schwarze keine Geduld mehr mit Eddie (Rochester) Anderson im Äther. Drakes Format war das Mittel, das sie zum Schweigen brachte.

Byrd erinnert sich wehmütig: »Integration ist die Phase, in der man lernen muss, einen Anzug zu tragen und dieses bestimmte Hemd dazu, und sich einen Job zu suchen. Plötzlich sagte das Management: ›Die Weißen hören uns zu. Wir müssen vorsichtig sein. Wir sollten nicht zu ethnisch rüberkommen. Redet anständig. Sprecht die Endsilben deutlich aus.‹ Solche Sachen eben. Es wurden Diskjockeys als Vorbild genommen, die es so machten, und sie wurden zum Symbol für alle Diskjockeys. Auch solche Diskjockeys, die ein ganz tolles eigenständiges Ding machten, wurden ausradiert. Sie bekamen alle einen Maulkorb verpasst.«

Nach Ansicht von Byrd und anderen endete die Ära der schwarzen Diskjockey-Persönlichkeiten 1967, als Drakes Format in das schwarze Radio einzusickern begann. Doch das erscheint etwas zu früh. Angaben der NATRA zufolge behielten viele der bekanntesten R'n'B-Diskjockeys ihre Macht und nahmen weiterhin Einfluss auf das Publikum und die Plattenfirmen, auch nach diesem Zeitpunkt. Es gab viele Sender, darunter WWRL von 1969 bis 1971, die für das ungeübte Ohr nicht wesentlich anders klangen als ein paar Jahre zuvor. Byrd war 1970 jeden Abend bei WWRL auf Sendung – in einer Zeit, als der Sender zur Nummer fünf in New York City aufstieg, dem höchsten Rang in seiner Geschichte.

Was die alte Ära schließlich beendete und eine neue auslöste, war das UKW-Radio, eine technische Entwicklung, die im schwarzen Amerika erst in den 70er Jahren Fuß fasste. Als sie einschlug, war die Tradition, und mit ihr zahllose Lebenswege, vom Winde verweht.

**Fünf**  Songs der Erlösung im Zeitalter der Konzerne
(1971 – 1975)


Betrachtet man nur die Statistik, dann war die Assimilation in den 60er Jahren ein durchschlagender Erfolg. Zwischen 1965 und 1969 nahm die Zahl der Schwarzen, die weniger als 10.000 Dollar im Jahr verdienten, ab, während die Zahl der Schwarzen, die mehr als 10.000 Dollar verdienten, auf 28 Prozent anzog. 1965 besuchten zehn Prozent der jungen Schwarzen ein College, sechs Jahre später waren es schon achtzehn Prozent. 1972 waren 2.264 Schwarze in gewählten Funktionen tätig, damals die höchste Zahl in der amerikanischen Geschichte. Das Gesamteinkommen der Schwarzen in Amerika betrug 100 Milliarden Dollar. Gleichzeitig wurde aber nur ein winziger Teil dieses Einkommens wieder in die schwarze Gemeinde zurückinvestiert. Die meisten der College-Absolventen arbeiteten in etablierten weißen Konzernen – nicht als unabhängige Unternehmer. Damals wuchs nicht die Bedeutung der Schwarzen als unabhängige ökonomische Macht, sondern sie wurden mehr und mehr zum lukrativen Markt für die Produkte der Weißen.
Anfang der 70er Jahre nahm eine ungewöhnliche Branche diesen Markt ins Visier, aber erst, nachdem ein kühner schwarzer Geschäftsmann ihr die Augen geöffnet und eine Verbindung zwischen Film und Rhythm and Blues initiiert hatte, die das spätere Cross-Marketing von Musikvideo, Film und Popmusik in den 80er Jahren vorwegnahm.
Es begann als Reaktion auf den unglaublich kompetenten, geschlechtslosen, weiße Hemden tragenden schwarzen Filmstar Sidney Poitier. Poitier

war der schwarze Amerikaner, den viele seines eigenen Volkes und mit Sicherheit die herrschende Mehrheit der Weißen als perfektes Vorbild sahen. Als Schauspieler war Poitier in seiner zurückgenommenen, ruhigen und selbstsicheren Art sehr wirkungsvoll. Als Symbolfigur hatte er eine ähnliche Bedeutung wie Martin Luther King und die Freiheitsmärsche. Mit Filmen wie *In der Hitze der Nacht, Junge Dornen* und *Rate mal, wer zum Essen kommt* machte der in der Karibik gebürtige Poitier Stars wie Paul Newman, Steve McQueen und Clint Eastwood Konkurrenz. Nach Jahrzehnten von Kaspern und Weichlingen rüttelte Poitiers Präsenz auf, und machte ihn zum ersten – und letzten – schwarzen dramatischen Schauspieler mit Superstar-Status.

1970 kam »Sir Sid« vielen seiner schwarzen Brüder wie ein Wesen vom anderen Stern vor. Die Ära verlangte nach männlicheren, aggressiver auftretenden Stars, die besser zum wilden Machismo der schwarzen Nationalisten und der härteren Grundstimmung der Menschen passten. Jim Brown versuchte abends, diese Lücke zu füllen. Wenige Filmschauspieler hatten die physische Präsenz dieses ehemaligen »Running Backs«, einem der größten, die je in der Football-Profiliga gespielt hatten. Brown überzeugte, ob er kämpfte, lief oder mit versteinertem Blick seine Feinde oder Freundinnen maß. Brown hätte es mit heroischen Actionrollen wie in seinem Debüt *Das dreckige Dutzend* zum nächsten großen schwarzen Star bringen können.

Aber 1970 änderten sich mit *Sweet Sweetback's Badass Song* die Spielregeln. Regisseur Melvin Van Peebles war der erste, der verstand, dass das schwarze Publikum (und auch viele Weiße) rebellische schwarze Helden sehen wollten, wie die romantischen Revolutionäre, die man jeden Abend in den Fernsehnachrichten sah. Van Peebles, der in Frankreich gearbeitet und in Hollywood die Komödie *Watermelon Man* gedreht hatte, war clever. Er machte seinen Star zum Revolutionär, indem er ihn am Anfang des Films zwei brutale Polizisten niedermetzeln lässt. Da sein Held ein wortkarger Sextänzer ist, muss Van Peebles seinen politischen Standpunkt nicht erklären – er musste nicht einmal einen haben. Der Held musste nur wissen, wie man überlebt. Van Peebles erwies sich auch bei der Auswahl der Filmmusik als Visionär, indem er eine damals völlig unbekannte Jazz-funk-Band namens Earth, Wind and Fire anheuerte.

Die finanziellen Mittel für *Sweet Sweetback* kratzte er von überall her zusammen. Einiges kam von schwarzen Unterhaltungskünstlern. Um keine Abgaben zahlen zu müssen, erklärte er gegenüber den Gewerk-schaften, *Sweetback* sei ein Pornofilm. Als der Film fertig war, musste er Kinos mieten, um ihn vorzuführen, weil kein großes Studio den Verleih übernehmen und keine Kinokette ihn buchen wollte. Die Theater, in denen er lief, waren gepackt voll mit Schwarzen und neugierigen Weißen. Sie waren fasziniert, einen so harten, maskulinen und fast existenzialisti-schen schwarzen Protagonisten auf einer Filmleinwand zu sehen. Indem *Sweetback* so direkt die schwarze Stimmung jener Zeit anzapfte und dies außerhalb der üblichen Strukturen des weißen Amerika tat, stellte der Film einen Ausdruck der Unruhe und des Nationalismus seines Publikums dar. *Sweetback* war kontrovers und – als Nebenprodukt – so erfolgreich, dass er die traditionellen freundlichen Rollen eines Poitier und auch den subtileren Konformismus eines Brown als vollkommen langweilig erschei-nen ließ.

Von 1970 bis 1976 produzierte man in Hollywood massenweise Filme mit schwarzen Themen. Im Rückblick war die Bandbreite der Filme wesentlich größer, als der Name »Blaxploitation« suggeriert. Aber es steht außer Fra-ge, dass Filme, die das Thema von *Sweetback* variierten, den Ton vorga-ben. In *Shaft* war der Rebell ein altmodischer Privatdetektiv, der von der schwarzen Gemeinde im Kampf gegen weiße Autoritäten unterstützt wurde. Er wurde in den Kampf zwischen schwarzen und italienischen Gangs in Harlem verwickelt. Die schwarzen Nationalisten wurden als gut-willige, ernste Ideologen dargestellt, denen die Mittel fehlen, um das Establishment zu besiegen. In *Superfly* traten die schwarzen Aktivisten als schlechtgekleidete Clowns hervor, die sich die Hauptfigur, einen Kokaindealer, schnell vom Leibe schafften, als sie es auf eine Konfrontation anlegen. Mit einer Realitätsnähe, die den Idealisten gegen den Strich ging, behaupteten *Shaft* und *Superfly*, die einst so lebendigen schwarzen Viertel Amerikas würden von korrupten oder bestenfalls gleichgültigen Polizisten und zynischen Gangstern jeder Hautfarbe beherrscht, und nur schwarze Supermänner (und Frauen wie die Queen der Blaxploitation Pam Grier) könnten es dort zu etwas bringen.

Aber im Gegensatz zu Van Peebles und der Musik von Earth, Wind and Fire in *Sweetback* schufen die beiden letzteren Filme faszinierende Momente, die an Musikvideos erinnern. In *Shaft* lief Richard Roundtrees Detektiv durch die Straßen eines wunderschön fotografierten Harlem und suchte den Unterschlupf der schwarzen Nationalistengruppe. Diese entschlossene Wanderung war unterlegt mit »Soulsville«, einem melancholischen Trauergesang über die Leiden der Großstadt, gesungen von Isaac Hayes und begleitet von den durchdringenden Stimmen dreier Background-Sängerinnen. Für den schwarzen Regisseur Gordon Parks, einst preisgekrönter Fotograf beim Life-Magazin, war dies der optische Höhepunkt des Films.

In *Superfly* machte es Gordon Parks sogar noch besser: Er tränkte den Film in Curtis Mayfields genialem Soundtrack. Das gefühlvolle »Give Me Your Love« machte die Badewannen-Szene zum erotischen Klassiker. Der pulsierende Titelsong unterstrich Action-Sequenzen; »Pusher Man« lief hinter montierten Standfotos, die, zehn Jahre bevor Kokain zur Modedroge wurde, die Faszination und den Chic des weißen Pulvers zeigten. Mit *Shaft* gewann Isaac Hayes den Oscar und jede Menge Musik-Preise. *Superfly* war der Höhepunkt von Curtis Mayfields langer Karriere – er verband seine gesellschaftliche Botschaft mit der aggressivsten Musik, die er je geschrieben hatte – und der Anfang einer neuen. Nach *Superfly* schrieb Mayfield die Musik zu zahlreichen schwarzen Filmen, darunter *Sparkle, Let's do it again, Claudine* und *Short Eyes*. Die Blaxploitation-Filmmusiken inspirierten unzählige Musikvideo-ähnliche Szenen in den Filmen und viele Hits, so wie Willie Hutchs Titelsong zu *The Mack*, Marvin Gayes Titelsong zu *Trouble Man*, »Keeper Of The Castle« von den Four Tops zu *Shaft in Africa*, und Aretha Franklins »Something He Can Feel« aus *Sparkle*. Nur wenige dieser Filme fanden innerhalb oder außerhalb der Unterhaltungsindustrie Anerkennung. Indem sie einigen der innovativeren schwarzen Talente aber die Möglichkeit gaben, im Film zu arbeiten, ermutigten sie alle Rhythm and Blues-Musiker, ihr musikalisches Spektrum zu erweitern. Beispielsweise Norman Whitfields *Psychedelic Soul* mit den Temptations, bei dem 1972 »Papa Was a Rolling Stone« entstand; Isaac Hayes' lange Balladen auf *Hot Buttered Soul* von 1969 und Marvin Gayes *What's going on* im Jahre 1971.

Länger, mehr Orchester, introspektiver: Viele schwarze Alben waren so durchgängig und einheitlich komponiert wie Filmmusik, auch wenn es keine war. Latin percussions mit Kuhglocken, Congas und Bongos wurden plötzlich in den Rhythmus integriert. Moll-Akkorde, über die man in Zeiten des Soul die Nase gerümpft hätte, tauchten in den Arbeiten von Marvin Gaye, Stevie Wonder und aufblühenden schwarzen Bands wie Earth, Wind and Fire, Kool and the Gang oder Mandrill auf. Die Lücke zwischen Jazz und R'n'B begann sich rasch zu schließen, als Miles Davis und Herbie Hancock begannen, mit elektronischen Keyboards und Tanzrhythmen zu experimentieren. Hancocks *Headhunters* von 1974 definierte das Funk-Ende der Jazzrock-Skala und sollte später viele Nachmacher finden.

Es funktionierte natürlich nicht immer. Es gab neben hart erarbeiteten Erfolgen auch jede Menge prätentiösen Mist, aber im Großen und Ganzen spiegelte die R'n'B-Musik der 70er Jahre die wachsende Differenzierung im Geschmack des schwarzen Massenpublikums wider. Immer mehr Schwarze schrieben sich an den Colleges ein, dank der Studentendarlehen und Subventionen aus Johnsons Great Society-Programm. Eine College-Ausbildung war jetzt ein realistisches und erstrebenswertes Ziel für junge Schwarze. Die vielen Anzeigen mit dem Slogan »A Mind is a terrible thing to waste« zeigten definitiv Wirkung. Die »Buppies«, die Black

Urban Professionals der späten 80er, wurden damals gerade volljährig. Es ist daher nicht überraschend, dass das herausragende Beispiel dieser neuen Sensibilität im R'n'B ein schwarzer Universitäts-Absolvent war. Donny Hathaway wurde in St. Louis von seiner Großmutter Martha Pitts, einer Gospelsängerin, großgezogen. Er besuchte in den späten 60er Jahren die Howard-University, als Campus und Stadt vor politischer Aktivität nur so vibrierten. Die Howard-University hatte sich jahrelang geweigert, Jazz zu unterrichten, weil man aus irgendeinem seltsamen Grunde der Meinung war, dass standesbewusste Schwarze nur europäische Kompositionskonzepte zu lernen brauchten. Wie man sich vorstellen kann, war dieses Thema Gegenstand ständiger Auseinandersetzungen auf dem Campus. Tagsüber bemühte Hathaway sich unter diesen Umständen Musik zu studieren, und nachts spielte er Klavier in Jazztrios und traf häufig mit einer jungen Sängerin und Pianistin namens Roberta Flack zusammen.

Curtis Mayfield, der gerade auf der Suche nach Talenten für sein eigenes Label Curtom war, das er in Chicago gründete, wurde Hathaway vorgestellt. Das Zusammentreffen führte zu gemeinsamen Sessions in Chicago und New York, wo er dank seiner in Howard formal ausgebildeten Technik, gepaart mit seinem Gefühl für Jazz, ins Ohr gehende Arrangements für Jerry Butler, die Staple Singers und Carla Thomas schrieb. Ein Zusammentreffen mit dem Saxophonisten und Bandleader King Curtis bei einer Musikindustrietagung führte zu einem Vertrag mit Atlantic Records. Hathaways Debütsingle von 1969, »The Ghetto«, war von King Curtis koproduziert und von Leroy Hutson komponiert, einem weiteren Mayfield-Schützling, der Mayfield als Leadsänger der Impressions beerbt hatte. »The Ghetto« war ein perfektes Beispiel für den neuen Ehrgeiz im R'n'B. Es war ein langes Stück von fast sieben Minuten. Ein obskures Jazzpiano erzeugte die Grundstimmung, statt eines Schlagzeugs gaben Congas den Rhythmus vor, der Gesang bestand aus einer hypnotischen Wiederholung des Titels. Mit dem Soul einer Aretha Franklin hatte »The Ghetto« recht wenig zu tun. Hathaway verfolgte eine größere Vision, die

die religiöse Leidenschaft des Soul einschloss, aber auch jazzige Orchester-Arrangements und Rhythmen der Dritten Welt.

Er hatte auch ein anderes Publikum im Sinn als Aretha, wie Arif Mardin 1970 herausfand, als er das erste Livealbum mit Hathaway in Los Angeles aufnahm. »Als ich im Troubadour ankam, wo er für die Show am Abend probte, sah ich vor dem Club eine drei Häuserblock lange Schlange von gut gekleideten, nach Mittelschicht aussehenden Schwarzen. Sie standen drei Stunden vor Beginn der Show mit den Tickets in der Hand da und warteten. Donny war da noch nicht berühmt, muss man wissen. ›The Ghetto‹ war ein Achtungserfolg, aber er hatte weiß Gott noch nicht viele Platten verkauft. Ich rief im Büro an. ›Hier geht was ab‹, sagte ich. ›Die Spannung ist unglaublich.‹ Und beim Konzert im Troubadour kannten sie jeden Song. Kaum machte er den Mund auf, flippte das Publikum aus. Bei der Liveaufnahme ließen wir das Publikum so laut, weil es zur Show dazugehörte. Er war ein Star, der Platten verkaufen wollte.«

Mardin, der Hathaways *Extensions of a Man* und zwei seiner populären Duette mit Roberta Flack, »You've Got a Friend« und »Where Is the Love« koproduzierte und Arrangements beisteuerte, ist der Meinung, dass Hathaway –zusammen mit seinem Zeitgenossen Stevie Wonder – maßgeblich dazu beitrug, die harmonische Ausdrucksvielfalt des R'n'B zu erweitern. »Er benutzte viele Jazz-Akkorde: große Septimen, verminderte Nonen, übermäßige Akkorde. Donny war sowohl in Punkto Gesang als auch mit seinen Kompositionen ein Pionier.« Laut Mardin konnten George Benson und Al Jarreau nur dank der Vorarbeit von Hathaway Jazzakkorde in einem Pop-Zusammenhang benutzen. Weil Hathaway Gospel, Jazz und gesellschaftliches Bewusstsein miteinander verband, fand Mardin, »er hätte ein wahrer Held werden können – nicht nur musikalisch. Er hätte auch zu einer gesellschaftlichen Macht werden können.« Leider war Hathaway nicht nur ein brillanter Musiker, sondern auch mit schweren psychischen Problemen geschlagen. Er machte immer weniger Platten und nahm sich 1979 das Leben.

## Hollywood und Howard

Die Prägungen durch Hathaway und andere Musiker, die auf seiner Wellenlänge lagen, reichten tief, und sie erreichten auch das Radio. Die Klänge von Hathaway, Hayes und Mayfield führten dazu, dass die verbliebenen Individualisten unter den Diskjockeys endgültig nicht mehr zeitgemäß waren. Jack Gibson stieg aus dem Musikgeschäft aus, zog nach Orlando in Florida und machte Werbung für »The Mousehouse«, besser bekannt als Disneyland. Eddie O'Jay verließ das Radio und nahm einen Job bei einem schwarzen Cadillac-Händler in der Bronx an. Hoss Allen, der sich mit dem strengeren Format bei WLAC in Nashville nicht anfreunden konnte und die neuen Trends im Rhythm and Blues nicht mochte, startete eine Gospel-Sendung, ein Gebiet, auf dem die Diskjockeys noch Redefreiheit besaßen und Einfluss auf das Programm nehmen konnten.

Es hiess nicht bei jedem Sender und in jeder Stadt »Kopf ab!«, aber der Wandel war unübersehbar. Ein wesentlicher Aspekt dieses Wandels war, dass in mehreren Städten schwarze Sender an Bedeutung gewannen. In Los Angeles verkauften Clarence Avante und Del Shields KACE an den Ex-Star der Green Bay Packers Willie Davis, der als Vertriebsbeauftragter von Schlitz-Bier in Milwaukee ein Vermögen gemacht hatte. Earl Graves, Herausgeber der Zeitschrift *Black Enterprise*, erwarb KNOK in Forth Worth, und John Johnson, Gründer von *Ebony* und *Jet*, startete WPJC in Chicago. Von allen schwarzen Radiosendern, waren zwei, nämlich WHUR der Howard University und WLIB in New York mit seinen UKW- und Mittelwellensendern, die von einer Gruppe schwarzer Geschäftsleute gekauft und vom Stadtrat Percy Sutton geführt wurden, entscheidend für die Entwicklung des schwarzen Radios in den frühen 70er und in den folgenden fünfzehn Jahren.

WLIB-Mittelwelle war in New York in den 60ern der zweitgrößte schwarze Sender. Wie sein Rivale WWRL war WLIB ganz außen rechts auf der

Mittelwellenskala angesiedelt. Jeden Morgen begann das Programm mit Eddie O'Jays Sendung »Soul at Sunrise«, einem Format, das seit 1966 lief, als der Veteran unter den Diskjockeys sich dem Sender angeschlossen hatte.

1969 startete der weiße Eigentümer Harry Novick WLIB-UKW mit einer Jazz-Sendung, die sich den Stereo-Klang des UKW-Radios zunutze machte. Zwischen sieben Uhr abends und Mitternacht beherrschte Del Shields den Äther. Der Sender hatte seinen Sitz in der Lenox Avenue, in Höhe der 125sten Straße. WLIB hatte stetigen, wenngleich unspektakulären Erfolg. In den frühen 70ern zwangen »Aktivisten«, so seine Zeitgenossen, Novick zum Verkauf. Manche sagen, er sei eingeschüchtert worden. Andere führen den Verkauf weniger auf die Androhung von Gewalt als auf wirtschaftliche Ursachen zurück. Unbestritten ist, dass viele in Harlem aus unterschiedlichen Gründen wollten, dass WLIB in schwarze Hände gelangte. Angeführt von Percy Sutton, dem mächtigsten schwarzen Politiker der Stadt, und dem Veteranen unter den schwarzen Diskjockeys Hal Jackson, formierte sich eine Gruppe namens Inner City Broadcasting, die Novick ein Angebot für seine Radiosender machte. Es wurde knallhart verhandelt. Novick verlangte verschiedene Preise für den Mittelwellen- und den UKW-Sender, vielleicht in der Hoffnung, Inner City Broadcasting schon mit dem Verkauf des Mittelwellensenders so zu schröpfen, dass er den UKW-Sender für sich behalten und in einen anderen Stadtteil verlegen könnte. Aber nach einigen Tricks und Finten Novicks kaufte Inner City schließlich beide Sender. Dann verlegte die Gruppe beide Sender in einer großen symbolischen Geste von Harlem an die Eastside, zwei Häuserblocks von den Vereinten Nationen entfernt.

Als nächstes heuerte Inner City einen schillernden Diskjockey an, einen der letzten der alten Individualisten. Frankie Crocker, der in verschiedenen Phasen seiner Karriere als »Love Man«, »Fast Frankie«, »Chief Rocker« und »Hollywood« bekannt war, war cool, elegant und ehrgeizig. Crocker tat wesentlich mehr als nur das Programm des UKW-Senders in der Stadt zu gestalten. Er führte einen Moderations- und Programmstil im New Yorker Äther ein, der das New Yorker Radio und bis zu einem gewissen Grad alle schwarzen Sender der 70er prägen sollte – mit all seinen Vorzügen und Nachteilen.

Als Crocker die Universität in Buffalo besuchte und mit einem Jurastudium liebäugelte, lernte er Eddie O'Jay kennen. Er war fasziniert von seiner Ausstrahlung, seinem Geld und davon, wie leicht er es als Diskjockey zu verdienen schien. Crocker war Sänger und Saxophonist in einer Band. Daher dachte er, der Schritt zum Diskjockey wäre nicht so groß. Seine erste Bewerbung bei WUFO schlug fehl, weil er dummerweise versuchte, den Klang eines Top-Forty-Diskjockeys nachzuahmen. Beim zweiten Versuch aber spielte Crocker Jazz – so gefühlvoll, dass Joe Ricco, der hauptamtliche Jazz-Jockey, den College-Studenten als seine Wochenendvertretung engagierte.

Mit Auftritten seiner Band und seinem Teilzeitjob beim Radio verdiente Crocker 500 Dollar in der Woche, kaufte sich einen neuen Chevrolet Corvette und genoss es, plötzlich zur Prominenz der Stadt zu gehören. Nach seinem Collegeabschluss studierte er nicht Jura, sondern nahm einen Job bei WZUM in Pittsburgh an. Während seiner Tätigkeit in Pittsburgh reiste Crocker zu einer NATRA-Versammlung nach Chicago. Ihm fiel auf, dass die New Yorker Diskjockeys anders waren als alle anderen. Er dachte sich: »Diese Jungs sehen aus, als ginge es ihnen gut. Sie haben alle schöne Frauen – vielleicht sollte ich es mal in New York versuchen.«

Als Crocker 1965 bei WWRL in New York anfing, verdiente er sich mit seiner dunklen, samtweichen Stimme den Spitznamen »Love Man« – und fand eine große Anhängerschaft unter den Frauen New Yorks. Als Crocker sagte: »Musik kann dich vielleicht nicht heilen, Baby, aber sie hilft deiner Seele. Komm, fass dein Radio mal an«, wurden überall in »Fun City« die Lautsprecher gestreichelt. In den folgenden drei Jahren, einschließlich eines kurzen Abstechers zu KGFJ in Los Angeles, entwickelte Crocker einen Live-Rap-Stil, der nicht mehr so hysterisch war wie der seiner Vorgänger, aber er war und blieb ein Individualist. Durch Auftritte in einer angesagten Disco, dem Cheetah, bekam er auch weiße Zuhörer. Crocker erzählte Ken Smikle: »Bevor ich bei WMCA anfing, konnte ich erkennen, dass sie dort versuchten, uns bei Smokey Robinson, Aretha Franklin, Wilson Picketts und Otis Redding zu schlagen – sie versuchten, sie schneller auf ihrem Sender zu haben, als ich an die Sachen herankommen konnte. Und für die Plattenfirmen war es wichtiger, die Platten bei WMCA oder WABC unterzubringen als bei WWRL, weil sie einen größeren Markt bedienten und ein größeres Verkaufsvolumen versprachen. Also dachte ich mir damals ›Wenn das so läuft, was wird dann aus mir?‹« Crocker beschloss, zu WMCA zu gehen, einem Sender, der für sein weißes Team berühmt war. So wurde Crocker der erste schwarze Diskjockey, der von einem schwarzen Sender zu einem Popsender wechselte. In der Unterhaltungsbranche sah man darin ein historisches Ereignis, doch in der hochpolitischen Atmosphäre jener Zeit gab es auch viele, die Crockers Weg als Ausverkauf empfanden. 1980 schrieb Neil Bogart, Präsident von Casablanca, in einem Beitrag zu *Record World*: »Er ging zu einem Top-Forty-Sender, als das für einen Schwarzen noch nicht Mode war, und er erntete dafür viel Kritik von Seite der Schwarzen. Ich erinnere mich an ein Konzert, das viele Rhythm and Blues-Sender nicht besuchten, weil Frankie die Grenze überschritten hatte.« Tatsächlich hat Crockers Weggang den Schwarzen nur wenige Türen im Popradio geöffnet. Aber für »Fast Frankie«, so sein unverfänglicher Spitzname bei WMCA, bedeutete es eine weitere Festigung seines Status als schwarzer Diskjockey mit einer großen weißen Fan-Gemeinde.

1971 fasste Crocker (er hieß jetzt »Hollywood«) alles, was ihn prägte, zusammen – seine Bewunderung für den Stil der New Yorker, seine Wurzeln im alten schwarzen Radio, sein Gefühl für Jazz, seine College-Ausbildung und seine weiße Fan-Gemeinde – und schuf ein Programmschema für WBLS-UKW, so der neue Name des Inner City-Senders. Das Fundament bildete Crockers Sendung für die Hauptverkehrszeiten (von vier Uhr nachmittags bis acht) und ein Programmkonzept namens »Total Black Experience in Sound«. Der Pop-Jazz von Grover Washington Junior, der Jazzrock von Miles Davis, der ausgedehnte Rhythm and Blues-Sound von Stevie Wonder, Donny Hathaway, Marvin Gaye und Isaac Hayes – alle fanden im WBLS-Format eine Heimat. Alle Diskjockeys, die Crocker engagierte, kopierten seinen Stil: sanft, verführerisch, entspannt, und von einer kalkulierten, einschmeichelnden Hipness. Das Gefühl, das WBLS vermitteln wollte, war, wie Crocker es oft formulierte: »Wenn wir nicht in deinem Radio sind, ist dein Radio nicht an.«

Was es auf WBLS nicht gab, waren, mit Crockers Worten: »Pfaffen, die dir Gebetskleider verkaufen wollen. Ich wollte mit diesen Amos- und Andy-Werbespots, die Produkte für Schwarze verkauften, nichts zu tun haben. Ich glaube, Schwarze sind klug genug, dass man sie intelligent ansprechen kann, wie jedes andere Marktsegment auch.« Jetzt gingen alle neuen schwarzen UKW-Sender davon aus, dass ein wesentlicher Prozentsatz der Hörerschaft von WBLS über eine College-Ausbildung verfügte oder sich zumindest mit den Werten von College-Absolventen identifizierte. In New York ist der Wunsch, hip zu sein und zu den Trendsettern in der Stadt zu gehören, tief verwurzelt. Crocker zapfte diese Sehnsucht mit der Präzision eines Psychologen an.

Aus Sicht der Vertriebsabteilung des Senders war dieses Publikum aus aufstiegsorientierten weißen und schwarzen Hörern eine Waffe, mit der man auf die Geschäftswelt zielen konnte, um mehr Werbezeiten zu verkaufen. Crocker und seine Gefährten wollten nicht nur die Spots nach dem Muster »Kaufen sie jetzt, zahlen Sie später« loswerden. Sie wollten sie durch Spots von Autoherstellern, teuren Parfums, Fluggesellschaften und anderen Prestige-Produkten ersetzen. Es gehörte zur WBLS-Strategie, den Anteil weißer Künstler am Programm und dadurch die Zahl weißer Hörer zu erhöhen, um so mehr weiße Werbegelder zu gewinnen. Crocker sagte: »Stevie Wonder ist schwarz, aber das meiste seiner Musik stammt aus der Popmusik. Genauso ist es bei Diana Ross. Ich denke einfach nicht in solchen Schablonen. Ich weiß nur, ich müsste mich mit jemand, ob schwarz, weiß oder braun, um ein Ticket für ihre nächste Show prügeln. Es gibt also Künstler, deren Musik über die Grenze der Hautfarbe hinausgeht. Es gibt eindeutig Künstler, die rein schwarze Musik machen, so wie es weiße Künstler gibt, die Pop machen. Findest du aber einen Künstler, der Musik macht, die in drei oder vier verschiedenen Märkten Erfolg hat – schwarz, spanisch und so weiter –, dann ist es ein Hit.«

Crocker war ein Kind der Integration. Das sah man auch daran, dass ihm jedes rassische Vorurteil gegenüber Musik fehlte. Die Rolling Stones mochte er genauso gern wie Sly. Sein musikalisches Kosmopolitentum ist natürlich bewundernswert. Doch wenn der Sender sich auch als die »Total Black Experience in Sound« rühmte, haftete Crockers Einstellung der Hauch der Beliebigkeit an. Während Jack Gibson, Eddie O'Jay und Del Shields ihre Energie in erster Linie für das Wohlergehen der schwarzen Gemeinde einsetzten, ob es um das Organisieren einer Party, eine Demonstration oder die Playlist ging, fasste Crocker »Gemeinde« etwas großzügiger auf. Die Schwarzen bildeten zwar die Basis, waren aber nicht die Hauptzielgruppe. Diese Philosophie unterstützte das Management des Senders, als WBLS plötzlich Mitte der 70er Jahre seinen Slogan von »The Total Black Experience in Sound« abwandelte in »The Total Experience in Sound«.

Crocker trug auch zum Ende des Apollo Theaters, dem Kronjuwel unter den schwarzen Showtempeln, seinen Teil bei. Seit seinen Tagen bei WWRL bis 1970 hatte Crocker mit der Promotion von Shows im Apollo zu tun gehabt, obwohl er im Wesentlichen nur als Moderator auftrat und Einfluss darauf nahm, welche Künstler gebucht werden sollten. Von den 40er Jahren bis in die 70er brachten Diskjockeys relativ billig Künstler im Apollo unter, dank der großen Macht, die sie durch das Abspielen bestimmter Songs im Radio hatten. Aber mit dem Trend zu vorformatierten Programmen kontrollierten die Programmdirektoren, und nicht mehr die Diskjockeys, die Playlists. Die Macht, über die Ausstrahlung bestimmter

Songs zu entscheiden, lag nun bei Programmdirektor Crocker und seinesgleichen im ganzen Land.

Und Crocker fand, dass das Apollo in seiner Programmstrategie keine zentrale Rolle mehr spielte. 1974 tat Crocker den entscheidenden Schritt. Mit 7.500 Dollar aus eigener Tasche mietete er das Felt-Forum, einen Saal mit 5.000 Plätzen, der zum Komplex des Madison Square Garden an der 33sten Straße und der Seventh Avenue gehörte. Dann borgte er sich 10.000 Dollar, um eine Show auf die Beine zu stellen. Der Künstler, den er für sein Debüt als Konzertveranstalter auswählte, Barry White, reflektierte auf pfiffige Weise Crockers Konzept: Der dicke Produzent und Sänger hatte eine tiefe, ernsthafte Stimme, die an Isaac Hayes erinnerte, und eine Vorliebe für fette Streicher- und Bläserarrangements mit Latin-beeinflusster Rhythmik im Hintergrund. Die Musik war romantisch, tanzbar und sanft, und Crocker spielte White und sein Love Unlimited Orchestra, als wäre es die Nationalhymne. Das Publikum wärmte Crockers Herz und seine Brieftasche. »Wir sahen, welche Leute zu Whites Konzerten kamen, und das war keine geschlossene Gruppe«, erzählte er *Record World*. »Wir sahen junge Leute, alte, Schwarze, Weiße, Latinos – es war nicht auf eine ethnische Gruppe beschränkt. Das war im Wesentlichen das Publikum, das ich auch mit meinen Radiosendungen erreiche.«

Der Umzug der schwarzen Künstler in New York zu den von Crocker veranstalteten Konzerten schmerzte das Apollo nicht sofort. Bobby Shiffman, der das Theater nach dem Tode seines Vaters übernommen hatte, sagte sogar, dass die Zeit von 1970 bis 1974 die lukrativste in der langen Geschichte des Theaters gewesen sei. In diesen Jahren war zum Beispiel Gladys Knight die erste Künstlerin, die es schaffte, das Apollo eine ganze Woche im Voraus auszuverkaufen. Doch es dauerte nicht mehr lange, bis Crockers Verbindung zu WBLS und den Konzerten »downtown« das Apollo in die Knie zwang – genau zu der Zeit, als im Zuge der Integration viele Bürger Harlems nach Queens, Long Island und New Jersey zogen, wo die Häuser komfortabler und die Straßen sicherer waren.

## WHUR

An der Howard University war ein anderer Trend am Werk. In der neuen Fakultät »Kommunikation« der Schule entstand endlich das neue, aufregende Lernumfeld, das Shield und Avante in den 60ern vorgeschwebt hatte. Professionelle Journalisten wie Wallace Terry, der für *Time* über den Vietnamkrieg berichtet hatte und gerade an seinem bahnbrechenden Buch *Bloods* arbeitete, das sich mit der Rolle der Schwarzen in diesem Krieg auseinandersetzte, wurden engagiert, um den Studenten praxisnahen Unterricht zu geben. Eine jährliche schwarze Kommunikations-Konferenz wurde ins Leben gerufen, um über aktuelle Fragen zu diskutieren, und um Radio- und Fernsehsender sowie große Druckmedien dazu zu ermutigen, Schwarze einzustellen.

Die Gründung von WHUR war Teil der Bemühungen in Howard, den Studenten journalistische Praxis und den Bürgern von Washington (wegen der überwältigenden Mehrheit der Schwarzen auch »Chocolate City« genannt) Informationen aus erster Hand zu vermitteln. Der Sender bot ein umfassendes Programm zu sozialpolitischen Fragen: Sonntags wurde über schwarze Politik gesprochen, afrikanische Kultur und lokale Nachrichten. Wochentags um sechs Uhr abends wurde »The Drum« ausgestrahlt, eine Nachrichtensendung mit Reportagen aus Afrika, Südamerika und der Karibik. Mit einem informativen und spannenden Programm stellte der Howard-Professor und Programmdirektor Andre Perry Verbindungen zwischen den Schwarzen in Washington und dem Rest der Welt her. Dieser neue Nachrichtenstil legte die Betonung wieder auf die Verantwortung des schwarzen Radios für die Belange der schwarzen Bevölkerung und fand Nachahmer im ganzen Land.

Was die Musik betraf, war WHUR ein Jazz-Sender mit etwas sanftem Rhythm and Blues. Man erinnert sich aus dieser Zeit besonders an Dyanna Williams, deren entspannter Stil, wie der von Crocker in New York, die neue Richtung der schwarzen Moderatoren widerspiegelte. Bis dahin hatten Frauen am Mikrofon mit Künstlernamen wie Dizzy Lizzy oder Twentieth-Century-Fox ähnlich überdrehte und wilde Rollen gespielt wie ihre männlichen Kollegen und genauso anzüglich und verrückt geklungen. Dyanna und ihre Kolleginnen durften nun selbstbewusster und femininer, urbaner und ein wenig spirituell auftreten – »heavy chicks« für die neue Ära. Ihre nachmittägliche Sendung trug den Titel »Ebony Moonbeams« (etwa: schwarzer Mondschein), und ihre Stimme hatte einen entsprechend empfindsamen, spacigen Klang. Barry Mayo, damals Student der Kommunikationswissenschaften in Howard und heute Vizepräsident bei RKO Radio, erinnert sich an Dyanna Williams: »Die Männer standen auf sie. Sie war sexy, aber sie machte sich nicht zum Affen. Sie hatte Klasse. Sie passte zur Stimmung der Musik, aber sie war nicht oberflächlich. Sie hatte Substanz, und viele weibliche Diskjockeys kopierten ihren Stil.« Auf dem Campus machten Gerüchte die Runde, die als Freigeist bekannte Williams habe ihre Sendung einmal nackt moderiert. Das stimmte zwar nicht, aber der Glauben, den man dieser Geschichte schenkte, verdeutlicht den Zauber ihrer Stimme. Frankie Crocker war einer von denen, die sie bezauberte. Mitte der 70er Jahre stahl er sie für WBLS, denn er wusste nur zu gut, dass ihr Stil sehr gut zu seinem passen würde.

Ungefähr 1974 wurde die freundliche Stimmung bei WHUR von Protesten erschüttert. Studenten reichten eine Klage ein, weil der Sender nur Profis einsetze und dadurch seinen Auftrag, die Studenten von Howard zum Radiomachen auszubilden, nicht erfülle. Die Verwaltung der Schule schien in der Tat wenig Lust zu verspüren, Studenten ans Mikrofon dieses immer einträglicheren Senders zu lassen. Als aber im Zuge der Proteste einige Klassen mit Boykott drohten, erhielten die Studenten ein paar Zeitfenster auf WHUR sowie einen zweiten Sender, WHBC, dessen Reichweite auf den Campus beschränkt war. Auch Bei WHUR kam es zu Veränderungen: Mehrere ehrgeizige Studenten – von denen einige maßgeblich an den Protesten beteiligt waren – erhielten Sendezeiten auf WHUR. So begann beispielsweise der Student Melvin Lindsay, nachts Rhythm and Blues-Balladen aufzulegen. Die Sendung erhielt den Titel »Quiet Storm« in Anlehnung an das romantische Album von Smokey Robinson. Die Sendung wurde in Washington zur Tradition und sollte später noch eine wichtige Rolle spielen.

Drei andere Studenten, Gwen Franklin, Milton Allen und Sheila Eldridge, arbeiteten an einer Sendung namens »Saturday Night Special«. Die Sendung selbst ist nicht von historischem Interesse, aber das Studenten-Trio aus Howard schon, denn alle drei, genau wie Andre Perry und mehrere andere, sollten in den späten 70er Jahren Marketing- und Promotion-Funktionen in der Plattenindustrie einnehmen. Ende der 80er Jahre bildeten Howard-Absolventen ein informelles Netzwerk in der Plattenindustrie und hatten verschiedene Schlüsselpositionen in der Promotion von Radio und Schallplatten in der Hand.

Es hatte schon immer ein paar College-Absolventen im schwarzen Radio gegeben – zum Beispiel Jack Gibson. Aber die Rhythm and Blues-Labels neigten eher dazu, Schwarze mit Straßenerfahrung in Vertriebspositionen einzusetzen. Wie der Schallplattenhändler Bruce Webb erwähnte, war es ein Geschäft, in dem man es mit säumigen Zahlern und unerlässlichen Schuldeneintreibern zu tun hatte. College-Absolventen wurden für solche Jobs nicht eingestellt. Außerdem hätte eine Familie, die einen College-Absolventen in ihren Reihen hatte, ihn oder sie vor die Tür gesetzt, wenn er seinen Abschluss dazu verwendet hätte, Schallplatten zu verkaufen. Arzt, Rechtsanwalt, Manager – das waren die Berufswünsche, die die Kinder zur Schule trieb und von denen die Eltern träumten. Howard-Absolventen sollten zu DuBois' privilegierten zehn Prozent gehören, und nicht in der fröhlich-korrupten Rhythm and Blues-Welt versinken. Je mehr aber die Großkonzerne in der Rhythm and Blues-Welt das Kommando übernahmen, desto mehr gut ausgebildete Mitarbeiter wurden eingestellt, und von den frühen 70er Jahren an bemühten sich Schwarze mit College-Abschluss ernsthaft um eine Laufbahn in der Musikindustrie. Das bekannteste Beispiel für diesen Wandel waren die Commodores, fünf Studenten des Tuskegee-Instituts, die das Musikbusiness einer Karriere in Schlips und Kragen vorzogen.

Noch aussagekräftiger ist das Beispiel Vernon Slaughter, vielleicht der erste Promoter, der direkt vom Campus in eine Position in der Industrie wechselte. Geboren und aufgewachsen in Omaha in Nebraska, studierte Slaughter an der Universität von Nebraska. Im August 1969 nahm er an einer Studentenversammlung in El Paso in Texas teil. Es passte zu seiner Lebenserfahrung, dass er dort nur wenige schwarze Konferenzteilnehmer antraf. Was ihn allerdings verwunderte, war, dass Stax die Konferenz dazu nutzte, um ein Werbekonzert mit Isaac Hayes, den Bar-Kays, den Staple Singers und Rufus Thomas zu veranstalten, um den weißen College-Markt für seine Produkte zu begeistern.

Slaughter lernte Jim Smith kennen, einen Manager der Plattenfirma. Die beiden blieben auch nach der Konferenz in Kontakt. Smith schickte ihm Stax-Platten, und da es in Lincoln keinen schwarzen Sender gab, bat er Slaughter, die Platten beim lokalen Pop- und Rocksender abzugeben. Die Beziehung der beiden war eher kameradschaftlich als beruflich und wurde vor allem durch Smiths Großzügigkeit am Leben gehalten, aber inzwischen hatte Slaugther, der schon immer Musikfan gewesen war, sich entschlossen, ins Plattengeschäft einzusteigen.

Im Februar 1970 suchte CBS Records einen Vertreter für den Campus der Universität. »Die hatten gerade ein College-Vertreterprogramm gestartet, und ich habe mich zusammen mit ein paar anderen Studenten beworben«, erinnert sich Slaughter. »Ich glaube, ich bekam den Job, weil ich als einziger über das hinausging, was sie erwarteten. Ich erwähnte, dass man die Musikboxen in der Stadt überprüfen sollte, und ich erwähnte auch, dass man sich um die Einzelhändler und das Radio kümmern müsse.« Wegen seiner guten Arbeit und vielleicht auch, weil die Plattenfirma nur so wenige schwarze Gesichter aufzuweisen hatte, zahlte CBS Slaughter die Teilnahme an der NATRA-Konferenz in Houston. »Es war das zweite

Mal, dass ich in einem Flugzeug reiste; das erste Mal war Texas gewesen. Ich war neunzehn und hatte Todesangst.« In der Lobby seines Hotels traf er zufällig den schwarzen CBS-Promoter Granville (Granny) White aus Chicago. Der Eindruck, den Slaughter von der NATRA hatte, klingt wie ein Echo dessen, was Frankie Crocker wenige Jahre zuvor erlebt hatte. »Ich beschloss sofort, dass dies der Ort war, wo ich hingehörte. Hier war ich im selben Raum mit Nancy Wilson, Isaac Hayes, O.C. Smith, und ich sprach mit ihnen. Aber was mich am meisten prägte, war mein Erlebnis mit Granny. Die Preisverleihung fand in einem anderen Hotel statt. Wir fuhren mit einer Limousine hin, das erste Mal, dass ich in einer Limousine saß. Die Limousine fuhr beim Hotel vor, und Granny sagte: ›Das Erste, was du lernen musst, ist: Wenn du in einer Limousine fährst, lässt du dich verwöhnen. Du machst die Tür nicht selbst auf. Das lässt du den Fahrer machen.‹ Der Fahrer öffnete die Tür, und ich stieg mit meinem Afrolook aus. Ich war College-Student, und so sah ich auch aus. Die Kerle trugen Smoking und hatten wunderschöne Frauen untergehakt, all so was, und ich dachte, ›Herr im Himmel, ist das toll‹. Schwarze zu sehen, die so viel Klasse hatten, eine solche Lebensart und so viel Geld, die mit Geld nur so um sich warfen.«

1972 schuf CBS, scheinbar urplötzlich, eine Abteilung für schwarze Musik, die ein junger schwarzer Manager namens Logan Westbrooks leitete. »Zunächst ließ mich Westbrooks total abblitzen«, erinnert sich Slaughter. Nach drei Anläufen und offenbar etwas Druck von weißen Managern, die dem jungen Mann eine Chance geben wollten, stellte ihn Westbrook ein und gab ihm einen Posten in Washington. »Ich werde nie vergessen, wie mein Gespräch mit Richard Mack, dem Direktor der Promotion-Abteilung, über mein Gehalt verlief. Ich sagte 7.000 Dollar, und er erwiderte: ›Sind 12.000 genug?‹« Slaughter stand der Mund offen vor Verblüffung.

Seine ersten Tage in Washington waren hart. »Die lokalen Radiomenschen und die Mitarbeiter der Plattenlabels waren der Ansicht, den Job hätte jemand aus Washington bekommen sollen, und kein Zwanzigjähriger aus Nebraska. Wenn wir unterschiedlicher Meinung waren oder ich einen Fehler machte, hieß es regelmäßig: ›Wie kann jemand, der auf dem College war, nur so dämlich sein.‹« Im Rückblick sieht sich Slaughter selbst irgendwo zwischen den Promotern der alten Dave-Clark-Schule und der heutigen Generation von College-Absolventen. »Ich hatte am College gegen den Vietnamkrieg und für die Bürgerrechte demonstriert. Ich war militant, bin es noch immer. Ich hatte einen breiteren Horizont als die meisten Jungs, die mit diesem Geschäft auf der Straße groß geworden waren. Ich hatte auch andere Interessen. Das machte mir am Anfang Probleme.«

Bei WHUR, wo Gleichaltrige mit der gleichen Bewusstseinsbildung vom College tätig waren, fühlte sich Slaughter sehr wohl. Sein Ansehen in Washington und bei CBS wuchs mit dem des Senders, denn Washington ist ein bedeutender Markt für schwarze Musik. Seine Beharrlichkeit machte sich bezahlt. Slaughter befand sich in der idealen Position, um von der Ausdehnung der CBS in Richtung schwarze Musik zu profitieren. Im Sommer 1972 machte CBS einen großen Schritt in Richtung schwarze Musik, der auch – mehr oder weniger stark – bei anderen Plattenkonzernen wie RCA, Warner Brothers, MCA, ABC und Capitol vollzogen wurde. Bis heute behauptet der damalige Präsident von CBS, Clive Davis, es sei seine Idee gewesen, verstärkt auf schwarze Musik zu setzen. Mag sein. Aber mancher glaubt, dass hinter der CBS-Kampagne eine andere Geschichte steckt, und sie zitieren dabei ein provokantes Dokument mit dem Titel »Eine Studie der Soul-Musik und ihres Umfeldes für die Columbia Records Group«, das dem Konzern am 11. Mai 1972 vorgelegt worden war.

Der Harvard-Report

Vom Sommer 1971 an erhielten Plattenhändler, Diskjockeys, Programmdirektoren der Rhythm and Blues-Sender und Talentmanager in Boston
sechs Monate lang Anfragen von der – kaum zu glauben – Harvard Business School. Für viele war es ein Zeichen, dass es mit den Schwarzen auf-
wärts ging, wenn sich die angesehenste Manager-Schmiede des Landes
für die Schwarzen interessierte. Und das war es auch, wenn auch nicht in
der Weise, wie es die Befragten vermuteten. Das 53 Seiten starke Dokument, das dabei herauskam, heißt in der Branche der »Harvard-Report«.
Das Engagement der CBS für schwarze Musik steigerte sich in den Jahren
nach dem Harvard-Report immens: 1971 gehörten zwei schwarze Künstler zu CBS, nämlich Sly and the Family Stone und Santana. 1980 waren es
125 Gruppen und Künstler, darunter große Namen wie Earth, Wind and
Fire, Teddy Pendergrass, the O'Jays, the Isley Brothers und Weather
Report. Der Bericht beginnt mit dem Versuch einer Definition von »Soul«
und dem »Soul-Markt«. Es gibt ein Diagramm über den Soul-Anteil im
Repertoire des Künstlers in drei Kategorien: »fast ausschließlich Soul«,
»gemischt«, »fast kein Soul-Anteil«. James Brown und Joe Tex bildeten
die erste Gruppe, Isaac Hayes und Roberta Flack die zweite, Gloria Lynn
und Johnny Mathis von Columbia die Dritte. Der Report analysierte das
Gesamtvolumen des Schallplattenmarktes im Jahre 1970 (1,66 Milliarden
Dollar) und schätzte den Anteil des Soul auf 120 Millionen, also ungefähr
zehn Prozent. Es folgte ein historischer Abriss über die schwarze Musik,
der betonte, dass sich die großen Labels zu wenig für diese Musik interessierten und dass die Independent-Labels in der Verbreitung eine große
Rolle spielten.
Noch bedeutsamer war der nächste Abschnitt, »Innere Dynamik«, in dem
analysiert wird, wie die schwarzen Schallplatten über das schwarze Radio
in die Popcharts gelangten. Die Tatsache, dass dreißig Prozent der Top For-

ty-Hits aus Schallplatten bestehen, die den Crossover von Soul-Sendern vollzogen haben, unterstreicht die strategische Bedeutung der Soul-Sender, um eine Schallplatte in die Top Forty zu bringen.

In der Summe ist das Soul-Radio für Schallplattenfirmen aus zwei Gründen von strategischer Bedeutung: Erstens erlaubt es den Zugang zu einer großen und weiter wachsenden Zahl von Schallplattenkäufern, insbesondere schwarzen Verbrauchern. Und zweitens, und das ist für einige Plattenfirmen noch wichtiger, ist es vielleicht der effektivste Weg, eine Platte in die Top-Forty-Playlist zu platzieren.

Der »Wettbewerb« war in drei Kategorien unterteilt: Spezialisierte landesweite Labels, im Wesentlichen Motown, Atlantic und Stax; große Konzerne wie RCA, Capitol und MCA; und kleinere, unabhängige Labels. Die beiden letzteren Gruppen wurden nicht als große Bedrohung angesehen. Eine »sorgfältig geplante und gut finanzierte Initiative mit dem Ziel, eine langfristige Marktpenetration zu erreichen«, sollte CBS helfen, die konkurrierenden Großkonzerne zu überflügeln, während man die kleinen Independent-Labels als Gelegenheit ansah, sich durch deren Verkauf neue Talente und Vertriebskanäle zu erschließen.

Aber Atlantic, Motown und Stax waren nicht nur eine Bedrohung für jeden, der versuchte, den Soul-Markt zu erschließen. Sie verfügten durch ihre Plattenverkäufe an Schwarze »über eine Basis, von der aus sie die großen Firmen in anderen Segmenten des Popmusik-Marktes angreifen konnten«. Atlantic hatte damit schon begonnen, indem sie englische Rockbands umwarben. Motown und Stax versuchten auf unterschiedlichen Wegen, es ihnen gleich zu tun.

Der Harvard-Report tadelte CBS für das Versäumnis, sich nicht um die schwarze Musik zu kümmern. Rhythm and Blues-Diskjockeys, so der Report, bezeichneten das Promotion-Personal der CBS als »unterdurchschnittlich« und »arrogant«. Der Harvard-Report beschrieb die Lage in vielen Facetten und nahm kein Blatt vor den Mund: Schwarze als Manager für Künstler- und Repertoire-Pflege, Produktion und Promotion anheuern, schwarzes Kreativpersonal engagieren, die Beziehungen zum schwarzen Radio gewissenhaft pflegen. Der Report sagte voraus, dass dieses Engagement in drei Jahren den Break-Even-Punkt erreichen und im fünften Jahr einen Betriebsgewinn von 1,4 Millionen Dollar einbringen würde.

Im Abschnitt »Vorgehensweise« listete der Report auf, was CBS zu tun und zu lassen hatte, was beweisen mag, dass Davis den Report doch nicht gelesen hat, denn er tat einige Dinge, die er laut Report hätte vermeiden sollen. Erstens warnte der Report CBS davor, eines der drei großen R'n'B-Labels (Motown, Stax oder Atlantic) aufzukaufen, weil sich daraus kartellrechtliche Probleme ergeben konnten. Zweitens riet er davon ab, gleich zu Anfang etablierte Künstler unter Vertrag zu nehmen, weil die Kosten zu hoch sein würden, und weil sich ein Künstler, der von CBS aufgekauft worden war, möglicherweise nicht mehr so gut verkaufte. Effektiver wäre ein von einer neuen Abteilung für schwarze Musik geplantes Repertoire. Ein Organigramm, geschätzte Budgets und Grafiken zur Illustration der Hintergründe rundeten die Präsentation ab.

Ein handgeschriebener Anhang von der Harvard-Forscherin Marie Tattersall fügt ein paar interessante, allerdings ebenfalls ignorierte Empfehlungen hinzu. Sie sagt voraus, dass CBS 1978 fünfzehn Prozent Marktanteil am schwarzen Markt haben und so groß wie Atlantic sein könne. Um dies zu erreichen, empfahl Tattersall eine spezielle Konferenz mit den wichtigsten Programmdirektoren, von denen einer, LeBaron Taylor von WDAS in Philadelphia, bald von CBS engagiert werden sollte. Sie riet CBS, den Einfluss auf den eigenen Fernsehsender zu nutzen und so Don Cornelius' Sendung *Soul Train* mit schwarzer Tanzmusik, die bei einigen Tochtersendern lief, weiter zu verbreiten und so den Beweis für das Engagement der CBS für die schwarze Musik zu erbringen. Als letztes machte Tattersall den genialen Vorschlag, CBS sollte in schwarzen Vierteln Plattenläden eröffnen und sie an schwarze Einwohner verpachten, was den schwarzen Unternehmern helfen und das Image von CBS verbessern würde.

Man kann sich vorstellen, dass CBS keiner der Empfehlungen von Tattersall folgte. Cornelius' einflussreiche Sendung, aus der zahlreiche Modetänze der 70er Jahre hervorgingen, blieb sich selbst überlassen, und die schwarzen Einzelhändler hätten etwas Unterstützung gut gebrauchen können, denn wie die Theater in den schwarzen Vierteln litten auch sie unter der Integration, denn die Schwarzen, die nun in weißen Gegenden arbeiteten, kauften immer mehr dort ein, wo sie arbeiteten, und nicht mehr dort, wo sie wohnten.

## Stax am Ende

Zwischen 1968, als Stax den Vertrag mit Gulf + Western unterschrieb, und 1972, als die Geschäftsbeziehung mit CBS begann, durchlebte das Label aus Memphis eine gründliche Metamorphose, obwohl es auch Leute gibt, die behaupten, Stax wäre seit dem Tod von Otis Redding 1967 nicht mehr dasselbe gewesen. 1972 waren auch Booker T. and the MGs Geschichte, weil der Namensgeber der Band Rita Coolidge heiratete, nach Los Angeles zog und einen Plattenvertrag bei A&M unterschrieb. Das Produktions- und Kompositionsteam aus Isaac Hayes und David Porter, das die Soulhits von Sam und Dave geschrieben hatte, zerbrach, als Hayes mit *Hot Buttered Soul* und *Shaft* zu einem der ersten schwarzen Superstars der 70er Jahre wurde. Steve Cooper, wichtigster Produzent seit Gründung des Labels, wurde durch einen Schwarzen aus Detroit namens Don Davis ersetzt, der der »Heimat des Soul« mit den Dramatics (»In the rain«) und Johnnie Taylor (»Who's making love«) einen fetzigeren Sound verordnete. Drei Songschreiber, Bettye Crutcher, Raymond Jackson und Homer Banks, die die hinteren Plätze der internen Hackordnung einnahmen, schrieben »Who's making love« und eine Reihe von Soulplatten mit einem Gesangstrio namens The Soul Children. Stax startete mehrere Tochterlabels und nahm ein breiteres Spektrum an Künstlern unter Vertrag, darunter den klassischen Jazz-Bariton Billy Eckstine und ein herrlich verrücktes, komisches Schandmaul namens Richard Pryor.

Jim Stewart verkaufte seine Macht über die Firma an Al Bell und verwandelte so ein gemischtrassiges Familienunternehmen in eine schwarz dominierte politische Organisation. Dave Clark, der erste Promotion-Mann, der uns schon früher begegnet ist, kam 1971 zu Stax, um das Gospel-Repertoire des Labels auszubauen und seine weitreichenden Verbindungen in der Rhythm and Blues-Welt zu nutzen, um das ohnehin schon solide Fundament von Stax noch weiter zu verstärken.

Pryors Album *That nigger's crazy* von 1973, das Werk, mit dem er sich als Star der Rhythm and Blues-Welt etablierte – obwohl er gar nicht sang, sondern Witze riss – wurde mit Hilfe von Clark und einer Werbekampagne auf den Markt gebracht, die keines der großen Labels durchgeführt oder auch nur verstanden hätte.»Uns war klar, dass wir diese Platte nicht oft im Radio hören würden«, lachte Bell, als er an Pryors von Fäkalsprache durchsetzte Monologe über Säufer, Junkies und geile alte Männer dachte. Wir brachten die Platte in den Billardsälen unter, in Friseurläden, Schönheitssalons und in den Straßen Amerikas, indem wir sie in kleinen Plattenläden spielen ließen. Wir verkauften diese Platte ausschließlich an der Basis, per Mundpropaganda. Daves Energie, sein Verständnis der schwarzen Viertel und seine Kontakte, und nicht das Radio, waren wichtig, damit es funktionierte.«

»Ich versuchte, ein Vorbild an schwarzer wirtschaftlicher Stabilität zu schaffen«, sagte Bell über seine Zukunftspläne für Stax. Deshalb war Bell auch so von Jesse Jackson angezogen, der in den frühen 70ern die Menschen zum Boykott von Läden aufgerufen hatte, die vom Geld der Schwarzen lebten, ihnen aber nichts zurückgaben. In seinem Essay »Die Königreich-Theorie« schrieb Jackson über die Verantwortung, die große Unternehmen gegenüber Schwarzen hätten, und betonte, dass Schwarze, wenn nötig, wirtschaftlichen Druck ausüben sollten. Er nannte den

Supermarkt als Beispiel. »Macht über den Supermarkt hat der, der bestimmt, wer angestellt wird, wer die Buchhaltung übernimmt und wer die besseren Jobs wie Metzger oder Chef der Fleischabteilung bekommt.« Stax spendete nicht nur große Summen für Jacksons Organisation PUSH (People United to Save Humanity), sondern Stax-Mitarbeiter entwickelten auch den Namen und das erste Logo der Organisation. Jackson nahm seine berühmte Rede »I Am Somebody« auf dem zu Stax gehörenden Respect-Label auf. All das gehörte zu Bells Engagement für Jacksons Mischung aus altmodischem Bürgerrechtsprotest und einer Wirtschaftspolitik mit schwarz-nationalistischem Beigeschmack.

Die Verbindung der beiden Männer illustriert Stax' größte Bemühung, einen sozioökonomischen Standpunkt einzunehmen: Wattstax. Am 20. August 1972 standen Jackson und Bell Seite an Seite im Los Angeles Coliseum und sangen »I Am Somebody« und erhoben anschließend vor hunderttausend Musikfans die Faust zum Black Power-Gruß. Mit dieser Geste begann ein eintätiges Festival aller Stax-Künstler mit dem Ziel, Geld für das Watts Sommerfestival aufzubringen. Es war ein Sinnbild schwarzer Autonomie. Aus Wattstax wurde ein Film – von einer überwiegend schwarzen Crew gedreht – und ein Dreifach-Album. Viele in Memphis hielten nichts davon, dass sich Stax so weit weg für ein soziales Projekt engagierte. Bell reagierte darauf, indem er sagte, Wattstax sei eine optimale Mischung aus einem wirtschaftlichem Anliegen und sozialer Verantwortung. Nach den Aufständen von 1965 hatte das Watts Sommerfestival immer wieder Geld verloren und stand kurz davor, abgeschafft zu werden. In einem pragmatischen Moment gab allerdings auch Bell zu: »Ohne Wattstax hätte Stax es nie geschafft, in Los Angeles eine starke Identität zu entwickeln.«

Stax trug den größten Teil der Kosten, und die Schlitz-Brauerei zahlte den Rest. Keine Schallplattenfirma, weder davor noch danach, hat je so viel Geld in ein Projekt gesteckt, das dem Spendensammeln für Hilfsprojekte in einer schwarzen Gemeinde dient. (Die Spenden gingen letzendlich an die »Stiftung Sichelzellenanämie«, das Martin-Luther-King-Krankenhaus in Watts und natürlich an die Organisation PUSH.) Bell sagte gegenüber der Zeitschrift Soul: »Wattstax 72 ist ein erstklassiges Beispiel dafür, wie Stax den Menschen dafür dankt, was sie für uns tun.« Er sagte die Wahrheit. Das war das »neue« Stax-Label, eines, das auf abenteuerliche Weise seine Mittel einsetzte, um schwarzen Gemeinden zu helfen. Aber einzelne Erfolge konnten die Zweifel nicht ausräumen, ob Stax gut geführt wurde. Niemand stellte Bells gute Absichten in Frage, aber so mancher hatte seine Zweifel, ob er mit Geld umgehen konnte.

Zur Erfüllung des Vertrags mit Gulf+Western hatte sich Stax verpflichtet, der Tochter Paramount Records innerhalb eines Monats etwa 27 Alben abzuliefern. Stax nahm alle Platten in nur zwei Wochen auf. Nur aufgrund dieser Eile durfte Hayes sein höchst individuelles Debüt *Hot Buttered Soul* aufnehmen. Dass Hayes in dieser hektischen Phase die Chance erhielt, seine Solokarriere zu starten, war natürlich gut. Aber dass Stax sich selbst in eine so dumme Situation brachte, wirft ein trübes Licht auf Bell und Stewart. Es schien, als zwinge der Wunsch zur Expansion Stax immer wieder zu überhasteten Entscheidungen. Nach nur zwei künstlerisch und finanziell erfolgreichen Jahren kaufte Stax die Anteile von Gulf+Western wieder zurück – mit Geld, das die Deutsche Grammophon vorgelegt hatte. Gulf+Western machte bei diesem Geschäft zwei Millionen Dollar Gewinn. Stax musste der deutschen Firma zwei Millionen plus eine Million Zinsen zahlen, sonst wäre der Deutschen Grammophon laut Vertrag ein Anteil von 45 Prozent am Aktienkapital von Stax in die Hände gefallen. Die Union Planters National Bank in Memphis finanzierte den Betrag, der nach Übersee ging. Insgesamt wurde ein Papierkrieg ausgelöst, der dem unabhängig vertriebenen Label jede Menge Fakturierungs- und Buchhaltungsprobleme einbrockte. Die Situation wurde noch komplizierter, als Stewart von Bell verlangte, er solle seinen Anteil an Stax in bar zurückkaufen.

Dann trat Clive Davis auf den Plan. In seiner Autobiographie schreibt er, Bell habe ihn 1972 angerufen, um sich mit ihm zum Essen zu verabreden.

Dabei erzählte er, dass seine unabhängigen Distributoren ihn nicht schnell genug und nicht prominent genug im Einzelhandel platzierten. Davis schreibt, Bell habe ihm fünfzig Prozent an Stax angeboten, aber wie schon im Harvard Report anklang, rieten die Anwälte von einer solchen Transaktion ab, weil Columbia damit die Kartellgesetze verletzt hätte. Stattdessen wurde ein exklusiver Distributionsvertrag ausgehandelt, der alle, die an Bells Geschäftssinn zweifelten, zunächst beruhigte. Stax bekam sechs Millionen Dollar, quasi als Vorschuss, und behielt kreativ das Sagen. Stax-Historiker Peter Guralnick schrieb: »So, wie der Vertrag aufgesetzt war, erhielt Stax für jede ausgelieferte Platte Geld, ungeachtet der Abverkäufe. Mit anderen Worten: Je mehr Platten Stax presste, desto mehr Geld verdienten sie. Es war ein großzügiger Vertrag, der auf Davis' Verständnis von Abmachungen per Handschlag beruhte. Im Harvard Report war CBS vor solchen Arrangements gewarnt worden. Aber es waren die Verantwortlichen von Stax, die hätten vorsichtiger sein sollen.

1973 wurde Davis kurzerhand von seinem Posten als Präsident der CBS entfernt. Das Unternehmen sagte damals, Davis wäre gefeuert worden, weil er in den sechs Jahren als Präsident falsche Spesen im Gegenwert von 94.000 Dollar abgerechnet habe. Branchenkennern scheint aber wahrscheinlicher, dass man ihn feuerte, weil in den Medien Gerüchte aufkamen, hohe CBS-Manager wären in die Zahlung von Drogengeldern an Diskjockeys verwickelt, und Davis' Prominenz ihn zur idealen Zielscheibe machte. CBS besaß Radiosender, die der staatlichen Rundfunkaufsicht unterlagen, und konnte sich einen solchen Skandal auf höchster Ebene unter keinen Umständen leisten.

Für Stax war Davis' Entlassung eine Katastrophe. »Wir trafen uns regelmäßig, es gab einen regen Austausch zwischen CBS und Stax in Memphis«, erzählte Jim Smith Logan Westbrooks. »Wir hatten täglich Kontakt. Wir telefonierten sechs-, siebenmal am Tag miteinander, waren immer informiert, was auf dem Markt los war, wurden bei Problemen im Voraus gewarnt und konnten sie gemeinsam lösen. Wir sahen, dass sie es wirklich ernst meinten mit der Zusammenarbeit. Als Clive Davis CBS verließ, änderte sich das schlagartig.«

Die neuen Machthaber nahmen sofort Davis' Verträge unter die Lupe. Der Stax-Vertrag gefiel ihnen überhaupt nicht. Stax sollte von jeder Platte zwei Dollar erhalten, ohne die üblichen Prozente, die für Retouren und Beschädigungen einbehalten wurden. Mit sofortiger Wirkung hielt CBS vierzig Prozent zurück. Stax bekam nur noch 1,20 Dollar pro Platte, was die Rückzahlung der Kredite bei der Bank in Memphis erschwerte.

Ab 1973 waren Stax und Bell in Prozesse gegen CBS und die Union Planters National Bank verwickelt, dazu kamen noch eine Steuerprüfung und viele andere Versuche, den Ruf des Labels zu ramponieren. Im Nachhinein wurde Bell von allen Anschuldigungen freigesprochen, aber sein Ruf war angeschlagen. (Erst 1988 fand er wieder einen bedeutenden Job in der Branche, als ihn ausgerechnet Motown als A&R-Manager einstellte). Dem Kreditberater der Bank, der ihn betreut hatte, wies man später Unterschlagung in zwei Fällen nach. Offensichtlich wurde Bell in jener Zeit nicht gut beraten.

»Eine Schlacht kam nach der anderen«, erinnert sich Bell. »Einmal stand ich vorm Bundesgericht wegen einer Kartellklage gegen CBS mit einem Streitwert von 67 Millionen Dollar. Auf der anderen Seite rückte mir ohne jeden Grund die Steuerfahndung der Bundesfinanzbehörde auf die Pelle.« Der Prozess verlief im Sande. Wenn Bell der Meinung sein sollte, dass sein politisches Engagement etwas mit seinem Niedergang und dem von Stax zu tun haben könnte, so sagt er es zumindest nicht direkt. Stattdessen spricht er vom »Streit mit der Gemeinde in Memphis. Als bekannt wurde, dass Stax mir gehörte, bekam ich das Gefühl, dass die Leute mich kontrollieren wollten.«

1976 schloss Stax seine Pforten. Eines der größten Labels aller Zeiten fiel seinem Ehrgeiz und der Wirklichkeit der Buchhalter von CBS zum Opfer.

Philly vor

Der Niedergang von Stax machte viele vorsichtig, was Verbindungen zu Großkonzernen anging. Die Story von PIR jedoch ist ein CBS-Märchen, das wahr wurde. Die Ursprünge des Labels lagen in der fruchtbaren Musikszene der 60er Jahre in Philadelphia, die den Twist, den Plattenhändler Bruce Webb und das Team aus Sänger und Texter Kenny Gamble und Pianist und Arrangeur Leon Huff hervorgebracht hatte. Mitte der 60er Jahre taten sich Gamble und Huff zusammen, um Songs zu schreiben und zu veröffentlichen. Sie heuerten eine junge Generation Musiker und Arrangeure an, die ihnen dabei helfen sollten. Bassist Ronnie Baker, Schlagzeuger Earl Young und Gitarrist Norman Harris waren der harte Kern ihrer Band. Als Arrangeure wurden Bobby Martin und ein Pianist und Arrangeur namens Thom Bell verpflichtet. Der Tontechniker Joe Tarsia übernahm ein mittelmäßiges Studio namens Sound Plus, benannte es in Sigma Sound um und hatte das Glück, Gamble, Huff und Bell zu einer Probesession überreden zu können. 1968 waren alle Puzzleteile von Philly International beisammen.

Der erste große Erfolg stellte sich mit Jerry Butler ein. Nachdem er 1960 mit den Impressions den Curtis Mayfield-Klassiker »For your precious love« aufgenommen hatte, stagnierte seine Karriere bei Mercury Records, weil man ihn dort als kaffefarbene Variante von Andy Williams zu vermarkten versuchte. Das Team von Gamble und Huff arrangierte wohl modulierte Midtempo-Songs mit kontrastreicher Instrumentierung – dynamische, pulsierende Basslinien, Latin-Perkussion und Streicher, dazu ein sanftklingender Frauenchor – um Butlers vollen Bariton, und landete 1967 und 1968 eine ganze Reihe Hits mit ihm. Die bemerkenswerteste Platte war »Only the strong survive«, die alle Markenzeichen des Teams aufwies und in deren Text eine kräftige autoritäre Note mitklang.

Atlantic Records wollte der Karriere von Wilson Pickett, dessen vom Süden geprägter Soul »Midnight Hour« allmählich verblasste, einen neuen Schub geben und wandte sich an Gamble und Huff. Die Philly-Truppe enttäuschte sie nicht. »Don't Let The Green Grass Fool You« war musikalisch und thematisch stark an »Strong« angelehnt und untermauerte den Ruf des Teams als Produzenten, die besonders männlichen Sängern unglaubliche Leistungen entlocken konnten. Nun kamen regelmäßig Aufträge für Produktionen und Arrangements.

Insbesondere Gamble war ein Visionär, der in der lokalen Szene die Anlagen für ein Unternehmen im Motown-Maßstab erkannte. 1967 gründete er Gamble Records, um sich mit Motown und Stax in eine Reihe zu stellen. Die Intruders, eine vierköpfige Gesangstruppe, war das Aushängeschild des Labels. Leider waren Vertrieb und Distribution bei Gamble Records nicht von derselben Qualität wie die Musik. Außerdem schafften Gamble und Huff es nicht, ein vernünftiges Management zu engagieren. Die Balance aus Kreativität und Organisationstalent, die nötig war, um ein Unternehmen am Laufen zu halten, sollte den beiden immer fehlen.

Sie erkannten diese Schwäche und schlossen 1968 einen Distributionsvertrag mit Chess Records. Zehn Jahre zuvor wäre das ein richtiger Schritt gewesen, aber nun war Chess bereits auf dem absteigenden Ast. Schwarze Popmusik hatte schon eine ganze Weile nichts mehr mit Blues zu tun, aber die Chess-Brüder hatten schon zu viel Geld verdient, um sich daran zu stören. Marshall, Sohn von Mitbegründer Leonard, war der Erbe, und ihm fiel die Rolle zu, das Label neu auszurichten. Aber der hatte sich dem Rock verschrieben und war viel zu sehr mit den Rolling Stones beschäftigt. Dann wurde Chess von dem Mischkonzern GRT aufgekauft, und das Chaos brach aus. Das Bisschen an Einfluss, das Chess noch beim schwarzen Radio und beim Handel gehabt hatte, verschwand durch die Übernahme, und die Musik von Gamble und Huff blieb in der allgemeinen Verwirrung auf der Strecke.

Wieder frustriert, waren die beiden reif für die finanzielle Stabilität, die ihnen Clive Davis bieten konnte. Für Gamble und Huff wurde mit der Gründung von Philadelphia International Records (PIR) ein Traum Wirklichkeit: Sie erhielten Zugang zu einer großen Vertriebsorganisation, zu garantierten, fetten Vorschüssen und zu einer relativ ehrlichen Buchhaltung. CBS erhielt die exklusive Kontrolle über ein Duo, das schon einen Ruf als Trendsetter des schwarzen Pop hatte, die Creme der Sänger und Musiker in Philadelphia, die Titel von Mighty Three Music (des Musikverlags von Gamble, Huff und Bell), und auf lange Sicht das Wichtigste: CBS konnte nun von Grund auf ein schwarzes Label aufbauen. Sobald diese Maschinerie angelaufen war, konnte nichts, auch Davis' Entlassung, sie mehr aufhalten.

PIR setzte den Standard. In den letzten zwei Jahrzehnten wurden die meisten schwarzen Plattenlabel von großen Labels finanziert oder zumindest vertrieben. Die Großkonzerne begannen, Geld in schwarze Musik zu investieren, und niemand sollten mehr dem Wunsch nachhängen, ein völlig unabhängiges Label auf die Beine zu stellen.

Beide, PIR und CBS, hielten sich an die Abmachungen. Zum ersten Mal finanziell abgesichert, setzten Gamble und Huff zum kreativen Höhenflug an. In den Stimmen von Ex-O'Jay Eddie Levert und Teddy Pendergrass von Harold Melvin and the Bluenotes fanden sie die optimalen Vehikel für ihre differenzierten musikalischen Botschaften. Levert und Pendergrass verfügten über ein weit größeres Ausdrucksspektrum als Butler oder Pickett und widmeten sich dem Material von Gamble und Huff mit größter Sorgfalt.

»Backstabbers« war eine düstere Mediatation über Verrat, in der Bobby Martins brillanter Bläsersatz und das Wechselspiel von Leverts intensiver Stimme und den Backgroundstimmen Akzente setzten. »For the love of money« war genauso dramatisch, vorangetrieben vom erstaunlichen Gruppenklang der Philly-Musiker, die man heute als MFSB kennt (bei diesem Song unterstützt von dem New Yorker Bassisten Anthony Jackson, der auch als Co-Autor neben Gamble und Huff genannt ist). Dies waren die ersten Lebenszeichen des »Sound of Philadelphia«.

Gamble und Huff machten sich Gedanken über die Sklaverei (»Ship A'Hoy« von den O'Jays), Umweltschutz (»The Air That I Breathe«), geistige Erleuchtung (»Wake Up Everybody«), Korruption (»Bad Luck«) und die vom Mann dominierte Familie (»Family Reunion«). Doch, PIR nahm auch Songs über die Liebe auf. Es gibt nur wenige Songs, die das Thema Seitensprung überzeugender behandeln als Billy Pauls »Me And Mrs. Jones« – inklusive aller Country-Songs. Oder Songs von bittersüßer Sehnsucht wie »Hope That We'll Be Together Soon«, das die Bluenotes gemeinsam mit Sharon Paige sangen, oder so zwingende Tanznummern wie MFSBs »Love is the message«.

Dennoch war in dieser Erfolgsphase die »Message In The Musik« das Markenzeichen von PIR. Dieser Satz stand auf jedem PIR-Album, gefolgt von einer Minipredigt Gambles. Auf der Rückseite des *Family Reunion*-Albums schrieb Gamble beispielsweise:»Die Kluft zwischen den Generationen ist nur ein Plan des Bösen. Er zerstört die Struktur der Familie und bringt damit den Fluss des Wissens von den Weisen zu den Jungen zum Versiegen, und er bremst die Energie der Jungen, die ihre Stärke gegenüber dem Wissen und dem Alter ist. Wenn wir wahrhaftig sein und alle Dinge verstehen wollen, müssen wir die Struktur der Familie – Mutter, Vater, Schwester, Bruder – wieder herstellen und einander mit Respekt behandeln. Denkt daran: Die Familie, die gemeinsam betet, bleibt zusammen. Lasst die Familie wieder einig sein.« »Unity«, Einigkeit, hieß ein Song auf dem Album.

Mitte der 70er Jahre sah Gamble in PIR nicht mehr nur ein Musikunternehmen, sondern auch eine Kanzel, von der aus er missionieren konnte, denn er hatte sich eine Weltanschauung zu eigen gemacht, die indirekt seinen privaten Glauben an die Lehren des Islam offenbarte. Gamble entwickelte seit seinen frühen Hits einen harten, männlich dominierten, antimaterialistischen Standpunkt und streute diesen Samen offen und versteckt über Amerika aus. Die Ironie dabei ist natürlich, dass seine Predigten gerade unter den Fittichen des CBS-Konzerns ihren Höhepunkt erreichten.

CBS war es gleich, zumindest Gambles Predigten, denn PIR garantierte sichere Plattenverkäufe auf dem schwarzen Markt. In den frühen 70ern spielten schwarze Familien die Platten von den O'Jays und den Bluenotes, bis die Rillen ausgeschliffen waren. PIR hatte Hitsingles, die CBS klugerweise als Alben vermarktete, genau wie bei einer Rockband, und die Länge der Albumtitel (»Ship A'Hoy« dauerte dreizehn Minuten) erleichterte die Kaufentscheidung zugunsten eines Albums. Die Länge von Tanzmixen wie das monumentale »I Love Music« und »Bad Luck« verschoben die Länge schwarzer Singles von etwa drei Minuten auf vier, fünf und mehr. Der Philly-Sound, inspiriert von den Produktionen von Gamble und Huff mit den O'Jays, Harold Melvin and the Bluenotes, MFSB, den Three Degrees (besonders »When will I see you again«, der einzige große Hit von Gamble und Huff mit weiblicher Leadstimme), begann, die Tanzmusik zu dominieren. Seine Markenzeichen waren die perlenden Rhythmusgruppen mit Latin Perkussion-Breaks, wirbelnde Streicher- und Bläserarrangements und ein säuselnder weiblicher Hintergrundchor – ohne Gambles missionarische Texte. Dieser Klang findet sich auf Platten, die in Philadelphia produziert wurden, von den MFSB-Mitgliedern Harris, Young und Baker (sie produzierten Double Exposure, First Choice, The Tramps, und Vince Montana mit dem Salsoul Orchestra), in Los Angeles bei Barry White, in München bei Silver Convention und in New York bei Van McCoy, dessen Song »The Hustle« 1975 eine neuartige Tanzwut auslöste.

So begann die Phase der Großkonzerne in der schwarzen Musik mit dem Tod eines Labels und mit der Entstehung eines anderen. Beide waren aus fruchtbaren regionalen Musikszenen hervorgegangen und wurden von starken, politisch engagierten Schwarzen geführt. Aber es gab einen wesentlichen Unterschied. Stax, eine Organisation mit einer zehnjährigen Erfolgsgeschichte, versuchte bei allem Kommerz, durch soziales Sponsoring und seine Aktivitäten in den schwarzen Vierteln politisch so fortschrittlich wie möglich zu sein, ohne dabei den Profit aus den Augen zu verlieren.

Phillys International war eine Organisation, die zu Anfang ihrer Beziehung mit den amerikanischen Großkonzernen noch relativ ungeformt war.

Aber sie lernte, in einem weißen Unternehmensumfeld zu funktionieren – trotz der Verkündigungen eines ihrer Chefs. Und als wichtigstes Investment der CBS-Abteilung für schwarze Musik kam PIR gut klar. Die Botschaft in der Musik? Assimilation funktionierte, besonders für einen schwarzen Nationalisten und Kapitalisten, der in der Lage war, Hits zu schreiben.

**Sechs**    Crossover: Der Tod des Rhythm and Blues
        (1975 – 1979)


Unabhängige Plattenfirmen, das Rhythm and Blues-Radio, Plattenhändler in schwarzen Wohnvierteln und die Kreativität schwarzer Amerikaner waren zusammengekommen und hatten in den dreißig Jahren nach dem Zweiten Weltkrieg die Rhythm and Blues-Musik erschaffen. Der Kampf gegen die offene Rassendiskriminierung in Amerika hatte den Schwarzen Auftrieb gegeben, einen gemeinsamen Traum, der auch die Musiker inspirierte. Mitte der 70er Jahre hatte es ein Teil des schwarzen Amerika geschafft. Sie hatten die Barrikaden überwunden und lebten jetzt in Stadtvierteln, wo man sie noch zehn Jahre zuvor gelyncht hätte. Viele glaubten, es sei an der Zeit, das Adjektiv »schwarz« aus ihrem Leben zu streichen. In diesem Geiste begann der Begriff »Crossover« alle Diskussionen über schwarze Musik und schließlich die Musik selbst zu dominieren. Im Zuge dieser Entwicklung ging vieles verloren, was die Rhythm and Blues-Welt in Gang gehalten hatte. Manches vielleicht für immer.
Es gab viele Erscheinungsformen des Crossover, die einander beeinflussten und das Geschäft mit der schwarzen Musik wesentlich veränderten. Eine Welle von Vertragsabschlüssen mit großen Labels Anfang bis Mitte der 70er Jahre dezimierte die Zahl der unabhängigen Labels, denn nicht nur wichtige Musiker, sondern auch Songschreiber und Manager gingen ihnen dadurch verloren. 1971 unterschrieb James Brown, noch immer ein Held in Amerika, bei Polydor, der amerikanischen Tochter des riesigen europäischen Philips-Siemens-Konzerns. Die Drehtür bei Motown kam

nicht mehr zum Stillstand: Der A&R-Direktor Mickey Stevenson unterschrieb bei MGM; Harvey Fuqua, Produzent, Songschreiber und Manager für Künstler-Entwicklung, heuerte als Produzent bei MCA an; das Songschreiber- und Produzententeam Nick Ashford und Valerie Simpson wollte auf die Bühne, und Warner Brothers erfüllte ihnen diesen Wunsch. Brian Holland, Lamont Dozier und Eddie Holland unterschrieben Verträge sowohl mit dem Independent-Label Buddah als auch mit dem Konzern Capitol. Gladys Knight and the Pips und die Isley Brothers gingen zu Buddah (in der Folge wanderten die Isleys mit ihrem T-Neck-Label zu CBS ab, und Gladys Knight zu Columbia). Die Four Tops unterschrieben bei ABC, die Staple Singers bei Warner Brothers, Johnnie Taylor and the Soul Children gingen zu Columbia beziehungsweise zu Epic. Curtis Mayfield brachte sein Curtom-Label bei Warner Brothers ein, gemeinsam mit den Impressions und Leroy Hutson.

Im Februar 1976 konnte Warner Brothers ein viertätiges Festival im New Yorker Beacon Theater unter dem Titel »California Soul« veranstalten, an dem dreizehn Bands auftraten, darunter Ashford und Simpson, die Impressions, Leroy Hutson, das Philly-Frauentrio First Choice, Graham Central Station (angeführt von Slys ehemaligem Bassisten Larry Graham), Dionne Warwick, die Staple Singers und zwei Jazz-Musiker, der Gitarrist und spätere Sänger George Benson und der Sänger Al Jarreau. Bei der Show wurde eine Broschüre und eine Single mit Albumauszügen als Andenken verschenkt. Die Konzerte fanden nicht im Apollo, sondern im etwa genauso alten West Side Theater statt. Warner Brothers ließ die Konzerte von dem Top-Rockpromoter Ron Delsner promoten, um der Show zusätzlichen Pfiff zu geben. Im Gegensatz zum modernen, liberalen und abenteuerlustigen Image ließ Warner Brothers seinen schwarzen Managern jenseits der Plattenpromotion wenig Raum zur Selbstdarstellung. (Den ersten schwarzen A&R-Vizepräsident, Benny Medina, stellte Warner erst 1987 ein.) Weiße Manager kontrollierten die Talentsuche, und die für Marketing, Merchandising und Promotion im Popradio Zuständigen redeten ebenfalls mit. Der bekannteste schwarze Manager in der Geschichte des Unternehmens, Tom Draper, fing als Vorstandsmitglied und als Direktor der Abteilung für schwarze Musik im Oktober 1975 bei Warner an. Er war der erste Manager von außerhalb, der sofort in den Vorstand berufen wurde – ein Schritt, der klar dazu gedacht war, die schwarze Bevölkerung vom Engagement Warners für schwarze Musik zu überzeugen. Außerdem war der Zeitpunkt günstig, denn so hatte man vier Monate später ein schwarzes Gesicht, das die »California Soul«-Konzerte repräsentieren konnte. Drapers Karriere in der Musikbranche hatte zwei Jahre zuvor begonnen, als RCA ihn aus dem Geschäftsbereich Unterhaltungselektronik in den Bereich Schallplatte holte. Im August 1975 wurde er Abteilungs-Vizepräsident bei RCA. Im gleichen Monat nahm der weiße Warner Brothers-Manager Bob Krasnow George Benson, der vorher beim unabhängigen Jazz-Label CTI gewesen war, die schwarze Funkrock-Band Funkadelic vom Independent-Label Westbound und traditionelle Jazzgruppen unter Vertrag. Krasnow war früher Präsident von Liberty und Blue Note Records gewesen, Labels mit umfangreichem Jazz- und Rhythm and Blues-Repertoire (Ike und Tina Turner hatten »Proud Mary« bei Liberty veröffentlicht). In den nächsten fünf Jahren sollte er noch Chaka Khan und andere schwarze Top-Acts zu Warner holen.

Draper tat einen klugen Schritt. Im Gegensatz zu RCA war Warner Brothers gut geführt, offensiv und wirklich an der Musik interessiert. RCA hatte seine Abteilung für schwarze Musik im Oktober 1976 aufgelöst. In den 80er Jahren sollte sie ein weiteres Mal gegründet und gleich wieder aufgelöst werden. Draper verdiente bei Warner sicher mehr Geld, so wie auch die schwarzen Künstler bei den großen Labels mehr verdienten. Geld – große Honorarvorschüsse und großzügige Honorarsätze, wenn die Platten anfingen, Profit abzuwerfen – war ein überzeugendes Argument. Als zum Beispiel die Jackson Five bei Motown unter Vertrag waren, bekamen sie ein Honorar von 2,7 Prozent verkaufter Platten. Alle Spesen wurden mit den Umsätzen verrechnet, und ohne dass die Familie Jackson es wusste, hatte sich Motown die Rechte am Namen »Jackson Five« gesichert. Als sie zu Epic desertierten, eine Prozesslawine auslösten und am Ende Bruder Jermaine an Motown verloren, erfuhren die Jacksons, was Großkapital bedeutete: Sie erhielten einen Vertragsbonus von 350.000 Dollar pro Album und 28 Prozent Tantiemen auf den Großhandelspreis jedes verkauften Albums in Amerika (im Ausland: 24 Prozent). Das hieß, dass sie 98 Cent pro Album bekamen – eine Steigerung gegenüber ihren Einkünften bei Motown um etwa 500 Prozent.

CBS behielt fast wie Motown die Kontrolle über die Auswahl der Produzenten und des Materials. Das Problem, wer künstlerisch das Sagen hatte, war bei den Konzernen genauso schwierig wie bei den kleinen Labels. Die höchst unterschiedliche Geschäftspolitik der Großen und der Independent-Labels wirkte sich auch auf die Frage nach der künstlerischen Kontrolle aus. Für ein kleines Label, selbst bei Motown Ende der 70er, musste nicht jede Platte ein Hit in den Popcharts sein, um als erfolgreich zu gelten. Die frühen Platten der Commodores waren reine Rhythm and Blues-Partymusik. Bei CBS, Warner Brothers, RCA, Polydor, MCA, Capitol und ABC war der Druck auf schwarze Künstler höher, Absatzzahlen auch bei den Weißen anzustreben, größtenteils wegen der hoch dotierten Plattenverträge.

Die Feststellung aus dem Harvard-Report, dass schwarze Platten rasch aus dem schwarzen Radio in die Popcharts gelangten, hatte CBS nicht vergessen. 1976 gab LeBaron Taylor, Chef der Abteilung für schwarze Musik bei CBS, Geoffrey Stokes von *Village Voice* ein gruseliges Interview, in dem er, ohne es zu wollen, die ganze Crossover-Strategie offen legte: CBS lege Wert darauf, als erste Single aus einer neu erschienenen LP immer einen Titel auszuwählen, der sowohl Schwarze als auch Weiße ansprach. Im Idealfall, so die Lehre aus dem Harvard-Report, brachte man den Titel im schwarzen Radio unter, verkaufte ihn dann 500.000-mal bis zur »Goldenen« und anschließend vermarktete man ihn als »Hit« an das Mainstream-Publikum.

1975 verkaufte sich Johnnie Taylors Single »Disco Lady«, eine Platte, die sich ausdrücklich an die Disco-Welle anhängte, 2,5 Millionen Mal. Die Ballade »Kiss and Say Good-Bye« der Manhattans von 1976 verkaufte sich über eine Million Mal. Wie es Le Baron Taylor beschrieben hatte, hielt CBS die Alben bis fast zwei Monate nach Erscheinen der Singles zurück. »Ich gebe kein Album heraus, bevor die Single nicht etabliert ist – besonders nicht an Programmdirektoren vom Radio, die gern einen anderen Titel spielen und dir erzählen wollen, dass du den falschen ausgesucht hast«, erklärte er. »So können die Käufer und die Radiomacher dir nicht auf die Schliche kommen.« Aber die *Voice* stellte fest, dass »dieses Verfahren – besonders, da die Singles nach ihrem Crossover-Potenzial ausgesucht werden – schwarze Radiohörer zum Testpublikum degradierte für Platten, die für eine weiße Käuferschaft gedacht sind«. Für viele Soulsänger, die sich mit CBS in der Hoffnung eingelassen hatten, ein Crossover-Publikum zu erreichen, erwies sich diese Strategie als katastrophal. Dazu gehörten die Rhythm and Blues-Urgesteine Gladys Knight and the Pips, Bobby Womack, Tyrone Davis, Z.Z. Hill und Johnnie Taylor. Das schwarze Radio lehnte ihre Pop-Gehversuche rundweg ab oder mochte in manchen Fällen einfach ihre erste Single nicht. Da es keine Albumstücke gab, die man stattdessen spielen konnte, verschwanden diese Bands für längere Zeit komplett aus dem Radio. Da CBS einen Überschuss an Bands zu promoten hatte, darunter auch die regelmäßigen Hitlieferanten von Philly International, blieben die erwähnten Urgesteine auf der Strecke. Am Ende wurden alle, außer Gladys Knight, ausgemustert. Bobby Womack, Ziehkind des Crossover-Pioniers Sam Cooke, produktiver Songschreiber und ein Studiogitarrist der Spitzenklasse, war Anfang bis Mitte der 70er Jahre ein bedeutender Soulmusiker gewesen. Zu seinen Verdiensten zählen unter anderem der Klassiker »I Can Understand It« und der Hit des gleichnamigen Blaxploitation-Films »Across 110th Street«.

Mit seiner kernigen Stimme, die an Cookes Gospelaufnahmen erinnerte, hätte Womack die Rhythm and Blues-Musik der 70er Jahre prägen können. Stattdessen ging seine Karriere in der Flut der CBS-Veröffentlichungen unter. Womack hatte 1977 gerade beim Warner-Label Columbia unterschrieben und machte mit einem Promoter von CBS einen Besuch bei einem führenden schwarzen Sender. Er erinnert sich wehmütig: »Als er ihnen endlich die neuen Isley Brothers, die neuen Earth, Wind and Fire, den neuen Teddy Pendergrass und die neuen Jacksons nahegebracht hatte, fragte er, ob in der Playlist noch ein wenig Platz für den guten alten Bobby Womack sei.« Es war kein Platz mehr. 1978 stieg Womack bei CBS aus und war Ende der 70er Jahre, nach einem gefloppten Album bei Arista, aus der Rhythm and Blues-Szene verschwunden.

Manche sagen, Womacks Scheitern läge an seiner Musik, seine Alben bei Columbia seien einfach nicht so gut gewesen wie die bei United Artists. Das mag seinen Teil beigetragen haben. Aber es ist keine Frage, dass die Crossover-Strategie von CBS und die große Anzahl der Künstler unter Vertrag vielen Veteranen das Genick brachen. Tyrone Davis war zwar nicht ganz so talentiert wie Womack, aber auch er ist ein Rhythm and Blues-Musiker, dessen Karriere bei CBS endete. Davis stammte aus Chicago, war groß, elegant und sang im hellen Bariton. Er hatte gerade eine Nummer Eins-Single in den schwarzen Charts namens »Turning Point« und viele andere schwarze Top-Ten-Erfolge bei Brunswick abgeliefert, dem Indie-Label, das auf Jackie Wilsons Platten fußte – als er 1977 bei Columbia unterschrieb, um mehr Geld zu verdienen und das weiße Publikum zu erreichen. Bei CBS sollte Davis ein Opfer der gesellschaftlichen und wirtschaftlichen Verhältnisse werden.

Die weißen Manager, die Davis unter Vertrag nahmen, waren von seinen Verkaufszahlen beeindruckt, aber sie verstanden nicht, weshalb er populär war. Sie hatten keine Ahnung, dass sein Publikum älter und weniger gebildet war als das der neuen Künstler wie der O'Jays oder Earth, Wind and Fire. Viele Mitarbeiter der Abteilung für schwarze Musik waren von Davis nicht sonderlich begeistert. Klar, er verkaufte Platten, aber seine Musik war »alt«. Warum sollte man mit ihm arbeiten, wenn es so viele neue Bands mit frischeren Sounds gab? Doch als er unterschrieb, ließen seine regelmäßigen Plattenverkäufe die Kritik verstummen.

Seine erste Single »Give it up, turn it loose« war ein voller Erfolg in den schwarzen Charts. Die Single-Auskopplung seiner nächsten LP, »Get on up, Disco«, eine Verbeugung vor der Disco-Welle, war Davis' Versuch, Johnnie Taylors großen Erfolg mit »Disco Lady« zu wiederholen. Die Platte war relativ erfolgreich, aber keine zweite »Disco Lady«. Das frustrierte Davis, und er verbrachte zu viel Zeit damit, *den* Crossover-Hit zu schreiben. Davis litt an schwerem Disco-Fieber, und glaubte, im eckigen Rhythmus und dem Hi-Hat-Zischen des Disco-Sounds läge der große Erfolg, der sein Leben für immer verändern würde.

Dann nahm Davis 1979 einen Song namens »In The Mood« auf, eine altmodische Ballade mit Streichern, die den Reichtum seiner Stimme zur Geltung brachte. Sie war überladen, aber sie funktionierte. Doch Davis befürchtete, die Veröffentlichung dieses Songs würde das Aus für seine Karriere bedeuten. Aber Paris Eley, ein junger Promoter, der gerade von Epics schwarzem Promotion-Chef auf diesen Posten befördert worden war und einer der wenigen jungen Schwarzen, die Davis' Musik mochten, entschied: »In The Mood« wird ein Hit, und wird mit hoher Priorität promotet. Ungefähr zur selben Zeit hatte Polydor, die Dominanz der Disco-Musik ignorierend, dem Disco-Hit »Shake Your Groove Thang« von Peaches and Herb die wunderschöne Ballade »Reunited« von Freddie Perren und Dino Fakaris folgen lassen. Die beiden Außenseiter-Songs kletterten gemeinsam in die schwarzen Charts. »In the Mood« sollte sich am Ende 700.000-mal verkaufen, während »Reunited« fast zwei Millionen Mal verkauft wurde und sich zum Pop-Klassiker entwickelte.

Beides waren exzellent gemachte Titel, aber »In the Mood« verkaufte sich weniger gut, weil trotz Eleys Bemühungen Columbias interner Arbeitsplan dem Erfolg des Titels im Wege stand. Polydor reagierte sofort, als »Reunited« bei den weißen Radiosendern positiv aufgenommen wurde, und startete den »crossover«. Columbia brachte »In the Mood« bei einigen Pop-Sendern unter, aber nahm den überraschend guten Verkauf im Wesentlichen hin, ohne ihn weiter zu fördern.

Johnnie Taylor hatte nie mehr eine »Disco Lady«, und Tyrone Davis sollte bei CBS nie mehr einen Erfolg wie »In the Mood« erreichen. »Niemand in der Firma betrachtete sie als entwicklungsfähige Künstler«, erinnert sich ein Columbia-Mitarbeiter an die Einstellung gegenüber den Soul-Urgesteinen. »Wir wollten aus diesen Musikern einen Hit herausholen, und danach war es vorbei. Die Art von künstlerischer Entwicklung, die wir in der gleichen Zeit mit Deniece Williams oder Teddy Pendergrass betrieben, war für sie nicht vorgesehen.« Diese Einstellung war nicht nur typisch für CBS. Candi Staton, einer Sängerin mit erotischer Stimme, die sich im Süden mit mutigen Songs über treulose Liebhaber eine Fan-Gemeinde geschaffen hatte, gelangen auch bei Warner Brothers ein paar Soul-Disco-Hits (»Young hearts run free«, »Victim«). Aber sie verkaufte keine LPs, was teilweise daran lag, dass Warner Brothers nicht so gewissenhaft an ihrer Entwicklung arbeitete, wie man das mit Künstlern wie Ashford und Simpson oder George Benson tat.

Taylor, Davis, Staton und die meisten anderen traditionellen Rhythm and Blues-Musiker wurden nicht mehr von einem großen Label unter Vertrag genommen, wenn sie bei einem anderen ausgemustert worden waren. Den weißen Managern war es gleichgültig, welche Auswirkungen das auf die Entwicklung der schwarzen Musik hatte. Wenn sich junge schwarze Plattenkäufer nicht mit diesen Künstlern identifizierten, dann taten auch sie es nicht. Die schwarzen Manager wussten sehr wohl, dass es für diese Künstler noch ein großes Publikum gab, eines, das älter war und weniger spontan beim Plattenkauf. Aber viele von ihnen fanden, dass das Eintreten für ältere Musiker die Mühe nicht wert war. Hinter verschlossenen Türen machten sie sich sogar über die alten Soul-Knacker mit ihrem glattgebürsteten Haar, ihren weißen Anzügen und ihren nostalgischen Gedanken an den alten Chitlin Circuit lustig – zu einer Zeit, als Earth, Wind and Fire im Madison Square Garden mit topmoderner Pyrotechnik die Attraktion war. Das Publikum, das diese Manager, ob weiß oder schwarz, im Visier hatten, ging entweder aufs College oder hatte es vor und repräsentierte die Werte des Mittelstands. Es war ein Publikum, das zu jung war, um sich für die reifen Geschichten der Rhythm and Blues-Veteranen zu begeistern. Schwarze Musik war in den 60er Jahren eine Angelegenheit der ganzen Familie gewesen. Die Temptations, Aretha Franklin und Curtis Mayfield hatten sehr vielen Schwarzen gefallen. Eines der Resultate der Vermarktung schwarzer Musik durch die großen Konzerne war eine Zersplitterung des Marktes nach gesellschaftlichen Schichten und – zum ersten Mal seit dem Übergang vom Swing zum Bebop – nach Altersgruppen.


Disco-Fieber


Der Crossover-Gedanke und die überfüllten Vertragsordner der großen Labels waren interne Probleme der Branche, die die Rhythm and Blues-Welt schwächten. Eine Kraft von außen, die zur Zerstörung des Rhythm and Blues beitrug, indem sie der Musik die Wurzeln entzog, war Disco. Ironischerweise begann Disco als Erweiterung der schwarzen Tanzmusik. Erst in Europa, dann in den USA wurden Discotheken populär, wo man zu Schallplattenmusik tanzte wie auf einer privaten Party. Die Musik, die anfangs in Discos gespielt wurde, stammte größtenteils von schwarzen Musikern.

Von 1971 bis 1975 waren es die Nachfolger von Sly wie Kool and the Gang (»Funky Stuff«, »Hollywood Swinging«), die Ohio Players (»Skin Tight«, »Fire«) und Gesangsaufnahmen mit ausgedehnten Instrumentalparts wie zum Beispiel beim Ex-Mitglied der Temptations Eddie Kendrick mit »Boogie Down« und »Keep On Truckin'«, die den Sound für die Discotheken lieferten. TK Records in Florida gehörte Henry Stone, einem alten »weißen Neger« der 50er und 60er Jahre. Er hatte die ersten Hits, die von den Discotheken ins schwarze Radio wanderten und sich schließlich auch an Weiße verkauften: George McCraes »Rock your Baby« und Gwen McCraes »Rocking Chair«. Die Rhythmusgruppe dieser Hits entfaltete ihre Wirkung hinter dem uninspirierten Geschrei eines weißen Keyboarders namens Harry Casey. Unter dem Namen KC and the Sunshine Band schufen sie simple, aber unwiderstehliche Tanznummern (»Get Down Tonight«, »Shake Your Booty«, »Boogie Shoes«) die, wie McCraes Platten, auf Rhythm and Blues-Funkriffs und Arrangements aufbauten. Zwei Bands aus Brooklyn, B.T. Express (»Express«, »Do it til your satisfied«) und Brass Construction (»Changin«) fügten ihren ausgedehnten Tanzplatten Streicher und Bläser hinzu, aber auch hier stammten die Grooves aus der Rhythm and Blues-Tradition.

Aber zwischen 1976 und 1980 wirkten zwei musikalische Kräfte zusammen, die der Discomusik das Funk-Gefühl austrieben und sie zu sinnlosen Wiederholungen und textlicher Idiotie verkümmern ließen, und die schließlich – von Ausnahmen abgesehen – den Rhythm and Blues erdrückten. Einer dieser Faktoren war ironischerweise der Philly-Sound. Die üppigen Streichersätze, die fließenden Hörner und die Latin-Perkussion wurden von den Botschaften und Geschichten der PIR-Hits losgelöst und bildeten den Klangteppich für eine Epoche musikalischen Schunds. Der MFSB-Schlagzeuger Early Young, der mit seinem innovativen Hi-Hat- und Bassdrum-Spiel der PIR-Musik so wichtige Impulse gegeben hatte, verbrachte den größten Teil der späten 70er Jahre damit, diese Ideen bis ins Unendliche widerzukäuen. Die gleichen Musiker, die bei »Bad Luck« oder dem hymnischen »I Love Music« so inspiriert zu Werke gegangen waren, lieferten unter den Namen Ritchie Family und Salsoul Orchestra eine Reihe unglaublich geistloser Platten ab. Der Philly-Sound verkam zu einem Klischee.

Immerhin, die Disco-Platten von Philly klangen wenigstens noch, als wären sie von Menschen gemacht. Bald sollte Eurodisco Amerika erobern, zunächst aus München, später aus Italien und Frankreich. Diese Musik hatte einen Beat wie von einem Metronom – perfekt für Menschen, die kein Rhythmusgefühl haben –, fast emotionslosen Gesang und eine metallische Sexualität, die zur leidenschaftslosen High-Tech, High-Sex-Atmosphäre der Discotheken passte, die in allen größeren amerikanischen Städten aus dem Boden schossen. »Fly Robin Fly« von Silver Convention war der erste Eurodisco-Crossover-Hit, direkt aus München. Der größte Star, der aus dieser Szene hervorging, war Donna Summer und ihr Produzent Giorgio Moroder. Ihr Album *Four Seasons Of Love* von 1976 markierte die schlechtesten Tendenzen der Eurodisco-Musik, und machte Donna Summer – mit extravaganter Unterstützung durch Neil Bogart, den Präsidenten von Casablanca Records – zur erfolgreichsten schwarzen Künstlerin ihrer Zeit. Dass KC and the Sunshine Band, Salsoul Orchestra und Summer alle bei Independent-Labels erfolgreich waren, zeigte, dass trotz der immer stärkeren Vermarktung der schwarzen Musik durch Großkonzerne noch immer die kleinen Labels an der Spitze der Entwicklung standen, so stumpf diese Spitze damals auch gewesen sein mag.

Im Triumph des protzigen Philly Sounds und Eurodisco über die Sensibilität der Musik spiegelten sich sowohl die Haltung des Disco-Publikums als auch der Einfluss der Großkonzerne auf die schwarze Musik wider.

Disco wurde nicht von den Managern der Plattenfirmen, sondern von den Diskjockeys vorangetrieben. Die meisten von ihnen waren Homosexuelle, denen die Unterschiede zwischen weißer und schwarzer Kultur gleichgültig waren. Sie erhoben Sängerinnen wie Donna Summer, Gloria Gaynor, Diana Ross, Loleatta Hollaway, Melba Moore und Grace Jones zu Kult-Diven und ließen schwarze Sänger unter den Tisch fallen. Der Funk, der es in den 70er Jahren im Süden und im Mittleren Westen zu großer Popularität brachte, stand selten auf ihren Playlists. Er war zu rau und unverfeinert, und was den Disco-Fans, ob homo oder hetero, am Herzen lag, war ein Gefühl von Pseudo-Feinheit. Barry White, der die versammelten Studiomusiker auf seinen Platten als »Orchester« bezeichnete und den Arrangeur Gene Page die simplen Streicherparts mit einem Taktstock dirigieren ließ, war deshalb ein Held der Disco-Ära, weil er es verstand, dass sich ein großer Teil des amerikanischen Publikums nach den schmutzigen Jeans und der Zurück-zur-Natur-Bewegung der 60er und frühen 70er Jahre wieder nach Eleganz sehnte.

Die Umsätze, die White, Summer, Eurodisco und der gefälschte Philly-Sound von Salsoul Records den kleinen Labels bescherten, brachten die großen Plattenfirmen auf den Gedanken, diese musikalischen Techniken würden den Crossover-Prozess beschleunigen. Die neue Tanzmusik, die von den Erfindungen Gambles und Huffs inspiriert war, feierte jedoch einen Hedonismus und eine Androgynität, die den patriarchalischen Überzeugungen der Plattenbosse genau zuwiderlief. Zugleich entstand eine Hochglanz-Musik der großen Plattenfirmen, die auf dem Klang von Philly-Hits basierte (zum Beispiel Billy Pauls »Me And Mrs. Jones«, »You Make Me Feel Brand New« von den Stylistics, »Could It Be I'm Falling In Love« von den Spinners. Die beiden letzteren Songs produziert vom Soft-Soul-Guru Thom Bell). Manche Songs, wie George Bensons »This Masquerade« (Warner Brothers), »Jack and Jill« von Raydio mit Ray Parker Jr. oder »Free« von Deniece Williams waren nicht zum Tanzen geeignet, aber sie lösten Karrieren aus, so hochglanzpoliert und glatt wie ein frisch gebügeltes Polyesterhemd. Die tanzbaren Stücke kommen sehr süß, melodisch und unbedrohlich daher. Auch Gamble und Huff selbst nahmen einige solcher Stücke auf, mit Lou Rawls (»Groovy People«, »You'll Never Find«, »See You When I Get There«). Der Produzent Quincy Jones, dessen Weg ihn von Big Bands über Filmmusik zum Pop führte, trug mit den Brothers Johnson zwei der interessanteren Beispiele bei: »I'll Be Good To You« und »Strawberry Letter 23« auf A&M, einer Independent-Firma aus Los Angeles mit der Mentalität eines Großkonzerns. Andere Beispiele dieses neuen schwarzen Pop der großen Labels waren Marilyn McCoo und Billy Davis mit »You Don't Have To Be A Star (To Be In My Show)«, produziert vom Ex-Stax-Mitarbeiter und Autor von »Disco Lady«, Don Davis; Barry Whites »Your sweetness is my weakness« und Stephanie Mills' »What you gonna do with my loving«.

Funk und Soul verschwanden nicht völlig von der Bildfläche. Maurice Whites Earth, Wind and Fire und die Commodores unter Führung von Lionel Ritchie mischten rauen, ungehobelten Funk mit aufregenden Arrangements, Midtempo-Songs und Balladen, die so poppig waren wie irgendwas, das je aufgenommen wurde. Es sollte aber angemerkt werden, dass diese Bands mit zunehmendem Erfolg immer nichtssagender und austauschbarer wurden.

Nur eine Band-Familie (Parliament, Funkadelic, Bootsy's Rubber Band, the Horny Horns, Brides of Funkenstein, Parlet, unter vielen anderen) unter der gemeinsamen chaotischen Leitung von George Clinton (»Dr. Funkenstein«) blieb ihren Grooves treu, verwob Humor, Parodie, Slang und die Fähigkeiten einiger enorm begabter Funk-Musiker, darunter die Keyboarder Junie Morrison und Bernie Worrell, die Gitarristen Gary Shider und Mike Hampton, Sänger Gary (Mudbone) Cooper und Bassist Bootsy Collins, Arrangeur und Saxophonist Maceo Parker und Posaunist Fred Wesley. Georges Truppe machte tanzbare Anti-Discomusik auf höchstem Niveau: »Tear The Roof Off The Sucker«, »Flash Light«, »One Nation Under A Groove«, »Bootzilla«. Das ganze Konzept von P-Funk bestand darin, auf musikalisch unterhaltsame Weise mit dem Finger auf das zu zeigen, was Clinton das »Placebo-Syndrom« nannte, auch die unfunky schwarze Musik genannt. Disco, kombiniert mit den Crossover-Sehnsüchten der großen Labels, schuf Musik für diejenigen, die vom weißen Mainstream kampflos akzeptiert werden wollten.


Man konnte es ablesen


Die wirtschaftliche Integration (sprich: Wer genug Geld verdiente, konnte wohnen, wo er wollte) war den Schwarzen jetzt weit eher möglich als je zuvor. Es gab Beamtenstellen, Positionen im niederen und mittleren

Management, und Programme, die den Collegebesuch unterstützten. Alles Faktoren, die die Brieftaschendicke und den Geschmack des schwarzen Amerika beeinflussten. Bezeichnend für diese neue Einstellung war der Aufstieg des Pop-Jazz, während Bebop und der radikalere »Free Jazz« eines Ornette Coleman kaum noch wahrgenommen wurden. Popjazz – melodisch, leicht verdaulich, ohne Improvisationen – auf Platten von Saxophonisten (Grover Washington Jr., Ronnie Laws), Keyboardern (Bob James, Joe Sample), Gitarristen (Earl Klugh, George Benson) und Bands (Crusaders, Spyro Gyra) waren die perfekte Begleitung für das ultimative 70er-Jahre-Vergnügen, den Brunch.

Mit Soul hatte das nicht mehr viel zu tun, aber es war genauso beruhigend, wie in der *Black Enterprise* einen Aritkel über Karibik-Urlaub zu lesen. Solche Artikel sagten den Mittelschicht-Lesern der Zeitschrift, dass sie genügend verfügbares Einkommen für eine solche Reise hatten, genügend Weitblick, um ihren Urlaub zu planen, und genügend schwarzes Bewusstsein, ihren Urlaub in schwarz regierten Ländern zu verbringen.

In einem solchen Umfeld war »R'n'B« als Musik wie als Metapher für einen Lebensstil ein sicherer Todeskandidat. Die Welt, die ihn hervorgebracht hatte, existierte nicht mehr. Die Bindungen zwischen den Schwarzen aller Schichten lösten sich, denn viele Formen materiellen Erfolgs (oder auch nur die Illusion davon) führten direkt zur Übernahme der Crossover-Ideologie.

Der Verlierer bei diesem Wandel war natürlich die Musik. Wenn man die Hitparaden betrachtet, wird klar, dass der Traum vom Crossover noch lange nicht wahr geworden war. Man war geneigt, Crossover als triumphalen Erfolg zu feiern, nachdem Taylor »Disco Lady« 2,5 Millionen Mal verkauft hatte, Chic 1979 »Good Times« fünf Millionen Mal (damals die meistverkaufte Single aller Zeiten von Atlantic) oder auch 1979 Michael Jackson »Off The Wall« neun Millionen Mal – das von Quincy Jones produzierte Album war damals das meistverkaufte Album eines schwarzen Künstlers aller Zeiten. Aber es entwickelte sich ein schreckliches Friss-

oder-stirb-Syndrom. Wer den Durchbruch schaffte, hatte gewonnen. Wer es nicht schaffte, wurde nicht einmal zur Kenntnis genommen und konnte leicht in der Versenkung verschwinden.

Ob Crossover gelingt, misst man daran, ob sich schwarze Platten auch an Weiße verkaufen lassen. Benutzt man die Topp-Platzierungen schwarzer Nummer Eins-Hits in den *Billboard*-Popcharts als Maßstab, dann stellt sich heraus, dass 1970 das beste Crossover-Jahr war. Fünfzehn schwarze Nummer Eins-Hits in Amerika gelangten in die Top-Fünfzehn der Popcharts, und sieben davon schafften es bis auf Platz eins (obgleich die Gültigkeit der Zählung etwas beeinträchtigt wird, weil vier dieser Hits von den Jackson Five stammten, die damals am Zenit ihrer Karriere standen). Doch auch ohne die Jackson Five waren die erfolgreichsten Crossover-Jahre die Jahre von 1967 bis 1973, als die Musik noch von Independent-Labels beherrscht wurde: die Phase der besten Auftritte des Soul, die Popularisierung des Funk durch James Brown und Sly, anspruchsvolle neue Arrangements von Norman Whitfield, Marvin Gaye, Stevie Wonder, Isaac Hayes und Curtis Mayfield, eine Zeit, als schwarze Musik die Weißen noch faszinierte und die Afroamerikaner inspirierte – da funktionierte Crossover tatsächlich.

Der *Billboard*-Experte Paul Grein hat festgestellt, dass in diesen Jahren »die schwarzen Tophits im Schnitt bis auf Platz 9 der Popcharts vordrangen. Mit anderen Worten, eine typische Nummer Eins der Soul-Charts schaffte es mindestens bis in die Top Ten der Popcharts.«

Laut Grein »wurde es für den schwarzen Crossover in der Disco-Phase schwieriger. Von 1974 bis 1978 gelangte der durchschnittliche schwarze Tophit bis auf Platz 15 der Popcharts. 1978, als das Disco-Fieber seinen Höhepunkt erreichte, schaffte es der durchschnittliche Nummer Eins-Hit der Soulcharts nur bis Platz 22 der Popcharts.« Dieses Resultat bestätigt ein Blick auf die Charts aus einem anderen Blickwinkel. 1973 schafften es 36 Platten aus den Soulcharts unter die Top Hundert des Jahres in den Popcharts. 1974 waren es noch 27. 1975 schafften wieder 28 den Sprung, und 1976 stieg die Zahl auf dreißig. Aber 1977 kam der Einbruch. Nur 23 Platten schafften es von den schwarzen Radiosendern in die Top 100 von *Billboard* (darunter auch solch Disco-Tinnef wie Mecos »Theme from Star Wars«).

Ein Ergebnis des Zusammenspiels von Disco und Crossover war, dass das schwarze Radio, das Rückgrat der Rhythm and Blues-Welt, nun kein sicherer Zufluchtsort für ausschließlich schwarze Künstler mehr war. Stattdessen tummelten sich dort jetzt »weiße Neger«.

## Die neuen »weißen Neger«

Die Bee Gees, ein Vokaltrio aus drei Brüdern, die in England geboren und in Australien aufgewachsen waren, debütierte 1967 mit einer Serie von Alben, die vom Beatles-Album *Sgt. Peppers Lonely Hearts Club Band* und seinem psychedelischen Stil inspiriert waren. Die Brüder Gibb – Robin, Maurice und Barry – schienen am Ende zu sein, als ihr »Mr. Natural« auf Platz 178 der *Billboard*-Charts verhungerte. Der Australier Robert Stigwood, Manager der Gruppe und Eigentümer von RSO, ihrem Plattenlabel, war eine schillernde Figur. Ihm war nicht entgangen, dass in Europa und New York die Disco-Szene boomte. Stigwood heuerte den Atlantic-Produzenten Arif Mardin an, damit der seine Erfahrung bei einem seiner am wenigsten funky klingenden Kunden zum Einsatz brachte. 1975 begannen in Miami die Aufnahmen, und das Ergebnis war eine tiefgreifende Umorientierung des BeeGee-Sounds: Robin Gibbs Falsett erinnerte nun an Eddie Kendricks und Smokey Robinson, Barrys tiefer Tenor hatte plötzlich den Ausdruck eines David Ruffin, und Mardins profunde Kenntnisse des Rhythm and Blues machten aus den Gibbs die besten blauäugigen Soulmen seit den Righteous Brothers. Mit dem flotten »Jive Talkin'« und der fesselnden Tanzballade »Nights On Broadway« errang *Main Course*

Platin und wurde unglaublich oft bei schwarzen Radiosendern gespielt. Stigwood wusste, dass er auf der richtigen Fährte war. Er zog sich mit RSO aus dem Vertriebsvertrag mit Atlantic zurück und heuerte zwei junge Musiker namens Karl Richardson und Albhy Galuten an, die Barry Gibb koproduzierten. Mit *Children of the World* wiederholten sie das Rezept von *Main Course*: eine schnelle Tanznummer namens »You should be Dancing«, die Platz eins erreichte, und die Rhythm and Blues-Ballade »Love so right«.

Mit *Children of the World* etablierten sich die Bee Gees fest im schwarzen wie im weißen Radio. Stigwood unterstützte die Produktion des Disco-Films *Saturday Night Fever* mit dem Fernsehschauspieler John Travolta in der Hauptrolle und einer Filmmusik, in der es vor Disco-Standards nur so wimmelte: Die Trammps mit »Disco Inferno«, Tavares mit »Heaven Must Be Missing An Angel«, die Bee Gees mit »Stayin' Alive« und »How Deep Is Your Love«. *Saturday Night Fever* ist in mehrfacher Hinsicht von Bedeutung: Der Film bestätigte, dass Disco als Kultur im amerikanischen Massenmarkt etabliert war; er machte den von Travolta verkörperten tanzverrückten weißen Jungen aus Brooklyn zur Ikone der 70er Jahre; er zeigte, dass der Sogeffekt für den Plattenverkauf, der sich schon bei den Blaxploitation-Filmen bemerkbar gemacht hatte, keine Eintagsfliege gewesen war; und er zeigte wieder einmal die Macht der auf schwarzen Wurzeln basierenden Musik, die Phantasie der ganzen Nation zu beschäftigen.

Für das schwarze Radio begann nun eine Phase des Crossover mit umgekehrten Vorzeichen. In den Playlists verdrängten weiße Tanzplatten im Disco-Stil die Platten der schwarzen Künstler.

Es überrascht nicht, dass wieder einmal Frankie Crocker den Vorreiter spielte. Er sagte: »*Saturday Night Fever* ist genau das, was ich mit WBLS vorhabe.« Wenn man sich die Geschichte des schwarzen Radios vergegenwärtigt, so ist dies ein kühnes Statement. Der schwarze Programmdirektor eines schwarzen Radiosenders im größten Radiomarkt der Stadt erklärt, dass der Sound seines Senders am besten von einer Platte symbolisiert wird, auf der drei Australier Schwarze imitieren. Was für ein Wandel im Vergleich zu den Anfängen des schwarzen Radios und der Rolle, die schwarze Diskjockeys ihm damals zugedacht hatten. Aber Crocker war noch nicht am Ende. Er spielte den Rockabilly-Titel »Crazy Little Thing Called Love« von den britischen Rockern namens Queen und deren »Another One Bites The Dust«, eine clevere Kopie von Chics »Good Times«. Ob Briten sich clever auf den Disco-Zug aufschwangen (Rod Stewart mit »Do You Think I'm Sexy«, die Rolling Stones mit »Miss You«) oder Eurodisco in die Läden schwappte (Cerrones »Love In C Minor« und »Supernature«, Gino Soccios »Dancer«), Crocker spielte alles. Die »Total Black Experience in Sound« war Geschichte. Wofür stand WBLS nun? In den späten 70er Jahren warb der Sender mit Plakaten an Bushaltestellen, nur ein paar Häuserblocks vom Apollo in der 125sten Straße entfernt. Eines zeigte eine Blondine, die mit gekreuzten Beinen vor dem WBLS-Logo hockte, darunter der Slogan: »Der bestaussehende Sound der Welt«. Hip zu sein ist eine Sache. Die ursprüngliche Identität des eigenen Radiosenders als Stimme der schwarzen Gemeinde aufgeben eine andere. Aber für Crocker war dies die Ära des Disco-Glamour. Wer ins Studio 54 durfte, hatte es in New York geschafft, und der Programmdirektor von WBLS war drin, so oft es ihm passte. Das schwarze Radio wurde – nicht überall, aber an viel zu vielen Orten – zum Disco-Radio, genauso wie viele, wenn auch nicht alle schwarzen Musiker nun »beige« Musik machten.

Leben fürs »urbane« Radio

Am Ende des Jahrzehnts sollte das Disco-Radio dem »urbanen« Radio weichen, einem Format, das – wie Rock'n'Roll – zunächst eine Marketingstrategie war und kein musikalisches Konzept. »Urban Radio« entstand aus dem schwarzen UKW-Radio und Disco und war als vielfarbiger Programmstil gedacht, der den Rhythmus Amerikas großer Städte einfangen sollte. Aber meistens war »urban« nur getarntes schwarzes Radio. Im urbanen Radio hörte man noch immer Earth, Wind and Fire, George Benson und Ashford und Simpson, weiter südlich Cameo und die Bar-Kays. Aber die Bee Gees, Hall and Oates und sogar Kenny Rogers mit seiner Ballade »Lady«, geschrieben und produziert von Lionel Richie, gab es dort ebenso. Sich mit der »black communitiy« einer bestimmten Stadt zu identifizieren galt als unnötig und sogar kontraproduktiv. Urbanes Radio hatte die Werbekunden mindestens genauso im Auge wie die schwarze Hörerschaft.

Die Einstellung hinter dem urbanen Radio hat Sonny Joe White Anfang der 80er Jahre bei KISS-FM in Boston gut definert. White, schwarzer Programmdirektor mit Erfahrung im Popradio, hatte in seiner Stadt einen ähnlichen Einfluss wie Crocker in New York. »KISS 108 entwickelte sich von seinem ursprünglichen Disco-Image hin zu einem Sender, der bis zu 70 Prozent Soul, Rhythm and Blues und Disco spielt. Der Rest ist Rock, Pop und alles, was sich in Boston verkauft«, erklärte er *Billboard*. »Siebzig Prozent unserer Moderatoren sind weiß, der Rest schwarz. Ich bin zwar schwarz und tue alles in meiner Macht stehende, um jungen schwarzen Radiomachern zu helfen, aber ich mag keine Quotenregelungen irgendwelcher Art.«

Auf die Frage, warum KISS sich nicht als schwarzer Sender betrachtet, obwohl siebzig Prozent schwarze Musik gespielt wird, antwortet White ganz offen. »Das ist ein Marketing-Problem, leider. Noch immer scheinen viele Werbeagenturen zu glauben, es gäbe keine schwarze Mittelschicht. Sie wissen sehr wenig über die Kaufgewohnheiten der Schwarzen. Die Radiosender nennen sich also »urban«, weil diese Agenturen nie bei einem schwarzen Sender buchen würden. Dieses stereotype Denken zwingt sogar schwarze Sender dazu, ihr Schwarzsein herunterzuspielen, damit sie im Wettbewerb um die Werbegelder bestehen können. Wie auch immer, »urban« ist eine Bezeichnung, die viele Werbeleute leichter akzeptieren können. Manche schwarzen Sender, denen es gut geht, könnten eigentlich sehr viel für ihre Spots verlangen, aber sie tun es nicht, weil das schwarze Radio noch immer ein ärmliches Image hat.«

Weil weiße Buchhalter die Macht des schwarzen Radios, Schwarze zu motivieren, nicht akzeptieren konnten, verheimlichten viele im Radio ihre ethnische Herkunft. Sie versuchten, mit Semantik zu schaffen, was die Bürgerrechtsbewegung mit ihren Demonstrationsmärschen nicht geschafft hatte: weiße Geschäftsleute dazu zu zwingen, Schwarze als Geschäftspartner zu akzeptieren.

Auf lange Sicht war der Marsch sinnlos. Auf kurze Sicht führte er dazu, dass schwarze Künstler beim urbanen Radio in Ungnade fielen. Nur zehn Jahre, nachdem James Brown »Say it loud, I'm black and I'm proud« aufgenommen hatte, begannen urbane Programmdirektoren den Promotern zu erklären, viele schwarze Künstler seien zu schwarz für ihr Format. Millie Jackson und Cameo: zu schwarz. Das klang nach Selbsthass. Zu schwarz. Ein Rückzug von der Schönheit des Schwarzseins. So klang der Tod des Rhythm and Blues. Jack Gibson spürte, wie der Puls schwächer wurde. 1976 legte er einen Newsletter mit Programmtipps namens »Jack the Rapper« auf, der – neben der Werbung für potenzielle Hits – seine Aufgabe vor allem darin sah, das aus dem Crossover entstandene »zu schwarz«-Syndrom anzuprangern. »Ich fand, schwarze Sender sollten keine weißen Platten spielen«, sagte Gibson mehr als einmal. »Jedes Mal, wenn sie das tun, stehlen sie die Zeit einem schwarzen Künstler, der nirgendwo anders eine Chance bekommt. Ich kann Teena Marie akzeptieren – die weiß ist –, weil sie für ein schwarzes Unternehmen, Motown, arbeitet. Aber davon abgesehen sollte schwarzes Radio für schwarze Musik da sein. Mancher bezichtigt mich, ein umgekehrter Rassist zu sein. Aber in Wirklichkeit bin ich nicht gegen die Weißen. Ich bin bloß für die Schwarzen.« Solche Sätze machten Gibson in den späten 70er Jahren zum Radikalen – oder zum Spinner. Er stand mit seiner Meinung nicht ganz allein da, aber die Stimmen, die ihn unterstützten, waren vom neuen schwarzen Mainstream genauso weit entfernt wie Gibson selbst.


## Zurück in den Tante-Emma-Laden


Für CBS, Polydor, Warner Brothers, RCA, MCA und die anderen großen Plattenlabels ging es in erster Linie darum, die Präsenz schwarzer Platten in den großen Einzelhandelsketten wie zum Beispiel Sears zu erhöhen. In vielen Fällen war dies eine Schlacht, die die weißen und schwarzen Manager in den Labels mit großer Hingabe ausfochten. Was nutzte es, im Crossover-Radio zu hören zu sein, wenn die weißen Käufer die Platte dann in den Plattenläden der großen Einkaufszentren nicht finden konnten? Da die kleinen schwarzen Tante-Emma-Läden immer nur wenige Platten auf einmal bestellten und verkauften, waren sie von geringerem Interesse. Schwarze Einzelhändler hatten nur selten in direktem Kontakt zu den großen Labels gestanden, aber als auch der Rhythm and Blues von den großen Labels vermarktet wurde, war es damit ganz vorbei. Schwarze Läden hatten die Produkte der großen Labels meist bei Großhändlern eingekauft, die ihnen faire Preise einräumten. Aber diese Preise waren längst nicht so gut wie die der großen Ladenketten, die ihre Ware direkt bei den Labels bezogen.

1956 fing Joe Long in Birdel's Schallplattengeschäft in Brooklyn an. Zwölf Jahre später, als Long den Laden von seinem weißen Vorbesitzer abkaufte, gab es etwa zwanzig schwarze Plattenläden in Brooklyn, einer Gegend mit mehr schwarzen Einwohnern als in den meisten großen Städten. Ende der 70er Jahre, schätzt Long, waren vielleicht noch fünf davon übrig. »Von denen haben sich mehrere auf Musik aus der Karibik für die westindische Bevölkerung spezialisiert«, sagt er. »Viele so genannte Plattenläden in New York verkauften eigentlich Gras unterm Ladentisch. Wir hatten einfach nicht das Kapital und die Verträge, die wir brauchten, um wettbewerbsfähig zu bleiben. Wir bekamen alle sechs Monate einen neuen Vertrag, aber darauf war kein Verlass. Es gab viele Gespräche mit uns kleinen Ladenbesitzern, aber wir haben nichts bekommen, was uns weiterhalf. Mit unseren schmalen Gewinnmargen können wir auch von den Hits nicht leben. Discomat (eine New Yorker Einzelhandelskette) verlangt 5 Dollar 99 für ein schwarzes Hit-Album. Wir bezahlen schon 5 Dollar 39 im Einkauf!«

Ted Hudson eröffnete 1958 seinen ersten Plattenladen in St. Louis, später kamen noch einige hinzu, sowie ein Großhandel. »Es gibt zwei verschiedene Kredit-Systeme, eines für Weiße und eines für Schwarze«, stellt Hudson fest. »Egal, wie lange man schon im Geschäft ist, man muss sich immer mit den Konzernen rumschlagen – genau wie der schwarze Künstler, der sich mit jeder Platte neu auf dem Pop-Markt beweisen muss. Aber wir verkaufen, was wir einkaufen, denn wir wissen, was unser Markt aufnehmen kann. Trotzdem haben Weiße unbegrenzte Kreditlinien, während man uns immer mehr abschnürt. Sie haben schwarze Manager mit tollen Titeln, die Hunderttausende von Dollar im Jahr verdienen. Aber bei fast keinem der großen Label sind diese Schwarzen in Positionen, in denen sie dir wirklich helfen könnten, wenn du sie brauchst.«

In den späten 70er Jahren benutzte Bruce Webb aus Philadelphia, seit 1962 Inhaber des Kaufhauses Webb's, sein Geld für Annoncen in der schwarzen Presse, um sich gegen die Tiefstpreise der großen Ketten zu wehren. »Man kann sich bei der Werbung nicht auf die großen Labels verlassen, nicht, wenn man schwarz ist und überleben will«, stellt er bitter fest. »Es war immer ein Problem, trotz der Beteuerungen in all den Jahren. Manche schwarzen Ladenbesitzer wurden zu Onkel Toms gemacht. Sie bekommen ein bisschen was, damit die Labels sagen können, ›Seht mal, was wir Tolles für diesen Menschen gemacht haben‹. Aber solange wir keine schwarzen Manager haben und uns zusammenschließen, bekommen wir nicht die Werbeunterstützung und die Kreditlinien, die wir verdienen.«

In den Chor der Unzufriedenen fallen auch schwarze Konzertveranstalter ein, die feststellen mussten, dass der Crossover sie außen vor ließ. Das Apollo, das Howard, das Uptown und das Regal, sie alle waren bereits tot oder im Begriff zu sterben. Das Apollo hatte eine kuriose Phase, als es über einen Strohmann von Nicky Barnes, dem Drogenkönig von Harlem, gekauft wurde. Trotz seines vielen Geldes investierte Barnes nicht in die Renovierung des Gebäudes, und es zerfiel weiter wie die anderen traditionellen schwarzen Showbühnen. Bemerkenswert in dieser Phase des Verfalls waren mehrtägige Gastspiele von James Brown, P-Funk und Reggae-Star Bob Marley zum Zeichen der Solidarität mit dem Apollo-Publikum. Auf lange Sicht sollte sich jedoch die Musik und der Sprechgesang zwischen den Songs als wichtiger erweisen, die ein Teenager namens D.J. Hollywood vorführte. Der Knabe war einer heißen Sache auf der Spur.

Die Integration hatte den schwarzen Bands die Türen zu den großen Hallen aufgestoßen, und sobald die Besitzer der Bühnen begriffen, wie viel Geld in den schwarzen Künstlern steckte, wedelten sie nur so mit ihren geöffneten Brieftaschen. Bobby Shiffman vom Apollo rechnete es dem Schriftsteller Ted Fox auf den Penny vor: »Gegen Ende der 70er Jahre konnten angesagte Bands – und man brauchte Bands, die angesagt waren – in einer besseren und größeren Halle an einem Abend mehr Geld verdienen als im Apollo in einer ganzen Woche. Das Apollo ... hatte außerdem das Problem, dass wir die Ticketpreise auf einem Niveau halten mussten, das sich die Leute leisten konnten. Wenn man im Apollo eine Band für sechs Dollar hatte, konnte sie in der Stadt leicht sechzehn, zwanzig oder fünfzig Dollar verlangen.« Das Apollo hatte 1.683 Plätze, der Madison Square Garden 20.000, das Nassau Coliseum 19.000, die Carnegie Hall 2.800 und die Avery Fisher Hall am Lincoln Center 4.500. Das war betriebswirtschaftlich eine klare Angelegenheit. Aber in den Augen schwarzer Konzertveranstalter, Männern und Frauen, die viele Jahren bei Queen Booking und der Buffalo Booking Agency gearbeitet hatten, war der Tod des Apollo auch mit Rassismus und Vernachlässigung verbunden.

Einen Fuß in der Tür

Die Veteranen unter den schwarzen Künstlern verließen die altherge-
brachten schwarzen Konzertveranstalter, und die Jungen heuerten gleich
bei William Morris und International Creative Management an, um sich bei
der Planung ihrer Karriere helfen zu lassen – Karrieren im Zeichen des Crossover, die nichts mit schwarzen Promotern zu tun hatten, abgesehen von
Bands am unteren Ende der Bekanntheitsskala. 1977 war Teddy Powell, der
bereits 32 Jahre Erfahrung in der Musikbranche vorweisen konnte, der erste
schwarze Promoter, der nicht nur regionale, sondern auch landesweite
Tourneen organisierte. Er war ein alter Bürger der Rhythm and Blues-Welt.
Es tat ihm weh, sie zusammenbrechen zu sehen. »Wir Schwarzen glauben
immer noch, dass wir uns wie Weiße gebärden müssen, um Erfolg zu
haben«, sagte er. »Man kann schwarz anfangen. Die erste Platte ist eine
R'n'B-Platte. Dann spielt man auf den alten schwarzen Showbühnen. Aber
sobald sie an den Punkt kommen, wo sie den schwarzen Promotern, die sie
aufgebaut haben, helfen könnten, wollen sie jemand anderen, der keine
Hilfe braucht. Deshalb werden weiße Promoter immer vorne stehen. Sie
schöpfen den Rahm ab. Sie haben ihr Publikum *und* unser Publikum.« Ein
anderer schwarzer Promoter sagte es noch direkter: »Die weißen Jungs
sehen sich nach den weißen Jungs um. Weil die meisten Konzertveranstalter Weiße sind, gehen sie zuerst zu weißen Promotern.«
Die Zeiten änderten sich. Wenn große schwarze Stars der Crossover-Ära
Angebote für eine Tourplanung einholten, erfuhren die schwarzen Promoter nicht mal davon. Eine alternative Strategie fuhr Dick Griffey in Los
Angeles. Obwohl er von allen schwarzen Promotern der Stadt die größten Konzerte veranstaltete, schloss Griffey einen Vertrag mit einer weißen
Agentur, die die Konzerte schwarzer Stars mit promotete. Ein cleverer
Schachzug, der den vielen kleineren schwarzen Promotern aber auf Dauer
auch nicht helfen konnte.

Die schwarzen Promoter appellierten an das Rassenbewusstein schwarzer Künstler und warben damit, dass schwarze Promoter eine wichtige Rolle bei ihrem Aufstieg zum Star spielen konnten. Leider waren viele schwarze Künstler nicht sonderlich begeistert von ihnen. 1982 machte das der Sänger Richard (Dimples) Fields, damals gerade angesagt mit »She's Got Papers On Me« und »If It Ain't One Thing It's Another«, unmissverständlich deutlich: »Es geht nicht um schwarz oder weiß. Es geht darum, dass man mit Respekt behandelt werden möchte und dass man professionelle Arbeit erwartet. Es gibt eine Menge schwarze Promoter, die einen guten Job machen. Ich habe mit vielen von ihnen zu tun gehabt, als ich dieses Jahr auf Tournee war. Aber ich bin auch auf ein paar Individuen gestoßen – besonders unter den Schwarzen, aber auch unter den Weißen –, die mich genervt haben. Überall im Land traf ich Konzertpromoter, die ihre vertraglichen Verpflichtungen nicht einhalten wollten. Sie kürzen die Gage, meistens um die Hälfte, weil sich der Vorverkauf nur schleppend entwickelt. In manchen Fällen war ich bereit, das mitzumachen. Aber ich stellte fest, dass sie mit dieser Forderung meist viel zu früh ankamen. Schwarze Konzertbesucher neigen dazu, ihre Tickets erst am Tag der Show zu kaufen. Oft weiß man erst eine halbe Stunde vor Beginn des Konzerts, ob es ausverkauft ist oder nicht.«

In vielen Städten gab es unprofessionelle Promoter – oft kleine Geschäftsleute oder Barbesitzer, die einen Fuß ins Showbusiness bekommen wollten. »Ein paarmal hatte ich mit Promotern zu tun, die weniger Ahnung von ihrem Geschäft hatten als ich«, erinnert sich Fields, und Belinda Wilson, seine schwarze Managerin, fügt hinzu: »Wenn man einen guten schwarzen Promoter bekommen kann – prima. Aber man kommt einfach früher oder später an den Punkt, wo es einem egal ist, Hauptsache, sie arbeiten professionell.«

Ob Rassismus oder mangelnde Professionalität – jedenfalls sahen sich die schwarzen Promoter in den späten 70er Jahren genauso in ihrer Existenz gefährdet wie die Plattenhändler, und sie wehrten sich oft massiv. Es wurden Boykotts gegen schwarze Künstler angeregt, wenn auch nur selten durchgeführt. Es wurden Verbände der schwarzen Promoter gegründet, die aber schnell wieder einschliefen, weil ihre Mitglieder – von Natur aus eine eifersüchtige Truppe – einander verdächtigten, sich einen Vorteil verschaffen zu wollen. Der Weg der schwarzen Promoter führte geradewegs in die Vernichtung.

Als die schwarze Musik immer blasser wurde, weiße Künstler sich via Disco der schwarzen Rhythmen bemächtigten, die Plattenkonzerne das schwarze Radio als Startrampe eroberten und die schwarzen Plattenhändler und Promoter auf dem absteigenden Ast waren, wurde am 10. September 1978 in La Costa, Kalifornien, die »Black Music Association« gegründet mit dem Ziel, die schwarze Musik zu »bewahren, zu schützen und weiterzuentwickeln«. Oder wie es Stevie Wonder ausdrückte, um »die Menschen aufzuwecken«. Die Wurzeln dieses historischen Zusammentreffens lagen in Newark, wo eine gerichtliche Untersuchung über Payola im schwarzen Radio stattgefunden hatte. Niemand wurde ins Gefängnis gesperrt, aber Kenny Gamble wurde 1976 zu einer Geldstrafe von 2.500 Dollar verurteilt. Nat Tarnopol, Jackie Wilsons Chef bei Brunswick Records, wurde ebenfalls verurteilt. Frankie Crocker, auch Gegenstand dieser Untersuchung, wurde nicht verurteilt, aber er verließ WLBS. Die meisten Schwarzen in der Branche waren davon überzeugt, dass die Untersuchung rassistische Gründe hatte. Das, was Dave Clark als »weiße Payola« bezeichnet hatte, fand in größerem Rahmen statt, blieb jedoch ungesühnt. Außerdem fand Payola im schwarzen Radio weiterhin statt, Untersuchungen hin oder her. Programmdirektoren wurden normalerweise nicht vor Gericht gebracht, mit Ausnahme einiger Musikdirektoren und einflussreicher Diskjockeys. Außerhalb der großen Städte waren die Gehälter im schwarzen Radio noch immer kläglich, und selbst bei großen schwarzen Sendern – ob im Eigentum von Schwarzen oder von Weißen – lagen die Gehälter oft weit hinter den Branchenstandards. 1974 gab es mehr als 8.000 kommerzielle Radiosender in Amerika, von denen etwa

300 Rhythm and Blues spielten. Nur 127, gerade einmal anderthalb Prozent, gehörten Schwarzen.

Die Bedrohung der schwarzen Musik und des schwarzen Radios, die sich in der Untersuchung von Newark manifestierte, führte zu einer Reihe von Zusammenkünften, die Gamble und der Ex-NATRA-Chef Ed Wright organisierten. Konnte man NATRA wieder auferstehen lassen? Bei genauerem Hinsehen stellte sich heraus, dass das wohlverdiente Image einer Partygesellschaft und die wacklige finanzielle Ausstattung keine Basis für eine wirksame Interessenvertretung waren. Eine neue, breiter aufgestellte Organisation musste her, eine, die alle Mitstreiter der schwarzen Musik vereinen konnte.

Es geschah in La Costa. Berry Gordy, der nie irgendwohin fuhr, kam und war der gute Geist der Party. Er erzählte Witze und sprach über die Kraft der schwarzen Musik. Maurice White und Earth, Wind and Fire, Stevie Wonder, Don Cornelius, Produzent und Moderator von Soul Train, und Smokey Robinson waren andere große Namen, die an der Konferenz teilnahmen. Alle schwarzen Manager und Unternehmer von Bedeutung waren da, und viele der liberaleren – oder gerisseneren – Weißen waren ebenfalls anwesend. Flammende Reden erfüllten die Luft, von denen viele gegen die Plattenindustrie und die Weißen in der Branche gerichtet waren. Gamble stellte den Mitgliedern einen Bericht vor, der nach einem Symbol der Black Muslim-Ideologie »Final Call« betitelt war. Darin schrieb er: »Wir als BMA tragen Verantwortung für unsere Gemeinde. Die Gemeinde, in der Sie und ich geboren sind, die Gemeinde, die der Geburtsort der schwarzen Musik ist, die Gemeinde, die stirbt, während die Plattenindustrie blüht. Wir haben keine Zeit mehr für Misstrauen und Betrug. Wir haben keine Zeit mehr für Eifersüchtelei und Lügen. Wir haben nur noch Zeit, um uns um unser Überleben zu kümmern, denn sonst gibt es niemanden, dem wir die Schuld geben können – außer uns selbst.«

Vom Anfang in La Costa und bei der Gründungskonferenz 1979 in Philadelphia litt die BMA an drei Webfehlern. Erstens stammte das meiste

Geld von Plattenfirmen, die in vielen Punkten zwangsläufig der Gegner einer wirklich an den Interessen der schwarzen Musik orientierten Organisation sein musste. Zweitens wurden die Schlüsselstellen der BMA, die eigentlich aus dem Radio heraus initiiert worden war, sehr rasch von schwarzen Plattenmanagern dominiert (Gamble, der Ex-Motown-Vorstand Ewart Abner, Jim Tyrell von CBS), und Radioleute wie Wright wurden in den Hintergrund geschoben. Und schließlich weckte die bloße Existenz der BMA und ihr Anspruch, alle Probleme der schwarzen Musik zusammen anzugehen, viel zu hohe Erwartungen.

Für die Öffentlichkeit wurde die BMA am 7. Juni 1979 zum ersten Mal wahrnehmbar, als sie im Weißen Haus eine Party für Präsident Jimmy Carter gab, an der Chuck Berry, Billy Eckstine, Andrae Crouch und Evelyn King teilnahmen. Später im gleichen Monat fand während einer Konferenz in Philadelphia eine Jam Session mit Bob Marley und Stevie Wonder statt. Aber hinter den Kulissen der Organisation brodelte es. Sollte die BMA eine politische Organisation sein, mit den Zielen, die die NATRA zu Zeiten von Shields und Avante vertreten hatte? Oder sollte sie ein Industrieverband werden wie etwa die Country Music Association? Eine denkwürdige Debatte über die Konzertagenturen, in der schwarze Promoter schwarze Künstler und weiße Promoter offen beschuldigten, sie aus dem Geschäft drängen zu wollen, hätte diese Frage entscheiden können. Niemand, der dabei war, wird je vergessen, wie emotionsgeladen die Stimmung war, als Smokey Robinson, Stevie Wonder, der weiße Promoter Dick Klotzman und eine ganze Reihe schwarzer Promoter über die Bedürfnisse von Künstlern, schwarzen Promotern und über Geld stritten.

Nur wenige BMA-Sitzungen sollten so gezielt den Finger auf die Wunde legen und die Spannungen zwischen Crossover und Rhythm and Blues, die die schwarze Musikwelt durchzogen, beim Namen nennen. Kühlere Köpfe wie Abner und LeBaron Taylor übernahmen die Macht und sorgten für einen milderen Ton in der Organisation. Wright und Gamble dagegen zogen sich von ihren Führungspositionen zurück. Die nächste Konferenz in Washington verlief ruhig, und für viele Teilnehmer unbefriedigend. Auf den Energieausbruch von Philadelphia folgte allgemeine Enttäuschung. Blickt man auf die Phase von 1975 bis 1980 zurück, so wird deutlich, dass die Querverbindungen zwischen schwarzen Musikern, unabhängigen schwarzen (und weißen) Geschäftsleuten und der schwarzen Bevölkerung von der wirtschaftlichen Integration, die auf eine Bündelung der Macht über die schwarze Musik hinauslief, zerrissen wurden. Für die Veteranen des Rhythm and Blues, speziell jene, die nicht bei großen Labels unter Vertrag kamen, war dies eine traurige Zeit, und das nicht nur wegen ihrer nostalgischen Gefühle. 1979 kam der Zusammenbruch. Der Plattenindustrie wurde der Teppich unter den Füßen weggezogen. Die Verkäufe brachen ein, die Remittendenflut stieg. Unerwartet rasch wurden die Budgets gekürzt.

Wie CBS-Manager Vernon Slaughter erklärt: »Früher war diese Branche immer eine Wachstumsbranche mit unbegrenztem Potenzial gewesen. Es hieß immer, ›dieses Jahr verdienen wir noch mehr als letztes Jahr‹. Als sich 1974 die Rezession auf die Plattenindustrie auswirkte, sagten die ersten: ›Vielleicht sind wir doch nicht immun gegen Konjunkturschwankungen.‹ Aber es wurde wieder besser, und es dauerte bis 1978/79, bis man schließlich einsah, dass die Plattenindustrie gegen Schwankungen in der Altersstruktur und andere ökonomische Faktoren genauso wenig immun war wie sonst irgendjemand.«

LeBaron Taylors Abteilung bei CBS traf es hart. Slaughter erinnert sich: »Als 1979 die ersten Entlassungen kamen, wurde LeBarons Mannschaft schwer dezimiert. Das war der Anfang vom Ende, weil damit ein Rationalisierungsprozess eingeleitet wurde. ›Wir verkaufen keine Platten, also brauchen wir auch die Leute nicht.‹ Manche Leute im Unternehmen hielten LeBarons Abteilung ohnehin für zu groß. Als unser Marktanteil 25 Prozent betrug und eine von vier CBS-Platten schwarze Musik war, fing der Machtkampf erst richtig an. LeBaron Taylor wurde zur Zielscheibe. Er beanspruchte zu viel Geld, als dass sich die anderen einfach zurücklehnen

und es hinnehmen konnten. Damals wurden ihm sein Verantwortungs-
bereich und seine Abteilung Stück für Stück verkleinert, und seitdem geht
es unaufhörlich bergab.« Taylor, dem wohl klar war, dass er trotz seines
Erfolgs in der Plattenabteilung der CBS keine Zukunft hatte, suchte sich
einen Job als PR-Manager. Nicht verbittert, aber mit offensichtlicher Trau-
er sagt Slaughter: »LeBaron beschloss, eine neue Richtung einzuschlagen
und das zu tun, was er noch heute tut. Er ließ uns in den Händen von Leuten zurück, denen die gesamte Richtung völlig egal war.«

Es erscheint kurios, dass all dies zu einer Zeit geschah, als CBS gerade das
meistverkaufte schwarze Album aller Zeiten verkaufte. Michael Jackson
hatte Quincy Jones bei den Dreharbeiten zu *The Wiz* kennen gelernt und
aus dieser Zusammenarbeit war *Off the Wall* entstanden, eine dicht arrangierte Huldigung an die Bewegung und die Stimme von Michael Jackson.
Jackson bewies ein für alle Mal, dass er nicht mehr der Kinderstar der
Jackson Five war. Er verfügte über ein Riesentalent und konnte Songs wie
»Don't Stopp Till You Get Enough« komponieren, produzieren, arrangie-
ren und nicht zuletzt singen. Jackson und Jones genossen schon vor diesem Album Respekt, aber die Verbindung von süßen Funkrhythmen mit
Popmelodien und die Vereinigung von bemerkenswert vielen unterschiedlichen Pop-Richtungen – von Rod Tempertons Popnummer »Rock
With Me« über Stevie Wonders seidige Ballade »I Can't Help It« bis zum
rhythmisch komplexen »Don't Stop« aus Jacksons eigener Feder und dem
fröhlichen »Girlfriend« von Paul McCartney – brachte den beiden viel
Anerkennung, in New York ebenso wie an der West Coast.

CBS erkannte das Potenzial von *Off the Record* und drückte für die Platte auf den Knopf, wie man in der Branche sagt. Insgesamt veröffentlichte die Firma vier Singles und vermarktete Jackson mit einem Enthusiasmus
an die Weißen, wie er normalerweise nur Kalibern wie Journey, Billy Joel
und Pink Floyd vorbehalten war. So verkaufte sich ein Produkt des Rhythm
and Blues und Motown, des Los Angeles-Glitter und seiner eigenen kind-
lichen Unschuld neun Millionen Mal. *Off the wall* war ein Meisterstück

und wie für den Crossover geschaffen. Aber mit einer Feinfühligkeit, die vielen damals entging, begannen sowohl das Popradio und CBS (als auch Michael Jackson selbst) ihn als »universellen« Künstler, als »Pop«-Interpreten zu bezeichnen. Das ethnische Getue war nicht mehr nötig, und – in den Augen der Produktionsdirektoren, Promoter und des Künstlers – irreführend. Jackson verkaufte so viele Platten, dass er nie wieder Crossover praktizieren musste. Für jene, auf die es ankam, hatte Jackson seinen Pass als »Ehrenmitglied der Pop-Gemeinde« aus der Zeit mit den Jackso Five wiedererlangt und konnte nun nach Belieben die Grenze in beide Richtungen überqueren. Es war die wirtschaftliche Integration. Es war der schwarze amerikanische Traum.

Wenn die schwarzen Superstars mit ihren weißen Managern, Promotern und Labels tatsächlich die Musik so vollkommen beherrschten, wie es schien, dann konnten nur Jackson und seinesgleichen die schwarze Musik zu Anfang der 80er Jahre definieren.

Doch dann geschah etwas Verrücktes. Von einem schwarzen Label wurde eine Platte namens »Rapper's Delight« von der Sugarhill Gang herausgebracht, die über die South Bronx, Brooklyn, Harlem und Queens 1979 in die Pop-Charts gelangte. In Kanada kam sie bis auf Platz fünf. In den meisten europäischen Ländern kam sie zumindest in die Top Ten. Sie verkaufte sich in den USA so oft, dass sie 1980 von der National Association of Retail Merchandisers (NARM), dem Einzelhandelsverband, zur schwarzen Single des Jahres gewählt wurde. Über den Groove von Chics »Good Times« schnatterten drei schwarze Teens aus New York über »Def Cars«, angesagte Autos, »fly guys und fly girls« – Jungs und Mädels, die auf Draht sind und sich in »Hotels, Motels, Holiday Inns« die Zeit vertreiben. Was zum Teufel war das? Bloß irgendwelcher Unfug aus New York. Eine neue Platte mit dem guten alten »Jive-Talk«. Das glaubten zumindest die Plattenmanager am Sunset Boulevard und in der Sixth Avenue – was ein Beleg dafür ist, dass man schwarz sein kann, ohne im Mindesten mitzukriegen, was in den schwarzen Vierteln los ist.

**Sieben** Triumph der Assimilation: Der Aufstieg des »Retronuevo«
(1980 – 1987)

Betrachtet man die 80er Jahre aus der Perspektive der Schwarzen, so stechen zwei Ereignisse hervor: erstens die Tatsache, dass Amerika unter der Präsidentschaft Ronald Reagans den Kampf um die Bürgerrechte vollkommen aufgab, und zweitens Jesse Jacksons Präsidentschaftskandidatur im Jahre 1984. Die Wirtschaftspolitik der »Reagnonomics« – mehr Kanonen, weniger Butter und der Verzicht auf die juristische Durchsetzung der Bürgerrechte – brachte den Fortschritt für die Schwarzen in diesem Lande abrupt zum Stillstand. Zum ersten Mal seit dem New Deal der 30er Jahre standen die Ziele der Bürgerrechtler nicht mehr auf der Agenda der Regierung und des Obersten Gerichtshofs. Vielmehr taten Regierung und Gerichte einiges, um die bestehenden Gesetze auszuhöhlen und ein Klima des neuen Rassismus zu fördern. Jacksons »Regenbogen-Koalition«-Kampagne kämpfte gegen diesen reaktionären Geist an, indem sie die Wahlbeteiligung unter den Schwarzen erhöhen wollte und versuchte, die Aufmerksamkeit auf Themen zu lenken, die in allen Präsidentschaftskampagnen zuvor ignoriert worden waren, wie zum Beispiel die Unterstützung der USA für das südafrikanische Apartheid-Regime. Obwohl Jackson es nicht schaffte, aus der Regenbogen-Koalition die so dringend nötige dritte Partei im Land zu machen, weil er sie vor der Wahlkonvention der Demokraten 1984 auflöste, stehen die Errungenschaften dieser Kampagne außer Frage.

Doch mir erscheint die Geschichte der Schwarzen in den 80ern im Rückblick weniger eine Geschichte des Kampfes um politische Selbstbestimmung zu sein. Vielmehr musste sich die Gemeinschaft mit tiefen inneren Spannungen über ungleich verteilte Einkommen und die Verantwortlichkeit ihrer Führern auseinandersetzen. Kurz gesagt, ging es um die Rassensolidarität. Man konnte den Konflikt auf den Straßen der Städte beobachten und, ganz unerwartet, in den Gesichtern schwarzer Entertainer. Ein gutes Beispiel ist Washington. In den 60er Jahren galt Marion Barry als der gefährlichste Aktivist der Stadt. Oft stürmte er in afrikanischem Umhang und Sonnenbrille in Stadtratssitzungen. 1980 wurde er Bürgermeister, und seine größte Herausforderung war nicht mehr der Kampf gegen die Weißen um die politische Macht – denn er saß fest im Sattel –, sondern die Entwicklung von Programmen, um seine Macht wirksamer einzusetzen. Eine Untersuchung Mitte der 80er Jahre zeigte, dass in Washington mehr Schwarze zu den Besserverdienenden zählten und weniger unter der Armutsgrenze lebten als in einem halben Dutzend anderer Städte vergleichbarer Größe. Die Howard University, schon immer eine feste Größe in der Stadt, gab 1985 300 Millionen Dollar in der Stadt aus und beschäftigte 8.000 Mitarbeiter. 1986 machte der Radiosender der Universität WHUR Geschichte, als er es als erster Sender, der einer schwarzen Universität gehörte, zum Marktführer in seiner Stadt aufstieg. Das war alles schön und gut, doch es gab auch Schattenseiten. 1985 wurde bei der Hälfte aller schwarzen Haushalte eine Frau der Haushaltsvorstand, die meisten von ihnen Teenager. 25 Jahre zuvor war das Verhältnis noch eins zu fünf gewesen. Und der amtlichen Statistik zufolge lebte ein Drittel aller schwarzen Kinder in Washington in Armut. Die Einkaufszonen an der H- und U-street, nicht weit vom verlassenen Howard-Theater entfernt, waren 1968 bei Rassenunruhen zerstört worden und lagen noch immer in Trümmern. Auf einem Boulevard, der früher ein Geschäftszentrum mit unzähligen kleinen Läden beherbergt hatte, verkauften jetzt junge Schwarze Crack und Angel Dust und machten ihren

Profit mit der Krankheit, die sie ihren »Brüdern und Schwestern« auf den Hals schickten.

»Das schwarze Washington zerfiel in die Reichen und die Habenichtse; oder vielleicht war die Trennung noch unheilvoller«, schrieb der Schwarze Eugene Robinson. »Die, die schon haben, und die, die niemals haben werden.« Selbst der Triumph von WHUR war kurzlebig. Der NBC-Sender WKYS warb Diskjockey »Quiet Storm« Melvin Lindsay ab und startete unter Führung des schwarzen Programmdirektors Donnie Simpson eine massive Werbekampagne. Nur Monate nach dem Triumph von WHURs hatte WKYS die Spitze übernommen. Es sei nebenbei erwähnt, dass WHUR selbst als Marktführer nur ein Sechstel der Werbegelder einnahm wie sein Widersacher NBC.

Ähnlich sah es in allen größeren Städten der USA aus. Die Kluft zwischen schwarzer Mittelschicht und schwarzer Unterschicht wuchs. Ein Zeichen des Zeitgeistes war auch, dass viele Kinder und Jugendliche der Mittelschicht, die in Vorstädten oder weit entfernt von schwarzen Arbeiterkindern aufwuchsen, wenig Sinn für ihre Rassenidentität entwickelten und nicht einsahen, wieso der Kampf der weniger Privilegierten sie etwas angehen sollte. Der Leiter des Studentensekretariats der Harvard-Universität David Evans sagte gegenüber der Zeitschrift *Essence*, er habe bei schwarzen Studenten »einen totalen Mangel an Bewusstsein dafür festgestellt, wie es siebzig bis achtzig Prozent der Schwarzen in diesem Land ergeht. Um eine Betroffenheit irgendwelcher Art zu empfinden, muss man näher am Problem sein. Aber wenn ein Jugendlicher in der Vorstadt aufwächst und in Europa Urlaub macht, stören ihn Kindersterblichkeit, Analphabetismus, Teenager-Schwangerschaften und die weit höhere Zuchthausrate schwarzer Männer wenig.« Bryant Gumbel, der populäre Moderator der *Today Show*, hatte die Zeichen der Zeit erkannt. 1986 sagte er zu einem Reporter der *New York*: »Ich habe keine Farbe mehr. Ich spreche akzentfrei und habe keine durch meine Rasse bedingten Eigenschaften.«

Manchmal kommt es einem lustig vor, aber es ist gleichzeitig auch traurig, dass bei der Betrachtung der Musik des schwarzen Amerika in den 80er Jahren weniger die Musik selbst in der Diskussion steht, sondern Hautfarbe, Schönheitschirurgie und die Ablehnung negroider Gesichtszüge. Beweismittel: Man vergleiche aktuelle Fotos von George Benson mit Aufnahmen zu Beginn seiner Karriere. Man stellt Veränderungen der Gesichtszüge fest, die nichts mit dem Alterungsprozess zu tun haben. Die Chirurgie hat ihn in ein Produkt für den Massenmarkt verwandelt. So einfach und so erschreckend ist das. Man verändert sein Gesicht und verkauft dadurch hunderttausend Platten mehr, macht Filme, verdient mehr Geld. Im Namen des Kommerz hört man auf, wie Mutter und Vater auszusehen. Man kann auch wie Whoopi Goldberg, Oprah Winfrey und die ansonsten sehr niedliche Janet Jackson blaue oder grüne Kontaktlinsen tragen. Es könnte dabei helfen, zum verführerischsten Symbol der Assimilation in den 80er Jahren vorzudringen: zum eigenen MTV-Video.

Die zwei größten schwarzen Stars des Jahrzehnts, Michael Jackson und Prince, flüchteten vor ihrer schwarzen Hautfarbe und vor dem Image schwarzer männlicher Sexualität – und wurden prompt MTV-Stars. Michaels Nasenoperation, sein oft schlecht gemachtes Make-up und sein künstlich gelocktes Haar stellen in den Augen vieler Schwarzer eine Verleugnung seiner Hautfarbe dar. Verbunden mit seiner Androgynität ergibt das eine erschreckend unschwarze, unmännliche Gestalt als populärsten schwarzen Mann Amerikas.

Prince ist ähnlich problematisch. War Jacksons Androgynität die eines unschuldigen Babys, so predigte Prince die Heilsbotschaft des Sex in unzweideutigen Worten. »Head«, »When You Were Mine« und »1999« waren nur einige der Songs, in denen Prince seiner Faszination vor der körperlichen Vereinigung Ausdruck verlieh. Auf der Bühne trug er schwarze Bikinis, G-Strings und Legwarmer, mimte zweideutige Pseudo-Bäder und besorgte es seinem Klavier, immer mit einem Augenzwinkern, das anzudeuten schien, dass sein Lover aus jedem sexuellen Lager stammen konnte. Kein schwarzer Künstler seit Little Richard hatte so frivol mit den heterosexuellen Empfindlichkeiten Amerikas gespielt wie er.

Princes bestätigter Verrat bestand aber darin, dass er wie Jackson jenen half, die Schwarzsein als Hindernis auf dem Musikmarkt ansahen und davor flüchteten. Sein Gesicht brauchte Prince nicht zu verändern. Er sieht aus, als entstamme er einer der Mischehen, die in Minneapolis so populär sind. Aber das stimmt nicht. Beide Eltern sind schwarz. Doch in seinem quasi-autobiografischen Film *Purple Rain* wird seine Mutter von einer Weißen gespielt – eine Crossover-Marketingstrategie, so überflüssig wie Jacksons ständige Beteuerungen, er sei »universal«. Aber Gott sei Dank ging es nicht nur ums Image. Es gab auch Musik, doch dazu kommen wir später.

Am 18. November 1982 schrieb ich eine Titelstory für das *Billboard*-Magazin namens »Schwere Zeiten für den schwarzen Einzelhandel«, in der die sozialen Brüche in der Rhythm and Blues-Welt zwischen Assimilierten und Nicht-Assimilierten innerhalb der schwarzen Gesellschaft offengelegt wurden. »Immer mehr schwarze kleine Einzelhändler ziehen sich aus dem Geschäft zurück, und ihre Läden werden nicht durch neue ersetzt. Gleichzeitig behauptet sich die schwarze Musik trotz des schwachen Gesamtmarktes und bringt viele populäre neue Künstler hervor. Diesen Zwiespalt enthüllt eine Befragung, die *Billboard* unter schwarzen Einzelhändlern, Plattenmanagern und anderen Branchenvertretern durchgeführt hat. Als Gründe für die Probleme der Läden nennen sie die Arbeitslosigkeit in den Innenstädten, schlechtes Management, die Lage der Ladengeschäfte in schlechten Innenstadtlagen und die Konkurrenz der Märkte in aktiven Einkaufspassagen. Große Einzelhandelsketten setzen immer mehr auf schwarze Musik.

»Früher kamen für acht Läden, die pleite gingen, fünf neue dazu«, erklärt Bruce Webb, Eigentümer des Kaufhauses Webb's in Philadelphia. »Dieses Risiko wollen die Leute heute nicht mehr eingehen.«

Trotz dieser Verluste in der Rhythm and Blues-Welt ging es mit der Musik weiter. Viele Künstler, darunter Luther Vandross, the Time, Vanity, Jeffrey

Osborne und Lionel Richie, entwickelten Bandkonzepte und veröffentlichten Platten – auch ohne die Hilfe der schwarzen Einzelhändler. Viele glaubten, dass der Tod der Läden nur wenig Einfluss auf das Geschäftsgebaren der Branche haben würde. Cauldwell, eigentlich ein Befürworter der kleinen Läden, hatte als Label Manager keine andere Wahl, als diese Ansicht zu vertreten. Zu *Billboard* sagte er: »Ich habe festgestellt, dass die großen Ketten mehr und mehr die schwarze Musik entdecken. Sie sind viel eher bereit, sich in der Werbung für schwarze Künstler zu engagieren, Werbeveranstaltungen in ihren Läden auf die Beine zu stellen und Live-Auftritte von Künstlern zu unterstützen.« Für die Plattenlabels zählten nur die großen Handelsketten.

Elliot Lee, Mitherausgeber von *Black Enterprise*, wusste nicht viel Aufmunterndes zu sagen, als *Billboard* ihn über den Zustand der kleinen Läden im Land befragte. »Der schwarze Markt wird von den weißen Labels so erfolgreich bearbeitet wie nie zuvor, und wenn die schwarzen Unternehmer nicht bereit sind, die Herausforderung anzunehmen, werden sie verschwinden. Der Staat ist hoch verschuldet, und auf dem Kapitalmarkt konkurrieren sie mit anderen kleinen Unternehmen – auf einem Markt, der sich noch nie besonders um die Belange schwarzer Unternehmen geschert hat. Die schwarzen Unternehmen haben viele Kredite aufgrund staatlicher Bürgschaften bekommen, und jetzt plant Reagan, diese Programme zurückzufahren. Ein weiteres Problem sind die Kosten, die es mit sich bringt, einen Laden in der Innenstadt zu führen. Versicherungen, Sicherheit und die Kosten durch Verbrechen lassen die Preise steigen, und damit geraten die schwarzen Läden gegenüber den weißen in eine schlechtere Wettbewerbssituation.«

Die einzige Hoffnung sah er darin, dass einige schwarze Läden in Crossover-Gegenden lagen, wo sie sowohl schwarze als auch weiße Kunden anziehen konnten. Noch mehr schwarze Händler sollten seiner Ansicht nach in diese lukrativeren Gegenden umsiedeln. Einige wenige schwarze Einzelhändler folgten seinem Rat, doch der Kapitalmangel, der sie schon jetzt einengte, machte für die meisten einen solch teuren und riskanten Schritt unmöglich. Mitte der 80er Jahre schien das Schicksal der kleinen Plattenläden, einst Inspirationsquelle für Plattenfirmen, Startpunkt für junge Karrieren und Zentralen für die musikalische Erziehung, endgültig besiegelt. So wie das der Soda-Bars, der kleinen Kinos und vieler anderer wunderbarer Einrichtungen wurden sie lebendig begraben von einem Kommerz, der sie entbehrlich fand.

Schwarze im Management und bei Konzertagenturen waren zwar strukturell nicht ganz so stark gefährdet wie die Einzelhändler, aber auch sie mussten kämpfen. Ruth Bowens Queen Booking war Geschichte. Sie arbeitete noch für einige ihrer alten Stammkunden wie Aretha Franklin, doch im Kampf um die neuen Talente spielte Bowen keine Rolle mehr. Nach dem Tod von Don Robey hatte Evelyn Johnson ihre Aktivitäten weitgehend auf Houston beschränkt, und so wurde auch Buffalo Booking zum Museumsstück. Norby Walters, der den überwiegenden Teil seines Lebens damit verbracht hatte, Entertainer in Cocktailbars zu vermitteln, nutzte Disco zum Crossover in die schwarze Musik und übernahm die Rolle der beiden schwarzen Konzertagenturen. In den 70er Jahren wurden die meisten von Walters Cocktailbars zu Discos umfunktioniert. Er stellte fest, dass die meisten Disco-Bands nur als Namen existierten. Mit Hilfe seiner Kontakte schuf Walters »Instant«-Bands, die Hits live präsentieren konnten. Mitte der 80er Jahre war er die Konzeragentur für Rick James, Cameo, die Bar-Kays, Stephanie Mills und fast alle wichtigen schwarzen Acts aus der zweiten Reihe. In dem Vakuum, das beim Übergang der schwarzen Musik vom Rhythm and Blues über Disco hin zum Crossover entstanden war, hatte Walters seine Chance erkannt und genutzt.

Aber Walters hatte nicht die größten Crossover-Stars. Das lag nicht daran, dass seine Agentur schlecht gearbeitet hätte. Seine enge Verbindung zu den schwarzen Konzerthallen machte ihn zu so etwas wie einen weißen Neger – eine Rolle, die Walters genoss, solange sie seinem Geschäft nicht in die Quere kam. 1987 änderte Walters den Namen seiner Firma und stellte neue Mitarbeiter ein, um mehr »Pop«-Kunden zu gewinnen.

Eine typische Story aus *Ebony* war 1984 betitelt: »Schwarze Stars mit schwarzen Managern«. Sie widerlegte zwischen den Zeilen ihre eigene These, dass schwarze Künstler und Sportler ihre Manager in der »Familie« suchen. Abgesehen von Sammy Davis Jr., Nancy Wilson und Stephanie Mills konnte *Ebony* keinen bekannten schwarzen Namen nennen, der über ein schwarzes Management verfügte. Stevie Wonder managte sich im Wesentlichen selbst. Aber Michael Jackson, Lionel Richie, Prince, Luther Vandross, die Pointer Sisters, Earth, Wind and Fire, Ray Parker Jr. und Donna Summer verließen sich allesamt auf Weiße. Das erwähne ich nicht, weil ich andeuten will, dass diese Künstler sich schwarze Manager, Buchhalter oder Anwälte hätten aussuchen müssen. Aber es illustriert, wie wenig Verbindungen es zwischen Crossover-Stars und schwarzen Unternehmen gibt, den beiden Produkten der Integration.

Der schwarze Manager der Commodores Benny Ashburn, das »sechste Bandmitglied«, der 1982 an einem Herzinfarkt starb, war einer der wenigen schwarzen Manager, der eine Rhythm and Blues-Gruppe aufbaute und leitete, bis sie Millionen Alben verkaufte. Es kam nicht unerwartet, dass Lionel Richie sich nach Ashburns Tod von den Commoders trennte und bei Kenny Rogers' Manager Ken Kragen unterschrieb. Aber es war sicher entmutigend für all jene, die gehofft hatten, er würde einem schwarzen Bruder oder einer schwarzen Schwester die Chance geben, seine viel versprechende Karriere zu managen.

Richie suchte sich einen Manager, der aus einem Country-Sänger zumindest für eine Weile den beliebtesten Sänger Amerikas gemacht hatte. Richie wollte das Gleiche, und Kragen hätte es geschafft, wäre da nicht der unglaubliche Aufstieg Michael Jacksons gewesen. Richies Erfolg bei den amerikanischen Mittelschichten bedeutete jedoch nicht, dass er dem Chaos in der Rhythm and Blues-Welt entronnen war. Wie Jackson, Prince und andere Crossover-Stars sah sich Lionel Richie verbalen Attacken und

Boykottdrohungen von schwarzen Konzertpromotern ausgesetzt. Die Verbitterung, die sich 1979 bei der BMA-Konferenz Bahn gebrochen hatte, zog sich bis in die 80er hinein.

In den frühen 80er Jahren startete die Brauerei Anheuser Busch eine Reihe schwarzer Konzerte, das »Budweiser Superfest«, das Konzerthallen und Football-Stadien füllte. Die Brauerei deckte alle Kosten für diese Festivals und bürgte für die Gagen der Künstler. Sie machten richtig Kohle. Ein äußerst kompetenter weißer Promoter namens Michael Rosenberg hatte das Superfest-Konzept mit entwickelt und die ersten Konzerte organisiert. Er machte einen guten Job.

Aber eine Gruppe schwarzer Promoter, vereinigt unter den Fahnen der National Association of Black Promoters, war der Meinung, dass sie aufgrund ihrer Hautfarbe und Erfahrung das Recht hätten, das Superfest zu organisieren. Zuerst schien Rosenberg sich das Projekt für alle Zeiten gesichert zu haben, aber 1982 bekam die Gruppe ein Angebot, das »darauf hinauslief, dass wir alle wichtigen Entscheidungen und die Gestaltung der Verträge einer vorwiegend weißen Konzertagentur [Rosenberg] überlassen mussten, und Schwarze im Wesentlichen die untergeordneten Tätigkeiten verrichten sollten und dafür einen unterproportionalen Anteil am Ertrag bekommen sollten«. So die Stellungnahme der Black Promoters.

Auftritt Jesse Jackson. Jackson, der bekannteste, wenn auch nicht der effektivste schwarze Führer Amerikas, hatte im Rahmen seiner »Bewegung für wirtschaftliche Gerechtigkeit« zum Boykott von Anheuser Busch aufgerufen, um gegen die Vertragsgestaltung zu protestieren. Die Promoter gaben eine Erklärung heraus: »Seit unserer Demütigung hat die Operation PUSH und die Bewegung für wirtschaftliche Gerechtigkeit uns auf die unerträglichen Praktiken aufmerksam gemacht, die Anheuser-Busch der schwarzen Gemeinschaft zumutet.«

Die Bewegung fuhr mit der Erläuterung ihrer Anklage fort: »Schwarze Promoter beschäftigen schwarze Lebensmittelhändler, Fahrdienste, Tontechniker, Elektriker, Zimmerleute, Schlosser und viele andere Dienstleister. Wenn Anheuser-Busch uns die Möglichkeit nimmt, unser eigenes Konzert zu organisieren, fördert das Unternehmen die Verarmung eines Bevölkerungsteils, der einen wesentlichen Teil des Publikums sowie neunzig Prozent der Künstler stellt, die den Erfolg dieses Festivals ausmachen.« Zwei Jahre nach dieser Erklärung, ungefähr zu der Zeit, als Jesse Jackson Amerika mit seiner ersten Präsidentschaftskandidatur für die Demokraten aufschreckte, siegten die schwarzen Promoter. Al Haymon, der geschliffenste unter den schwarzen Promotern, organisierte das Budweiser Superfest und gab kleine Stücke des Kuchens an seinesgleichen weiter. Dieser Sieg stellte zwar noch nicht die wirtschaftliche Zukunft der schwarzen Promoter sicher, war aber ein wichtiger und lukrativer Präzedenzfall. Die schwarzen Promoter waren eine kühne Truppe. Sie wollten, dass die schwarzen Künstler sich daran erinnerten, wer ihnen aufs Pferd geholfen hatte, – und sie dafür bezahlten. Sie appellierten an das schwarze Gewissen mit dem anachronistischen Slogan »Buy Black« – Kauft nur von Schwarzen. Ihr Angriff auf Anheuser Busch war nichts als ein inszenierter Krawall gegen einen prominenten Widersacher, um Aufmerksamkeit zu erregen. Wie lange diese Strategie der Anklage angesichts der wirtschaftlichen Integration noch funktionieren würde, war schwer zu sagen, aber man konnte den schwarzen Promotern wenigstens nicht vorwerfen, sie hätten kein Geschichtsbewusstsein.


Motown gibt nach


In den 80er Jahren brauchte es Geschichtsbewusstein, um sich an die Tage zu erinnern, als Rhythm and Blues, Jazz und Gospel im Wesentlichen von unabhängigen Labels produziert und vertrieben wurden, denn das war längst nicht mehr der Fall. Das wurde 1982 spätestens klar, als Motown einen Distributionsvertrag mit MCA unterschrieb und damit auch symbolisch eine Ära der schwarzen Musik und der gesamten Musikbranche beendete. Die Firma im Privatbesitz von Berry Gordy war stolz auf ihre Hits am Fließband und die Tatsache, dass sie das letzte große unabhängige Label war. Von den 60ern bis in die 70er, als die amerikanischen Konzerne die Bedeutung der schwarzen Musik für den Pop erkannten, waren alle scharf darauf, sich das Juwel Motown einzuverleiben. Als Gordy Angebote für seinen Back-Katalog ablehnte, verführten sie seine Komponisten und Produzenten. Selbst nachdem Diana Ross und Marvin Gaye Anfang der 80er Jahre zu RCA und CBS gewechselt waren, hielt Gordy noch die Stellung. Was ihn schließlich mürbe gemacht haben dürfte, war die Instabilität der unabhängigen Großhändler. Zerrieben zwischen dem Verlust großer Kunden an die großen Labels und der Rezession der frühen 80er, hatten viele Großhändler Bankrott gemacht oder sich auf andere Geschäftsfelder verlegt.

Und so kam es, dass Motown mit MCA »ins Bett ging«, mit einer Gesellschaft, die gerade enorm expandierte. So war der Lauf der Welt. Kein bedeutendes schwarzes Plattenlabel und kein weißes Label mit wichtigen schwarzen Künstlern war aufgestiegen und ohne die Hilfe der Konzerne oben geblieben, seit Philadelphia International 1971 diesen Weg beschritten hatte. Solar Records unter der Leitung von Dick Griffey und mit der Inspiration von Produzent Leon Sylvers, hatte Hits mit den Whispers, Shalamar, Dynasty und Lakeside, und einen Vertriebsvertrag mit RCA. Später teilte Griffey, der einmal gesagt hatte, schwarze Musik sei für Schwarze so wichtig wie »Öl für die Araber«, seine Künstlerliste auf: die großen Acts gingen an Elektra, die jüngeren Talente zu MCA. 1987 geriet er mit MCA in einen bösen Streit wegen der Kredite, mit deren Hilfe er die Solar-Büros in Hollywood errichtet hatte. Durch einen Deal mit Capitol blieb Griffey ein Machtfaktor im Geschäft mit der schwarzen Musik, obwohl er einen Großteil seiner Zeit damit verbrachte, bei Jesse Jackson und an anderen politischen Projekten mitzumischen. Lonnie Simmons, ein streitlustiger Geschäftsmann aus Los Angeles, der sich von kleinen Unternehmungen (ein Kleidergeschäft und ein Nachtclub) zum Besitzer eines Plattenstudios und schließlich einer Plattenfirma, alles unter dem Namen Total Experience, hochgeschuftet hatte, koproduzierte Alben der Gap Band und Yarborough & Peoples für Polygram und später auch für RCA. Es war das Zeitalter des »Ringelreihen im Plattengeschäft«, wie George Clinton das ausdrückte.

Doch ausgerechnet Philadelphia International Records, die Firma, die diese Vorgehensweise gesellschaftsfähig gemacht hatte, schadete dieser Entwicklung. Bei CBS waren sie nicht mehr die Nummer Eins, weil Earth, Wind and Fire, die Isley Brothers, Michael Jackson und andere bei den CBS-Labels Columbia oder Epic unterschrieben und ihre Einkünfte direkt dort ablieferten. PIR konnte nun in den gleichen Blues einstimmen, mit dem Bobby Womack in den 70ern sein Leid geklagt hatte. Aber es gab noch andere Faktoren, die PIR die Lebenskraft raubten. Einer davon war die Spannung zwischen Huff und Gamble. Trotz ihrer langjährigen Zusammenarbeit hatten die beiden nie eine enge Beziehung zueinander aufgebaut, und auch der Erfolg schmiedete sie nicht etwa zusammen, sondern brachte ihre Differenzen nur noch deutlicher zum Vorschein. Sie arbeiteten nicht mehr gemeinsam, und PIR-Mitarbeiter berichten, sie hätten gar nicht mehr miteinander gesprochen. Eine solche Atmosphäre ist Gift für jede Kreativität. Die Gründungsmitglieder von MFSB verließen PIR im Streit um Geld, ebenso wie die meisten Produzenten des Labels und viele Stars. Thom Bell war aus gesundheitlichen Gründen vorübergehend nach Seattle gezogen. Es war bezeichnend für die veränderte Atmosphäre in Philadelphia und die Ausbeutung schwarzen Talents in jener Zeit, dass das beste Philly-Sound-Album *My Melody* von Deniece Wiliams war, die von Bell produziert wurde. 1988 beschlossen Gamble und Huff, ihre Platten wieder unabhängig unter dem Namen »Gamble and Huff Records« zu vertreiben. Die erste Zwölf-Inch-Single war passenderweise »Run Jesse Run«, eine Verbeugung vor Jesse Jackson, gesungen von Lou Rawls, Phyllis Hyman und James Cleveland.

Ein anderer Aspekt des Niedergangs von PIR war die Tatsache, dass das Label nicht willens oder nicht in der Lage war, sich dem profunden Wandel im Musikgeschmack der Schwarzen anzupassen. Trotz des großen Einflusses, den Gamble und Huff auf die Tanzmusik hatten, betrachteten sich die beiden nach wie vor in erster Linie als Songschreiber. Aber in den 80er Jahren ging die Balance von Melodie und Riff flöten, und Songschreibertum war nicht mehr gefragt. Immer weniger Songs erzählten aus dem Blickwinkel eines Erwachsenen. Schwarze Musik wurde wieder Jugendmusik, wie in den Anfängen des Rock'n'Roll: Chuck Berrys Rache sozusagen. Man hörte keine Geschichten mit rhythmischer Unterlegung mehr, sondern perfekt produzierte Soundaufnahmen, die man mit ein paar Worten garnierte. Wie der geschätzte Musikkritiker Prince gegenüber dem *Rolling Stone* erklärte:»Heutzutage schreiben die Leute keine Songs mehr. Sie machen Sounds und wiederholen sich ständig. Das liegt daran, weil die Produzenten die Macht übernommen haben.« Synthesizer aller Art, Drum-Maschinen und simple alte elektrische Keyboards drängten MFSB und andere menschliche Rhythmusgruppen aus dem Produktionsprozess. Für Produzenten, ein Trüppchen, das gern selbst die Fäden in der Hand hält, war es der Himmel. Keine Proben mehr, günstige Aufnahmesessions. Künstler, die sich als künftiger Stevie Wonder sahen, als erste Synthesizer-gestützte Ein-Mann-Band, konnten ihre Kreativität in jedem Keller oder Badezimmer ausleben.

Aber der Einfluss der Technik machte die Musik nicht besser. Nicht im Geringsten. Für jeden Song, der eine keyboardlastige Produktion mit einer interessanten Melodie und vernünftigen Text verband, (wie etwa »Love Come Down« von Evelyn King und produziert von Kashif, Paul Laurence Jones und Morrie Brown, oder »You're The One For Me«, gesungen von James D. Train Williams und produziert von Williams und Hubert Eaves), gab es zahllose andere mit der Wärme und Persönlichkeit einer Mikrowelle. Die Songschreiber und Produzenten jener Zeit erbten die Krone von Jesse Stone, Smokey Robinson, Isaac Hayes und David Porter. Wurden sie ihr gerecht? Mitnichten. Sie traten sie in den Staub und tanzten auf ihren Scherben.

Vor diesem Hintergrund wurde es für schwarze Künstler immer schwieriger, in die Popcharts zu gelangen. Musikalisch waren die Songs nicht mehr so gut wie in den 60ern oder frühen 70ern. Als Tanzplatten funktionierten sie mit ihren innovativen Grooves noch genauso gut wie vorher, aber das Ende des Disco-Booms versperrte ihnen den Weg ins Popradio. Der Discotrend verschwand so schnell, wie er gekommen war, aber leider klebte der ganzen schwarzen Tanzmusik eine Zeitlang das Etikett »Disco« an. Es war ein dummes und rassistisches Vorurteil, aber es zeigte sich wieder einmal, welch bedeutende Rolle sprachliche Etiketten bei der Wahrnehmung von Popmusik spielen. So wie »Rock'n'Roll« zum Synonym für »weiße Musik« wurde, bekam ein hässliches Gemenge aus schwarzer und schwuler Musik den Stempel »Disco« aufgedrückt, dem auch die Bee Gees das Ende ihrer Karriere zu verdanken hatte – und das war schließlich die größte weiße Disco-Gruppe.

Von den vierzehn Platten, die es 1983 zur Nummer Eins in den schwarzen Charts brachten, erreichte nur eine die Pop-Top Ten: »She Works Hard For The Money« von Donna Summer, der einzigen Disco-Künstlerin, für die das Disco-Stigma nicht das Karriere-Ende bedeutete. Im Gegensatz dazu schafften einige der großartigen Tophits der schwarzen Charts – Mtumes gefühlvolles »Juicy Fruit«, der Hardcore-Funk »Cold-Blooded« von Rick James, »Atomic Dog« von Bill Clinton, das melodische und tanzbare »Candy Girl« von New Edition, die Boogie-Songs »Get It Right« von Aretha Franklin und »Save The Overtime For Me« von Gladys Knight and the Pips – bestenfalls einen Platz unter den ersten. Im selben Jahr wurden Michael Jacksons *Thriller* allein in den USA zwanzig Millionen Mal und Lionel Richies Singles »All Night Long« und »Can't Slow Down« über zehn Millionen Mal verkauft. Ein Schwarzer, dem der Crossover gelang, konnte enorm viele Platten verkaufen. Dass es nur so wenige schafften, hielt niemanden vom Träumen ab.

Viele schwarze Entertainer wollten sich diesen Traum um jeden Preis erfüllen und zerstörten dabei ihre Karriere. Peabo Bryson, Sänger mit gefühlvoller Stimme und Songschreiber mit interessanten Ideen, spielte am Beginn seiner Karriere in verschiedenen Bands, die bei Independent-Labels unter Vertrag waren. 1977 unterschrieb er bei Capitol Records und wurde sofort zu einem der beliebtesten Sänger des schwarzen Amerika. Mitten in der Disco-Ära nahm er Balladen auf wie »Reaching For The Sky«, »I'm So Into You« und »Feel The Fire«, einen der wenigen Soul-Klassiker, der zwischen 1975 und 1985 entstand. Mit seinem hinge-bungsvollen Gesang, den dramatischen Klavier-Akkorden und dem wunderbaren Arrangement von Co-Produzent Johnny Pate, einem frühe-ren Mitarbeiter von Curtis Mayfield, war »Feel the fire« einer der belieb-testen und am meisten gecoverten Rhythm and Blues-Songs jener Zeit.

Zwischen 1977 und 1983 verkaufte sich jedes Album von Bryson mindes-tens eine halbe Million Mal, und auf den Konzertbühnen war er eine Attraktion. Aber im Zeitalter des Crossover wollte Bryson, was Lionel Richie und Michael Jackson hatten, nämlich ein weißes Publikum, und er gab alles dafür. Im Duett mit Roberta Flack bei einem Song im Stil von Barry Manilow, »Tonight I Celebrate My Love«, schnupperte er 1984 zum ersten Mal am Pop-Erfolg. 1985 wechselte er zu Elektra und landete mit »Whenever You're In My Arms Again«, einer weiteren schmalzigen Main-stream-Ballade, einen zweiten Top Ten-Hit. Dass seine LP-Verkaufszahlen zurückgingen, kratzte ihn nicht, er änderte sein Image. Die weißen Anzü-ge und der Afro seiner Capitol-Jahre verschwanden. Er kleidete sich in ultramodische englische Anzüge und ließ sich den Afro zu einem »Fade«-Schnitt stutzen: oben lang, an den Seiten kurz. Seinem alten Publikum gefiel das überhaupt nicht, und den Weißen war es – ohne wirklich bahn-brechende Single – egal. Ganz offensichtlich mochten die Weißen, die seine Hitsingles gekauft hatten, die Musik, der Sänger Bryson war ihnen egal. Das Album verkaufte sich magere 200.000-mal und seine Konzert-auftritte wurden seltener. Peabo Bryson, einst ein Musterbeispiel für das, was von der alten Rhythm and Blues-Welt übrig blieb, war beim Versuch, die Barriere zu überspringen, gestrauchelt.

Radio-Dämmerung

Eine der Konsequenzen des Crossover war klar: Wer seinen Stil veränderte, es aber – wie die meisten – nicht schaffte, ein breiteres Publikum zu
gewinnen, lief Gefahr, sein altes Publikum zu verlieren und nie wieder
zurückzugewinnen. Im schwarzen Radio ging der Crossover oft nach hinten los – selbst wenn er gelang. Das »urbane« Radio, der klassische Crossover, war ein Erfolg. Obwohl seine Macher darüber klagten, dass das
Hörverhalten des schwarzen Publikums von den Ratingdiensten nicht
effektiv gemessen wurde, lagen die Sender des »urban radio« in allen
wichtigen Märkten mit an der Spitze. Die Idee, die Frankie Crocker bei
WBLS populär gemacht hatte, funktionierte. Aber inzwischen hatten das
auch andere als die von Schwarzen geführten Sender herausgefunden.
1977 drang wie aus dem Nichts der Sender »Disco 92« WKTU, im Besitz
eines Unternehmens in San Juan, Puerto Rico, in den New Yorker Äther. In
seiner besten Zeit hielt WKTU einen Marktanteil von erstaunlichen vierzehn
Prozent in New York. Die Monopolstellung von WBLS war Geschichte. Im
August 1981 entstand mit RKOs WRKS, auch bekannt als KISS, eine größere Bedrohung. Mit Programmdirektor Barry Mayo, Absolvent der School
of Communications der Howard University und mit Hilfe eines massiven
Werbebudgets wurde KISS der dominierende Sender in den fünf Stadtbe-
zirken New Yorks. 1985 war die Stellung von KISS so gefestigt, dass der
gebürtige New Yorker Mayo zum ersten schwarzen Geschäftsführer eines
RKO-Senders werden konnte. Wie wir schon früher gesehen haben, wurde
die Schlacht zwischen den traditionellen schwarzen Stadtsendern der 70er
und den neuen unter dem KISS-Label nicht über die Einschaltquoten, sondern über die Werbeeinnahmen entschieden.
Das »Hit-Radio«, also im Grunde das alte Pop-Radio unter anderer
Bezeichnung, wuchs, indem schwarze Titel zusätzlich zu den weißen
Mainstream-Künstlern ins Programm genommen wurden. Diese Sender,

im Besitz von Weißen und mit erheblichen Werbebudgets ausgestattet, lieferten den schwarzen Sendern heiße Kämpfe, wie zum Beispiel in Dallas zwischen dem weißen Radio KVIL und dem »urbanen« K104. 1985 zählten beide zu den erfolgreichsten Sendern im Land. Im Sommer 1985 verdrängte K104 nach jahrelanger Verfolgungsjagd KVIL vom Rang Eins der Hörergunst im Raum Dallas-Fort Worth. Doch Dan Flamberg vom Radio Advertising Bureau schätzt, dass KVIL 22 Millionen Dollar an Werbegeldern einnahm, K104 nur 8,5 Millionen. Gegenüber dem *Dallas Times Herald* sagte Flamberg: »Man sieht das Gesamtbild. Große landesweite Werbekunden – und einige große regionale – haben noch immer ein Problem sich vorzustellen, dass die Hörer des urbanen Radios eine interessante Zielgruppe sind, dass dort nicht nur arbeitslose Jugendliche zuhören, die mit dem Ghetto-Blaster an der Straßenecke hocken und würfeln.«

Weil die Hörer abwanderten und die Werbekunden sie boykottierten, riefen viele im schwarzen Radio nach einer Erneuerung der Philosophie des »urban radio«. Selbst das schwarze Publikum zu behalten, war schwierig. In der *Jack the Rapper*-Ausgabe vom fünften Februar 1986 veröffentlichte Jack Gibson einen offenen Brief in seinem farbigen und altmodischen Stil, der so gut zur Rhythm and Blues-Welt passte, in der er lebte.

»Kommt zurück, dahin wo ihr hingehört. Hört auf, etwas sein zu wollen, was ihr niemals sein werdet. Lasst die zeitgenössischen urbanen Wasimmer-sie-auch-gerade-sind links liegen. Der Rapper knöpft sich jeden einzelnen von euch vor. Hinter dem letzten Buch, für das ihr lebt und sterbt, habt ihr ja gesehen, dass das schwarze Radio den Hintern versohlt kriegt. Und wenn ihr's genau nehmt, liegt das daran, dass so viele von euch uns nicht die Stange halten und abdriften. Ihr meint, je mehr Pop-Platten ihr spielt, desto mehr Pop-Hörer kriegt ihr. Das ist so weit weg von der Wahrheit wie irgendwas. Schwarzes Radio, wer hat dir diesen Unsinn aufgeschwatzt? ›Wenn du Pop spielst, drängeln sich die weißen Hörer bei deinem Sender‹, Blabla, Schmonzens. Das ist nicht mal logisch. Warum sollten die Bleichgesichter zum schwarzen Radio kommen, um ein paar Pop-Platten zu hören? Sie haben doch ihre eigenen Pop-Sender, die mehr Platten spielen können – und das auch tun –, selbst wenn wir 28 Stunden am Tag auf Sendung bleiben würden! Ihr könnt nicht weiß sein, also kommt zurück nach Hause, dahin zurück, wo ihr hingehört und spielt das, wovon ihr was versteht, nämlich gute schwarze Musik! Darin kann euch niemand schlagen, aber wenn ihr versucht, eure Klasse zu verlassen und jemand anders zu sein, haben sie euch schon. Seht ihr denn nicht, dass ihr denen genau in die Hand spielt? Und wenn ihr meint, der Rapper labert nur rum, dann lest einfach die Bibel, das Einschaltquotenbuch, die Ausgabe vom letzten Herbst ist gerade rausgekommen, und dann seht ihr, wie ihr abrutscht und abrutscht! Klar, ein paar schwarze Sender halten sich noch, aber der Rest beißt ins Gras. Ihr geratet gegenüber den weißen Sendern auf euren eigenen Märkten ins Hintertreffen, und zwar nur, weil ihr nicht spielt, was ihr spielen sollt: gute schwarze Musik! So einfach ist das! Es ist ein Witz: Das weiße Radio spielt immer mehr schwarze Musik, und ihr versucht, immer mehr Bleichgesichter-Platten zu finden, die ihr euren schwarzen Hörern in die Ohren drücken wollt. Denkt drüber nach, es ist die Wahrheit.

Der schwarze Bruder Programmdirektor sagt zum schwarzen Bruder Musikdirektor ›Geh und such noch ein paar Bleichgesichter-Platten für den Sender, weil wir noch nicht genug davon auf der Playlist haben‹. Das ist doch ein Witz. Der schwarze Bengel versucht ein Bleichgesicht zu sein, und das Bleichgesicht versucht – aber nur ein bisschen – schwarzer Bengel zu sein. Der Rapper lacht sich schlapp, denn so wie die an die Sache rangehen, sind sie am Ende die besseren Schwarzen als wir. Und wenn es eine gute schwarze Platte gibt, die ein bisschen politisch ist, zuckt ihr zurück! Was beweist ihr damit? Von hier aus gesehen: gar nichts. Hampelt weiter so rum, und ihr habt am Ende kein schwarzes Radio mehr, in dem ihr schwarze Musik spielen könnt. Der Rapper sagt euch, den schwarzen Sendern: Kommt zurück, dahin, wo ihr hingehört und hört mit dem Unfug auf, etwas sein zu wollen, was ihr nicht seid. Kommt zurück, spielt wieder gute schwarze Musik, und ihr werdet eure Quoten wieder steigen sehen. Das ist es doch, was ihr wollt. Lasst eure schwarzen Hörer und eure Gemeinde nicht im Stich, denkt daran, dass sie euch brauchen und dass ihr sie braucht. Nehmt diesen offenen Brief, und seht die guten Absichten, mit denen er geschrieben ist. Das ist keine fixe Idee vom Rapper. Wir wollen, dass ihr zurückkommt und das tut, was ihr so gut könnt – gute schwarze Musik spielen. So einfach ist das! Ihr könnt dabei nichts falsch machen, der Rapper erwartet, dass ihr euch dankbar erweist. Schwarze Musik, darum geht es. Worauf wartet ihr also? Es liegt an euch: Schwimmt oder geht unter!«

Mit seiner »Black Is Beautiful«-Haltung und seiner kompromisslosen Sprache hatte sich Jack Gibson vierzig Jahre nach seinem Radiodebüt zum Radikalen entwickelt. Das ist ein langer Weg, wenn man seine feindselige Haltung gegenüber den »Neuen« bedenkt, die in den 60er Jahren die Macht in der NATRA übernahmen. Aber in den 80er Jahren waren viele Bewohner der Freizeitgesellschaft verärgert über seine Haltung – wenn er auch viele Anhänger fand –, weil er sich der Crossover-Philosophie widersetzte. Seine Breitseiten gegen schwarze Programmdirektoren, gegen die »We Are The World«-Platte (»Warum keine Benefizplatte für Amerika?«, argumentierte er) und die Künstler, die in Sun City in Südafrika auftraten, waren immer hart und kompromisslos, während er auf bewegende Weise junge Schwarze anflehte, den Blues, den R&B und die Diskjockeys seiner Generation zu respektieren.

Retronuevo

Indem ich Gibson zuhörte und mich mit der Geschichte des Rhythm and Blues beschäftigte, begann ich diejenigen zu bewundern, die in den 80er Jahren gegen das Crossover-Bewusstsein rebellierten, mit ihm brachen oder es ignorierten und den Stärken der Rhythm and Blues-Welt treu blieben – und mit diesem Ansatz dennoch für das weiße Amerika akzeptabel blieben. Diese Haltung und die Musik, die sie hervorbrachte, inspirierten mich zu der Bezeichnung »Retronuevo«, womit ein Ansatz zur Schaffung neuer, leidenschaftlicher Ausdrucksformen und Organisationen gemeint ist. Diese Haltung bezieht sich nicht allein auf Musik. Die Bereitschaft des Rundfunkmannes Percy Sutton, das Apollo Theater in New York zu reanimieren und die des Haarwasserkönigs Robert Gardner, in Chicago mit dem Regal Theater das Gleiche zu tun, zeigt, dass wenigstens ein paar schwarze Geschäftsleute Herz und Mut besaßen und erkannten, welche Symbolkraft und welches wirtschaftliche Potenzial in diesen alten großen Rhythm and Blues-Bühnen steckte. Mit *She's Gotta Have It* und *Hollywood Shuffle* schufen Spike Lee und Robert Townsend waschechte schwarze Filme abseits des Hollywood-Mainstreams und realisierten so teilweise die ehrgeizigen Träume von Booker T. Washington in den 20er und Melvin Van Peebles in den 70er Jahren.

Aber in erster Linie bezeichnet Retronuevo weiße Musik, die ihrem Erbe gerecht wird. Bis in die 80er Jahre hinein blickte der Rhythm and Blues nicht zurück – übrigens auch ein Grund für seine nicht enden wollende Kreativität. Aber als die Musik so nutzlos wie ein zerrissenes Diaphragma geworden war, aber nicht annähernd so risikofreudig, tauchten Künstler auf, die ihrem Publikum etwas vom alten Soul zurückgeben wollten.

Frankie Beverlys Maze war von der ersten Platte an Retronuevo. Zwischen 1977 und 1985 veröffentlichte die Band aus San Francisco fünf Alben bei Capitol. Jedes davon verkaufte sich mindestens 500.000-mal, aber keines durchbrach die Millionen-Grenze. Mancher schwarze Künstler wäre frustriert gewesen, weil er nicht die magische Millionengrenze knacken konnte, und auch Beverly beklagte sich oft darüber, dass Capitol nicht fähig war, ihm ein weißes Publikum zu verschaffen. Aber das Entscheidende war, dass Beverly nicht seine Seele verkaufte. Er fuhr einfach fort, seinen ureigenen Sound zu spielen, in dem sich die Straßen seiner Heimat Philadelphia mit der entspannten Stimmung seines Wohnorts Los Angeles die Waage hielten. Larkin Arnold hatte ihn nach einer Tournee als Vorgruppe für Marvin Gaye unter Vertrag genommen. Arnold war ein schwarzer Anwalt, der die Expansion der schwarzen Musik bei Capitol planen und steuern sollte. Im Kielwasser von Earth, Wind and Fire und Parliament etablierte sich Beverlys Maze als weniger verrückte und sanftere Alternative. Maze hatte das Potenzial, bei mehreren Generationen anzukommen, was in jener Zeit den wenigsten jungen schwarzen Künstlern gelang. Das 1981 erschienene Doppelalbum *Live in New Orleans* war ein klassisches Beverly-Album. Bis auf einen Song waren alle Stücke langsame oder Midtempo-Songs mit Arrangements, in denen E-Pianos, Orgeln und geschmackvolle Synthesizer-Figuren den Ton angaben. Die Rhythmusgruppe mit Schlagzeuger Billy Johnson, Bassist Robin Duhe und den Perkussionisten McKinnley William und Roame Lowery fügte sich so nahtlos ein wie die Keyboards – ein diszipliniertes Spiel, das für Beverlys sanfte Kompositionen charakteristisch war.

Beverlys Phrasierung erinnert an seinen Förderer Marvin Gaye und sein Idol Sam Cooke, aber im Unterschied zu den beiden wirkte seine Stimme direkter und gradliniger. Er klang eher wie ein Ehemann, der nach all den Jahren immer noch verrückt nach seiner Frau ist. Seine Liebeslieder stammen aus einer Welt, in der der Seitensprung verpönt ist und echte Zuneigung gesucht, geschätzt und erwidert wird.

Beverly hatte auch Talent für Protestsongs in der Tradition des Isley Brothers (»Fight The Power«), Songs, die sich mit den Problemen des schwarzen Amerika beschäftigen, ohne gleich in die Agitationsrhetorik eines politischen Songschreibers wie Gil Scott-Heron zu verfallen. Zusätzlich zu »We Need To Live«, einem Song über die ermordeten Kinder von Atlanta, enthält *Live in New Orleans* zwei Nummern, die an die positive Stimmung der 60er des Mayfield-Titels »People Get Ready« oder Cookes »A Change Is Gonna Come« erinnern. »Changing Times« ermahnt uns, dass wir den Wandel überstehen müssen, und »Running Away« predigt uns wie Booker T. Washington, dass man sich die Dinge, die man will, erst verdienen muss.

So wie Beverly dadurch Erfolg hatte, dass er gegen den Strom schwamm, erging es auch dem Radioformat namens »The Quiet Storm«, das WHUR 1976 gestartet hatte. Zehn Jahre später gehörten bei Sendern in allen großen Städten und in vielen kleineren drei bis fünf Stunden lange Sendungen mit sanfter Musik zum wesentlichen Bestandteil des Programms. Manche Sender, wie KUTE in Los Angeles, spielten nur noch »Quiet Storm«, während andere das Format, wenn auch nicht unter diesem Namen, von spät abends bis morgens einsetzten. Das neue Format hauchte dem Titel des letzten großen Smokey Robinson-Songs neues Leben ein und war ein gemütliches Zuhause – nicht nur für Beverly, sondern auch für andere Sänger, die eher auf Balladen als auf Boogie standen. Anita Baker ist die Frau, die – für mich – die Retronuevo-Idee am besten verkörpert.

Ihre brillante LP *Rapture* war die Überraschung des Jahres 1986. Als Produzentin entschied sich Baker, ein Album mit acht langsamen Titeln zu machen. Mit dieser totalen Abkehr vom gültigen Schema demonstrierte sie, dass sie ihre Stimme als Instrument betrachtete, und machte deutlich, warum mehr Frauen die Macht über ihre Plattenaufnahmen fordern sollten. Auch die Arrangements stammten von Anita Baker. Sie setzte einen echten Bassisten und Schlagzeuger ein, was ihrer Stimme die Reife einer Dinah Washington verlieh. Es ist Musik, für die sich Erwachsene nicht schämen mussten und die so progressiv klingt wie ihr Hit »Angel« von 1982 mit Beverly Glen.

Bakers Wirkung war deshalb so enorm, weil sie zeigte, wie oberflächlich so viele Divas ihre Crossover-Träume verfolgt hatten und dabei die Macht ihrer Stimme verwässerten. Nach *Rapture* erlaubte die Branche einigen ihrer begabtesten jungen Stimmen (Miki Howard, Regina Belle), wieder Platten aufzunehmen, ohne von Bombast-Arrangements erschlagen zu werden.

Ja, Baker machte Musik für assimilierte schwarze Amerikaner, aber ihre Arbeit zapfte – anders als die der Crossover-Musiker – die Traditionen des Jazz und des Blues an. Sie gab ihren Hörern das Gefühl, dass ihre Zugehörigkeit zur Mittelschicht sie nicht zwangsläufig zu einem Musikgeschmack verdammte, der dem Nährwert eines Big Mac entsprach. Baker kam aus der musikalischen Tradition Detroits. Aus New York kam zur gleichen Zeit ein wilder, funkiger Stil, der seinen Vorbildern Louis Jordan, Sly Stone und James Brown gerecht wurde und der als der wichtigste Rhythm and Blues-Stil der 80er Jahre gilt.


Rhythmus-Methoden


Im Rückblick betrachtet war damit zu rechnen, dass so etwas wie Rap entstehen musste. In jedem Jahrzehnt seit dem Zweiten Weltkrieg hatte es einen vollkommen neuen Stil in der schwarzen Tanzmusik gegeben. In den 40er Jahren war Rhythm and Blues entstanden, in den 50ern Rock'-n'Roll, in den 60ern Soul, in den 70ern Funk und Disco. Irgendetwas war in den 80er Jahren fällig, auch wenn sich die Trendsetter des Rhythm and Blues verschworen hatten, das Unvermeidliche zu verhindern. Die schwarzen »Artist- and Repertoire«-Manager der großen Labels suchten nach neuer Musik im Bestand der etablierten Songschreiber und Manager. Die allermeisten neuen Künstler kamen aus diesen Kanälen, und diese inzestuöse gegenseitige Befruchtung würgte die Innovation ab. Die Talentsucher in New Yorker klebten an ihren Bürosesseln, hielten Besprechungen mit Managern ab und hörten sich Bänder von Songvorlagen an. Sie versäumten es, sich einfach mal in Harlem oder der South Bronx umzusehen, wo mitten in einem der deprimierendsten Ghettos des Landes etwas Wunderbares geschah. Weil die Großen tief und fest pennten, wurde der Rap in seiner jungen Phase meist von Independent-Labels in den Händen junger Abenteurer promotet und aufgenommen. Die Rap- und Hiphop-Szene war als Geschäft wie als Musik Retronuevo, weil sie ein verkleinertes Abbild der Rhythm and Blues-Welt vor dem Crossover war.

Rap begann in den Discos, aber nicht in den Glitzertempeln wie dem Studio 54 oder dem New York New York, sondern in Mel Quinns' an der 42sten Straße und dem Club 371 in der Bronx, wo ein junger Typ aus Harlem, der sich D.J. Hollywood nannte, an den Wochenenden auflegte. Es war für schwarze Diskjockeys nicht ungewöhnlich, im Jive-Stil der alten Diskjockeys mit dem Publikum zu sprechen. Zwei der bekanntesten schwarzen Diskjockeys jener Zeit, Pete D.J. Jones und Maboya, taten das auch. Aber Hollywood, der schon als Teenager mit dem Plattenauflegen anfing, schuf einen komplexeren, schnelleren Stil, mit mehr Reimen als seine Vorgänger und mit Ruf- und Antwort-Passagen, in die er die Leute auf dem Dancefloor einbezog. In Bars, Discos und an vielen illegalen Orten, die die Szenegänger frequentierten, schuf sich Hollywood per Mundpropaganda eine riesige Fan-Gemeinde. Mitschnitte seiner Parties kursierten in der Stadt und liefen auf den neuen und unglaublich lauten japanischen Cassettenrekordern, die Amerika überfluteten. Kurtis Blow, Eddie Cheeba und D.J. Lovebug Starski in Harlem, Junebug Starski, Grandmaster Flash und Melle Mel in der Bronx, drei Jungs aus Sozialwohnungen namens Whodini in Brooklyn und Russell und Joey, die beiden jüngsten Söhne einer Mittelschicht-Familie namens Simmons, in Queens – sie alle waren fasziniert von Hollywoods rhythmischen Sprechgesängen und seiner Schlagfertigkeit. All diese Kids sollten später, als Erwachsene, eine wichtige Rolle in den Clubs spielen und einige von ihnen im ganzen

Land bekannt werden. In den 70er Jahren, als Disco die Medien regierte, lauschten die schwarzen Viertel New Yorks auf D. J. Hollywood. Wenn Innovation gleichbedeutend ist mit Erfolg, dann hätte Hollywood zum Star werden müssen, aber meist ist das Leben eine Folge unnützer Probleme. Hollywood, den die etablierten Gestalten der Musikbranche, ob schwarz oder weiß, weitgehend ignorierten, ließ sich mit mehreren unfähigen Managern ein. Seine Karriere war ein Fehlschlag, seine Legende blieb. Die er inspiriert hat, machten die fette Kohle, um im Straßenjargon der Stadt zu bleiben.

Zunächst waren es alte Veteranen der schwarzen Musik, die den Rap auf Platte brachten. Der stets für neue musikalische Trends empfängliche Bobby Robinson bei Enjoy, und Paul Winley, wie Robinson ein Überlebender der Doowop-Ära, mit Winley and Sound of New York waren die ersten, die Publikumslieblinge wie Grandmaster Flash and the Furious Five oder Spoonie Gee ins Studio holten. Robinson brachte auch die Treacherous Three und ihren Produzenten Pumpkin ins Plattenstudio, beides wichtige Rap-Bands der ersten Stunde. Winley nahm *Superbreaks* auf, ein Sammlerstück, das bis heute als das erste Rap-Album gilt. Es fanden sich darauf eine Reihe von Raps, die klangen, als hätte Winley die Platte in seinem Badezimmer aufgenommen. Gleichzeitig mit den ersten Rap-Platten auf Vinyl entstand auch die erste Radiosendung. Ein Partyveranstalter aus Harlem, der sich Mister Magic nannte, kaufte Sendezeit bei WHBI, einem Sender mit ethnisch geprägtem Programm, der auf dem Frequenzband gleich neben WBLS lag. Er strahlte freitags und samstags um zwei Uhr nachts eine Rap-Sendung aus. Magics Sendungen waren ein Rückfall in die Zeit der individualistischen Diskjockeys. Der eitle Diskjockey stand im Mittelpunkt, spielte Hörerwünsche und überflutete den Äther mit Sprüchen, die seine Hörer liebten (»Money Making Manhattan« war einer davon). An Mister Magic wie den Rap-Clubs und den billig produzierten Maxisingles von Winley wurde deutlich, dass sich die Szene in steigendem Maße wieder als Subkultur mit starkem Zusammengehörigkeitsgefühl zwischen Musikern und Hörern empfand. Die Acts kamen von der Straße, waren jung, definitiv rhythmusbetont – bis zu einem Punkt, an dem die Melodie völlig verschwand – und ein vollkommen schwarz klingendes Sprungbrett für Leute, die sich vielfach nicht nur mit den Rappern identifizierten, sondern selbst Rapper und Diskjockeys waren, die nur ein fehlender Plattenvertrag davon trennte, selbst in Mister Magics Sendung gespielt zu werden.

Bevor Mister Magic von WBLS abgeworben wurde, die dadurch verzweifelt versuchten, dem Erfolg von KISS bei den jungen Schwarzen etwas entgegenzusetzen – was beweist, dass viele junge Schwarze mit dem »urbanen« Programm nichts am Hut hatten – wurde seine Sendung von Sugar Hill gesponsert, dem Label, das den Rap aus New York einem landesweiten Publikum bekannt machte, dessen Existenz die großen Labels allesamt bezweifelt hatten.

Im Sommer 1979 war das Ehepaar Sylvia und Joe Robinson, Eigentümer des acht Jahre alten Labels All Platinum, in eine Reihe von Prozessen verstrickt. Sylvia, die unter dem Pseudonym Sylvia Vanderpol 1957 beim Hit »Love is strange« mitgesungen und 1973 die Softporno-Single »Pillow Talk« aufgenommen hatte, war auf der Geburtstagsparty einer Nichte in der Harlem International Disco, »als ich plötzlich diese drei Jungs hörte, die ins Mikrophon rapten. Es traf mich wie ein Schlag – sie waren fantastisch. Eine innere Stimme sagte mir: ›Das ist ein echtes Konzept.‹«

Sylvia und Joe nahmen die drei jungen Männer unter Vertrag und machten mit ihnen eine Platte, die so etwas wie ein Potpurri aller Rap-Hits der Zeit war. Über dem Rhythmus-Track von »Good Times« von Chic, mit MFSBs »Love Is The Message« der beliebteste Rhythmuspart, rappten Sylvias Jungs unter dem Namen Sugar Hill Gang so ziemlich alle nennenswerten Raps der Stadt zusammen. Das Resultat war eine Platte, die in vielen Ländern in den Top Ten landete, sich in den USA über zwei Millionen Mal verkaufte und den Robinsons 3,5 Millionen Dollar in die Kasse spülte. Aus der Asche von All Platinum war Sugar Hill Records auferstanden. Mit Publikumserfolgen wie der Sugar Hill Gang und Grandmaster Flash nahmen die Robinsons fast jeden einigermaßen talentierten Rapper unter Vertrag und verminten so ein bis dato von niemandem beanspruchtes Gelände. Man hatte den Verdacht, dass Sugar Hill den Markt einzäunen wollte und die Bands nur unter Vertrag nahm, damit sie den Sugar Hill-Stars keine Konkurrenz machen konnten.

Das einzige große Label, das in der ersten Phase des Rap mitmischte, war Mercury mit Rapper Kurtis Blow aus Harlem, dessen Platte *Christmas Rappin'* 500.000-mal verkauft wurde. Damals in Chicago ansässig, schaffte es Mercury mit Blows »The Breaks« 1980 noch einmal, die Hürde von 500.000 verkauften Exemplaren zu überspringen – es war erst die zweite Maxisingle, die sich so oft verkaufte. Aber die Firma schien ständig zu befürchten, Rap und in der Folge auch die Hörer von Kurtis Blow könnten von einer Sekunde auf die andere wieder verschwinden. Viele Leute in der Branche teilten diese Einstellung und behandelten Rap und sein ganz entschieden nicht aufstiegsorientiertes Publikum wie eine Krankheit der Gesellschaft.

Rap und die Musik aus elektronischen Drum-Machines, die er mit sich brachte, ängstigten die Manager der großen Plattenfirmen. Die schwarzen Manager waren am meisten von ihr abgestoßen. Standesbewusst und fest mit den Crossover-Stilen verbunden, waren sie im Allgemeinen nicht willens, dem Rap eine Chance zu geben. Die Dominanz von Sugar Hill auf dem Rap-Markt hätte sich vielleicht fortgesetzt, wenn die Robinsons nicht in den Ruf geraten wären, unfaire Verträge abzuschließen und dazu zu neigen, sich den Erfolg des Rap an die eigene Fahne zu heften, was sowohl die Mitarbeiter des Labels als auch junge Rapper zunehmend verärgerte. Die Vormachtstellung von Sugar Hill endete, als Grandmaster Flash und die meisten der Furious Five 1984 bei Elektra unterschrieben. Tommy Boy, Def Jam und Sleeping Bag hießen die neuen Indies, die an die Stelle von Sugar Hill traten. Bei allen war eine Mixtur aus jungen Schwarzen, Weißen und Latinos beschäftigt, manche Disco-Hasser, andere Hiphop-Fans, die frischen Wind und Wagemut in die Plattenbranche zurück-brachten. Ab 1982 vermarkteten diese Labels den Rap mit einem jugend-lichen Enthusiasmus und einer Feinfühligkeit, die alte Hasen schockierten. Sie machten Videos. Sie entwickelten Fanclubs und Newsletter. Sie bemühten sich in einer Weise um die künstlerische Entwicklung ihrer Rap-per und der anderen, vom Hiphop inspirierten Sänger, die normalerweise etablierten Stars vorbehalten war.

In Verbindung mit diesen Marketing-Anstrengungen wurde die Musik gleichzeitig komplexer und einfacher. Während die Platten von Kurtis Blow und der Sugar Hill Gang Rhythmusparts aufwiesen, zu denen man genau-so gut singen wie rappen konnte, benutzten Russell Simmons und die Koproduzenten von Run-D.M.C., erst Larry Smith und später Rick Rubin, Drummachines, Synthesizer und Gitarren auf eine Weise, die perfekt auf den Rap zugeschnitten war. Diese Klangexperimente waren es, die dazu führten, dass die Plattenkratzgeräusche von Club-Diskjockeys wie Grand-master Flash zum Standardelement im Repertoire der Popmusik wurden.

Das Bindeglied zwischen dem Marketing des Rap und der Musik war der junge schwarze Manager und Produzent Russel Simmons mit der Mana-gementfirma Rush Productions, und dem Label Def Jam, an dem er betei-ligt war. Simmons hatte seine Karriere mit der Veranstaltung von Rapshows in Queens und Manhattan begonnen, in denen sein Freund aus Kurtis Blow auftrat. Die Tatsache, dass Blow der einzige Rapper war, der bei ei-nem großen Label unter Vertrag war, zog andere Rapper zu Simmons (wenn Simmons wichtigster Kunde auch sein eigener Bruder Joey war, der »Run« von Run-D.M.C.). Die Firma entwickelte sich zum Motown des Rap. Bei Def Jam stellte Russell den lautstarken Rapper L.L. Cool J. vor, die neo-nationalistischen Rapper Public Enemy und den altmodischen Retronuevo-Mann Oran (Juice) Jones, was sein Image, sehr maskuline schwarze Sänger wie Blow, Run-D.M.C. und Whodini nach vorne zu bringen, noch festigte. Er war Mitinitiator einer Show, die unter dem Namen »New York Fresh Fest« 1984 im ganzen Land auf Tournee ging – ähnlich wie die ersten

Rock'n'Roll-Shows der 50er. Fast alle Zugpferde der Show, darunter Run-D.M.C., Kurtis Blow und Whodini wurden von Simmons gemanagt, nur die Fat Boys nicht, aber ihre Spaß-Raps wurden von Blow produziert. Zum grenzenlosen Erstaunen der Branche spielte die Show in 27 Städten 3,5 Millionen Dollar ein, war auch in 15.000-Platz-Arenen ausverkauft und setzte Unmengen von Platten ab. So viele, dass einen Monat nach der Tournee das Debütalbum der Fat Boys bei Sutra, Whodinis *Escape* bei Jive im Arista-Vertrieb und das Debüt der Run-D.M.C. alle vergoldet wurden; Blows Ego Trip verkaufte sich 300.000-mal. Umsätze in dieser Größenordnung konnte man nicht ignorieren. Und nicht nur die Plattenindustrie wurde allmählich auf das Phänomen aufmerksam.

Der Hiphop-Stil in Kleidung, Sprache und Tänzen wurde durch diese Platten und durch die Werbung in alle Winkel des Landes und direkt in die konsumfreudigen Eigenheime der Vorstädte getragen. In Delaware löste man die Schnürsenkel der Sportschuhe, in Oklahoma wurden die Mützenschirme nach hinten gedreht. Und Breakdancer schwärmten wie wirbelnde Heuschrecken in mehr Musikvideos herum, als die MTV-Moderatoren jemals falsch ansagen konnten.

Man war zwar noch immer skeptisch, dass sich Rap langfristig halten würde, aber sein Einfluss bei den Jugendlichen der Städte war nicht zu leugnen. Und die Reaktion älterer Schwarzer spiegelte leider nur zu gut den Graben zwischen der Mittelschicht und den armen Schwarzen wieder. Rap war die Musik der »B-Boys« – eine Bezeichnung für junge schwarze Männer in Städten, die in Kleidung, Sprache und Haltung für die Hiphop-Kultur standen. Ihre Welt war weit weg von dem stolzen Mittelschicht-Zuhause der überaus beliebten Sitcom von Bill Cosby. Cosby war Arzt, seine Frau Anwältin, seine Kinder klug und wohlerzogen. Die Versuchungen von Drogen und vorehelichem Sex, die Probleme mit Jugendarbeitslosigkeit und die Gewaltorgien der Schwarzen untereinander und mit der Polizei waren Dinge, die sich weit weg von der Haustür der Huxtables abspielten.

Rap-Platten drückten ziemlich explizit aus, dass das Leben vieler junger schwarzer Amerikaner herzlich wenig mit Harvard-T-Shirts und Studentenvereinen zu tun hatte. Die Lücke zwischen der Kultur der Straße und dem komfortablen Leben der Mittelschicht war nie so groß gewesen wie jetzt, weil die B-Boys keine Verbindung herstellten zu Konzepten wie »Hoffnung« oder »I have a dream«. Die Straßenkinder, die Rap-Platten kauften, konnten sich an den Optimismus des Kampfes der 60er Jahre nicht mal erinnern. Bei den deutlichsten Rap-Platten ging es um Sex unter Minderjährigen (Whodinis »Freaks Come Out At Night«) in einer Zeit, wo Schwangerschaften bei Teenagern an der Tagesordnung waren, oder um die Brutalität des Stadtlebens (Dr. Jekyll and Mr. Hydes »Fast Life«, Run-D.M.C.s »It's Like That« oder »The Message« von Grandmaster Flash and the Furious Five).

Die besten Rap-Künstler, Melle Mel, Run-D.M.C. und Doug E. Fresh, hatten engen Kontakt zu ihren Hörern, sie teilten die Außenseiter-Perspektive auf den amerikanischen Mainstream. Sie überschritten die so genannten Grenzen des Genres und machten die Popkultur zu ihrem Ausdrucksmittel. In seinen Texten konnte Melle Mel Jesse Jackson und seine Präsidentschaftskandidatur feiern (»Jesse«), während schwarze Mainstream-Künstler es vermieden, sich zu diesem historischen Ereignis zu äußern. Er konnte Anspielungen auf Hitler unterbringen, wenn er darüber sprach, wie Amerika seine Armen behandelt (»Big Street Breakdown«), und die Anti-Drogen-Bewegung um einige Jahre vorwegnehmen (»White Lines«). Run-D.M.C. konnte sich einen Teil des Rock-Publikums zurückerobern (»Walk This Way«) ohne, wie Jimi Hendrix, völlig in der weißen Pop-Kultur aufzugehen (»Proud to be black«). Beide Titel finden sich auf der LP *Raising hell*. Doug E. Fresh, auch die »Original Human Beatbox« genannt, konnte mit dem Mund ein ganzes Orchester nachahmen wie der verstorbene Jazzer Eddie Jefferson oder der Sänger Bobby McFerrin und so auf die Beatles (»The Show«) und Dixie-Rhythmen anspielen (»All The Way To Heaven«) und dabei seinen boshaften Humor behalten.

Das waren die 80er Jahre. Einige der besten Rap-Labels schlossen mit den Großkonzernen Frieden – und Verträge. Def Jam mit Columbia, First Priority mit Atlantic, Tommy Boy und Cold Chillin' mit Warner Brothers, aber der Rap zeigt bisher keine Anzeichen der elenden Crossover-Fixierung. Ja, die Welt des Rap und Hiphop hat ihren rebellischen Status und ihre Integrität behalten. Das wird wahrscheinlich so bleiben, bis die Hall und Oates des Rap erscheinen – die Beastie Boys sind das übrigens nicht. Den weißen Rappern aus New York wird vorgeworfen, sie beuteten den Rap aus und bereiteten ihn für ein weißes Vorstadtpublikum auf. So wie ich das sehe, sind die Beastie Boys eine historisch unvermeidliche Entwicklung und gleichzeitig Zeichen für einen historischen Neuanfang. Es stand außer Frage, dass es irgendwann einen weißen Rap-Star geben würde. Aus Sicht des Marketing machte es Sinn. Aber niemand hätte vorhersehen können, dass diese Truppe von einem Schwarzen gemanagt werden würde, nämlich Russell Simmons, und dass einige ihrer Titel aus der Feder von Run-D.M.C. stammten. Der Erfolg der Beastie Boys half Public Enemy, Oran Jones und anderen Schwarzen, die bei Def Jam unter Vertrag waren. Was dachten die Beastie Boys darüber? »Chuck Berry hat den Rock'n'Roll ausgelöst«, sagte der Beastie Boy MC im Interview mit dem *Rolling Stone*. »Aber es ist Elvis, den man den King nennt.«

Wenn man meine vorherigen Ausführungen betrachtet, mag die Schlussfolgerung überraschend erscheinen, aber die beiden wichtigsten Retronuevo-Künstler waren Michael Jackson und Prince. Trotz des unglücklichen Einflusses durch ihr Image erwiesen sich diese beiden als die besten Musikhistoriker des Jahrzehnts. Sie benutzten ständig Techniken, die sich aus der Vergangenheit herleiteten, und wurden so zu Superstars.

In seiner bahnbrechenden Show von 1983 bei Motown 25 verwendete Jackson Elemente, die an die athletische Kraft eines Jackie Wilson, an James Browns Camel Walk, an die Intensität eines Talentwettbewerbs im Apollo Theater und an den Glamour einer Diana Ross erinnerten. In seinem Film *Purple Rain* brachte Prince mit der Einfühlsamkeit eines Poeten

Anspielungen auf Hendrix, Little Richard, Patti Labelle und James Brown unter, während sein Angestellter Morris Day von Time als moderner Louis Jordan gestaltet war. Sowohl Jackson (»Beat It«) als auch Prince (»Let's Go Crazy« und »Purple Rain«) machten Rock'n'Roll für Schwarze und flößten der schwarzen Tanzmusik gleichzeitig ihre ganz eigenen Elemente ein. Jacksons Songs »Billie Jean« und »Wanna Be Startin' Something« erheben sich über das Superstar-Getue mit der hohen Kunst der Grooves, die genauso technisch perfekt wie funky waren. »Don't Stop Til You Get Enough« ist eine unglaubliche Tanznummer, eine Hymne der spirituellen und körperlichen Befreiung in einer wunderbaren Synthese aus Disco, dem Philly-Sound und Quincy Jones eigenem Verständnis von Dramaturgie musikalischer Arrangements.

Prince, der Schöpfer des Minneapolis-Sounds und selbst ein wichtiger Talentsucher, schuf in den 80er Jahren das einzige Gegengewicht zum Hiphop und brachte frische neue Ideen in die schwarze Musik. Vanity, Morris Day, Jesse Johnson, das Produzenten-Gespann von Jimmy Jam Harris und Terry Lewis, Alexander O'Neal, Monte Moir, Andre Cymone, Sheila E. und eine Menge andere waren Ausläufer der großen Prince-Welle. Nicht alle diese Leute sind heute gut auf Prince zu sprechen, aber ihre Musik oder ihr Image haben ihm viel zu verdanken. Prince behauptet, als Kind habe er wenig schwarze Musik gehört. Aber nach seiner von James Brown inspirierten *Parade*-Tournee von 1986 und seinem Film *Sign O'the Times* zu urteilen, hat der Retronuevo-Innovator inzwischen einiges nachgeholt.

Wenn man sich die Karrieren von Jackson und Prince vom Standpunkt der wirtschaftlichen Autonomie aus ansieht, dann steht außer Frage, dass diese beiden ihre Karriere und ihre geschäftlichen Interessen in einem Maße selbst bestimmen, die sich James Brown und Sam Cooke bei allem Ehrgeiz nicht hätten vorstellen können. Wichtige Entscheidungen und selbst viele unwichtige werden von diesen Künstlern selbst getroffen. Im Falle von Jackson bedeutet das zum Beispiel, dass er die Songrechte von Sly Stone und den Beatles, zwei seiner wichtigsten Einflüsse, gekauft hat, und dass er bereit ist, großen Regisseuren wie John Landis und Martin Scorsese viel Geld dafür zu zahlen, dass sie seine Musikvideos drehen. Waren Jacksons geschäftliche Aktivitäten ausschließlich darauf ausgerichtet, seine überlebensgroße Persönlichkeit in den Vordergrund zu rücken (ähnlich wie bei James Brown), setzte Prince seine Energie in den Aufbau eines Multmedia-Imperiums, das eine ganze Reihe von Künstlern und eine Plattenfirma (Paisley Park) hervorgebracht und eine Reihe von Filmen abgeliefert hat (*Purple Rain, Under the Cherry Moon* und *Sign O'the times*). Bei zwei davon führte Prince selbst Regie.

Nicht anders als bei James Brown gibt es natürlich verschiedene Ansichten darüber, wie sie ihre Macht und ihr Image gegenüber weißen und schwarzen Konsumenten demonstrieren. Ihre künstlerische und wirtschaftliche Macht aber zu ignorieren, bloß wegen der Dekoration, wäre ignorant. Sie nutzen ihren Superstar-Status, um ihre Ziele und ja, ihre Macken, auf unvorhersehbare Weise zu pflegen, und setzen dadurch neue Standards der Unabhängigkeit für schwarze Musiker – und nicht zuletzt auch für schwarze Geschäftsleute.

Unten in Jackson, Mississippi, in den Büros von Malaco Records, macht sich Dave Clark über Prince, Michael Jackson oder Rap keine Gedanken. Nach fast fünfzig Jahren im Musikgeschäft arbeitet er immer noch rastlos und bringt Platten bei Radiosendern unter. Jimmy Lunceford und fast alle anderen Künstler, für die er in den 30er und 40er Jahren gearbeitet hat, sind gestorben. Genauso wie Don Robey und Duke-Peacock, Stax und TK. Eine ganze geschlossene Gesellschaft aus Entertainern und Geschäftsleuten ist Geschichte. Sogar Z.Z. Hill, der mit Clarks Hilfe eines der meistverkauften Blues-Alben der frühen 80er auf den Markt brachte – *Down Home*, eine goldene Schallplatte, die sich fast hundert Wochen in den schwarzen Charts hielt – starb bei einem Autounfall, nachdem er eine erfolgreiche Karriere als Verkäufer gestartet hatte.

Clark, inzwischen 77 Jahre alt, hat gewonnen – einfach nur, weil er noch nach wie vor aktiv ist. Er arbeitet als Promotion-Chef des traditionalistischen schwarzen Malaco-Labels, das nur Soul, Blues und Gospel verkauft – als lebende Legende und Bindeglied zwischen Gegenwart und Vergangenheit. Er erzählt wenig über sich, und wenn man es nicht wüsste, von Clark würde man es nie erfahren, dass er LaVern Baker, Big Maybelle, Carl Carlton und Rance Allen entdeckt hat, dass er B.B. Kings Song »Why I Sing The Blues« mitkomponiert hat und dass er Quincy Jones und Steven Spielberg geholfen hat, im Mississippi-Delta authentische Drehorte für *Die Farbe Lila* zu finden. Er hat Millionen solcher Geschichten. Jetzt ist er grau und dürr, trägt seine 500-Dollar-Anzüge, weigert sich abzutreten und fährt fort, die Vorzüge der »echten« schwarzen Musik zu predigen. Fragt man ihn, ob es nicht frustrierend sei, in den 80er Jahren Gospel, Blues und Soul zu promoten, wird Clark nicht nachdenklich, oder melancholisch. Mit dem gleichen Selbstvertrauen, mit dem er 1938 eine Jimmy Lunceford-Platte auf Martin Blocks Playlist unterbrachte – als Rhythm and Blues noch der letzte Schrei war – erwidert er: »Ich lasse mich nicht unterkriegen. Sind die Türen geschlossen, vernagelt und verrammelt, dann nehm' ich eine Säge und säge sie auf. Wenn ich noch zwanzig Jahre lebe – wahrscheinlich wird das nichts mehr, denn ich bin schon ein ziemlich alter Knabe –, dann werde ich noch immer versuchen, Platten beim Radio unterzubringen.«

Nachwort

Autonomie allein kann nicht die Lösung für alle Probleme der Schwarzen in Amerika sein. Die Verbindungen zwischen den Schwarzen und dem kulturellen Mainstream sind viel zu eng, als dass eine Philosophie der völligen Separation funktionieren könnte. Andererseits hat die Philosophie der Integration, trotz aller Verbesserungen im Detail, die Situation der meisten Schwarzen in Amerika nicht grundlegend verbessert. Geringes Ausbildungsniveau, Rassismus und ein ständiger Kampf wie zu Anfang, als wir hier herkamen, zeichnen das schwarze Leben aus. In diesem Buch habe ich versucht zu zeigen, dass ein entschlossenerer Versuch, Autonomie zu erreichen, und zwar in der Politik wie in der Wirtschaft, den Schwarzen eine bessere Ausgangsposition verschaffen könnte, von der aus man dann an der Integration und der Ausübung von praktischer Macht arbeiten könnte. Wie der jüdische Wissenschaftler Nathan Glaser 1964 in der Hochphase der Bürgerrechtsbewegung schrieb:»Der Neger verlangt nun Zugang zu einer Welt, zu einer Gesellschaft, die gar nicht existiert, außer in der Ideologie. In jener Welt gibt es nur eine einzige amerikanische Gesellschaft, und in jener Welt sind Herkunft, ethnische Zugehörigkeit, Religion und Rasse nur zufällige Merkmale ohne Bedeutung.« Fünfundzwanzig Jahre später trifft Glasers Beurteilung noch immer zu, und viele Schwarze suchen noch immer nach diesem Amerika, das es nicht gibt.

Als kulturelle Waffe kann schwarze Kontrolle (oder zumindest die Kontrolle gemeinsam mit vernünftigen Weißen) ein Weg sein, um der schwarzen Musik ihre Seele zu erhalten. Trotz all ihrer Vitalität hat sich schwarze Musik als anfällig für Verwässerung erwiesen. In *Blues People*, der großartigen Geschichte der schwarzen Musik, schrieb Leroi Jones:»Negermusik steht im Verhältnis zur formellen amerikanischen Kultur immer auf einem radikalen Standpunkt. Viele Neger, Jazzmusiker und andere, haben sich erfolgreich in diese Kultur ohne Ecken und Kanten eingepasst und sind sich der sozialen und emotionalen Hintergründe, die die afro-amerikanische Musik entstehen ließen, nicht mehr bewusst. In gewisser Hinsicht sind sie in ihrer Entwicklung wieder am Anfang angekommen: Sie sind zurückgekehrt zu einer Gesellschaft der Bevormundung, vom Sklaven zum Bürger, sind unterwegs dem Blues begegnet und haben ihn verworfen. Das mussten sie auch. Er gehörte zu den Dingen, die sie an die Zeit erinnerten, als ihnen die Städte verschlossen waren. Und es gibt nur wenige Menschen in diesem Land, schwarz oder weiß, die das eingestehen würden.« Jones beobachtete auch, dass am Ende der Swing-Ära die schwarzen Elemente der Musik so verwässert waren, dass man nur anhand von Fotos und Hinweisen auf den Plattenhüllen unterscheiden konnte, ob die Bands schwarz oder weiß waren.»So«, schrieb er sarkastisch,»bekamen die Bürger das, was sie wollten. Es war der Punkt in der Entwicklung des Big Band Jazz erreicht, an dem man die afroamerikanische Musiktradition nicht mehr unterscheiden konnte vom seichten Kommerz der amerikanischen Musik.«

1986 hörten die Musikfans unter den Assimilationisten die Hits von Peter Gabriel (»Sledgehammer«), Robbie Nevil (»C'est la vie«), Stevie Winwood (»Higher love«) – alles weiße Neger, alles Songs mit Retronuevo-Elementen – und hielten sie für genauso gut oder sogar besser als das meiste aus den schwarzen Charts. Bezieht man Phil Collins, Paul Young und George Michael in die Betrachtung mit ein, stellt man fest, dass die Weißen den Rhythm and Blues nicht mehr zu imitieren brauchen, sondern mit ihren schwarzen Zeitgenossen in einem bisher in der Nachkriegszeit nicht bekannten Ausmaß gleichgezogen hatten. Wie das? Durch ein tieferes

Verständnis und (darf ich das sagen?) ihre Liebe zu den Strömungen der schwarzen Musik.

Es ist offensichtlich, dass der Weg der besessenen Assimilation für das schwarze Amerika einem kulturellen Selbstmord gleichkommt. Die Herausforderung, der sich schwarze Musiker, Produzenten, Radiomacher und Unternehmer aller Art gegenübersehen, heißt: sich aus der vermeintlichen Bequemlichkeit des Crossover zu befreien, ihre rassische Identität zurückzugewinnen und für das Recht zu kämpfen, nach ihrem eigenen Gusto zu leben. Eine solche Haltung hätte positive Auswirkungen auf alle Organisationen, die Musik unterstützen, und wegen der großen Rolle, die die Musik für die Psyche des schwarzen Amerika spielt – auf das Denken der Hörer. Damit es dahin kommt, muss das schwarze Amerika einsehen, dass der Stolz auf die eigene Hautfarbe ein Ziel ist, das genauso erstrebenswert ist wie die Gleichheit vor dem Gesetz, und dass sich beide Ziele überdies gegenseitig bedingen.

# Dank

Dieses Buch baut auf den Hunderten von Interviews und Reportagen auf, an deren Entstehung ich seit Beginn meiner journalistischen Karriere 1987 bei den *Amsterdam News* beteiligt war. Mein erster Artikel über das Thema Entertainment war ein später stark redigiertes Stück über Natalie Cole, das hoffentlich für alle Zeiten in den vergilbten Akten der *News* begraben liegt. Seit damals haben viele Menschen wesentlich zu meinem Verständnis des Rhythm and Blues beigetragen. Robert Ford Jr., ehemaliger Zimmergenosse, älterer Ersatz-Bruder und unbesungener Drei-Sterne-Koch, hat mir von Grund auf die Musikindustrie erklärt. Er ist verantwortlich für den absurden Humor, der gelegentlich in diesen Zeilen aufblitzt. Während meiner zwei Engagements bei *Billboard* war es Adam White, der mir den britischen Blickwinkel auf die schwarze Musik näherbrachte. Robert Christgaus strenges Redigieren und seine hohen intellektuellen Ansprüche bei *Village Voice* gaben mir das Selbstvertrauen, meine Idee weiter zu verfolgen. Von ihm habe ich gelernt, dass Kulturkritik kein Beliebtheitswettbewerb ist.

Vielen anderen Menschen muss ich für ihre Unterstützung danken, sei es direkt oder indirekt. Also geht mein Dank an: meine Agentin Sarah Lazin fürs Verkaufen, Wendy Goldwyn, die das Buch schon beim ersten Erklären am Telefon verstand, und – noch besser – für Pantheon kaufte; Patty Romanowski, hilfsbereit wie immer, gab ihm die Struktur; Wendy Wolf und ihre Kollegin Tony Borden gaben ihm seine Form; Sharon Lopez und Antonette Dailey tippten es in den Computer. Die Recherchen von Steve Ivory und Jeff Hannusch halfen mir sehr, ebenso wie Portia Maultsbys bahnbrechende Forschungen in Sachen R'n'B. Alan Leeds, der für zwei Ären steht, und Russell Simmons, Visionär und Pionier, noch heute aktive Symbolfiguren des R'n'B. Andre Harrel, Warrington und Reggie Hudlin, sowie schließlich Richard Wesley sind Mitglieder der Uptown Crew; Lydia Hannibal, Sylvia Greene und Charlotte Hunter sind Freunde, die durch dick und manchmal ein wenig dünn zu mir hielten; Spike Lees *She's gotta have it*, August Wilsons *Fences* und Joe Turners *Come and Gone* inspirierten mich.

Beim Schreiben dieses Buches griff ich auf folgende Publikationen zurück (die Anordnung stellt keine Bewertung dar): *Billboard, Village Voice, Jack the Rapper, Black Radio Exclusive, Black Enterprise, Essence, Ebony, Jet, Players, New Music Express, Spin, Rolling Stone, Musician, Soho Weekly News, Goldmine, New York Times, Washington Post, Interview, Atlantic Monthly, Crisis, Wavelength, Soul Survivor* sowie die leider viel zu früh von uns gegangene *Record World*. Es wäre toll, könnte ich jedem danken, der zu diesem Buch beigetragen hat, aber die Liste wäre einfach zu lang und ich müsste befürchten, jemanden zu vergessen. Ich muss jedoch den wegweisenden Einfluss des Musikers und Philosophen James Mtume hervorheben, der im Laufe einiger längerer Telefonate zwischen Brooklyn und East Orange ein paar deutliche Meinungen äußerte, die Eingang ins Buch fanden. Viele Bücher dienten als Nachschlagewerke, aber drei waren als technische, intellektuelle und geistige Nahrungsquellen von besonders großer Bedeutung: *Mystery Train* von Greil Marcus, *Blues People* von Leroi Jones und *Crisis of the Negro Intellectual* von Harold Cruse.

## Anmerkungen

Die nächsten Seiten sind eine Auflistung, und zwar Kapitel nach Kapitel, der Bücher, Artikel und Interviews, die in R&B – die Geschichte der schwarzen Musik eingeflossen sind. Es ist keine vollständig Liste, da mir viele der im Buch enthaltenen Ideen durch verdammt langes Herumsitzen in Flugzeugen, Bars und Restaurants gekommen sind, bei verschiedenen Treffen der Musikbranche und den häufigen Ferngesprächen, die meine Telefonrechnung in die Höhe jagten. Im Lauf der letzten zehn Jahre habe ich in Billboard, Record World, und The Amsterdam News einfach zu viele Theorien über die Ins und Outs im Musikgeschäft gehört. Wenn ich so zurückblicke, dann haben diese Meinungen mein Denken ganz schön beeinflusst. Auf diesen Seiten finden Sie nur ein paar wichtige Ausgaben, nicht die ganze Bandbreite.

KAPITEL EINS: Philosophie, Geld und Musik (1900-1930)
Bücherwürmer sollten sich Folgendes reinziehen: Albert Murrays Stomping the Blues (McGraw-Hill, 1976), Thomas Cripps Slow Fade to Black (Oxford, 1977), Robert Palmers Deep Blues (Viking, 1981), Art Rusts Illustrated History of the Black Athlete (Doubleday, 1985), Leroi Jones' Blues People (Morrow, 1963), Harold Cruses The Crisis of the Negro Intellectual (Morrow, 1967), Lerone Bennett Jr.'s Before the Mayflower (Penguin, 1985), The Recording Industry Association of Americas Inside the Recording Industry: An Introduction to America's Music Business (1985), und Louis Harlans Booker T. Washington: The Making of a Negro Leader (1856-1901) (Oxford, 1972).

KAPITEL ZWEI: Dunkle Stimmen in der Nacht (1930-1950)
Interviews mit Gary Byrd, Jack Gibson, Quincy Jones, Eddie O'Jay, Bill (Hoss) Allen, Al Bell und Mr. Dave Clark sind genau so wichtig wie das New Orleans Wavelength Magazin, Kanadas Soul Survivor, Los Angeles' Players, and Englands Juke Blues. Das Kapitel in Peter Guralnicks Lost Highway über Bobby (Blue) Bland und seine Aufschriebe zum Chuck Willis Sampler von Epic Records zeigen, warum er Amerikas bester Folkmusic Historiker ist.

KAPITEL DREI: Der neue »Negro« (1950-1965)
Albert Goldmans von vielen verschmähte Biographie Elvis (McGraw-Hill, 1981) gab einen facettenreichen Einblick in das Memphis der 50er Jahre, während Robert Palmers exzellentes Portrait über Leiber and Stoller in Baby, That's Rock'n'Roll (Harvest, 1980) die beste Studie über diese tollen Musiker ist. Mein Dank geht an Karen Glover, die mir Zugang zu den Gesprächsaufzeichnungen mit Ruth Bowen gewährte. Studio-Schlagzeuger Panama Francis bestätigte die Äußerungen Dinah Washingtons in James Haskins' Queen of the Blues (Morrow, 1987) und Leslie Grouses Louis' Children (Quill, 1984). Brother Ray (Dial, 1978) von Ray Charles ist immer noch die beste und ehrlichste Promi-Autobiographie, die ich je gelesen habe. Und endlich hab

ich während eines Interviews über WDAS-AM aus Georgie (the Man with the Goods) Woods, DJ in Philadelphia, mehr rausquetschen können, als er 1985 über mich bei der Promotion-Tour zu meinem Buch Motown.

KAPITEL VIER: Schwarze Schönheit, schwarze Verwirrung (1965-1970)
Während ich ein ausführliches Gespräch mit Alan Leeds hatte, der jetzt bei Prince mitmischt, und James Browns Autobiographie The Godfather of Soul (Macmillan, 1986) las, fand ich viel über den „meist beschäftigten Mann" im Showbusiness heraus. In Clive Davis' Clive (Morrow, 1974), Jonathan Eisens The Age of Rock (Vintage, 1969) und Guralnicks Sweet Soul Music (Harper&Row, 1986) geht es nicht nur um die Technik, Musik richtig an den Mann zu bringen, sondern um eine Einstellung zu diesem Business. Die Titelgeschichte über Aretha Franklin im Time Magazin von 1968 ist ein Sammlerstück. Wenn Gary Byrd mal nicht auf Sendung ist oder Songs schreibt, dann gibt er großartige Interviews. Del Shields, der jetzt Pfarrer und Radiomoderator ist, gewährte mir Zutritt zu seinen Erinnerungen, seinen Schriften und Artikeln über die Veränderungen der NARA-NATRA. Für den politischen Hintergrund waren unter anderem wichtig: Stephen Oates' Biographie über Dr. King, Let the Trumpet Sound (Harper&Row, 1982), Landess and Quinns antagonistische Sicht des Chefs der Rainbow-Bewegung, Jesse Jackson and the Politics of Race (Jamerson Books, 1985) und E. Cunis Alexanders im Selbstverlag erschienene Erinnerungen an Adam Clayton Powell (1983).

KAPITEL FÜNF: Songs der Erlösung im Zeitalter der Konzerne (1971-1975)
Arif Mardin steuerte einen Schuss Musikalität zu meinem Portrait über Donny Hathaway bei. Die prägenden Veränderungen im schwarzen Radio wurden erörtert in Interviews mit Dyanna Williams, Barry Mayo, Melvin Lindsay, Hoss Allen, Shelia Eldridge und Vernon Slaughter. 1980 brachte Record World einen Sonderbeitrag über Frankie Crocker und seine Sicht des städtischen Radios. Berichte über Stax, Interviews mit Al Bell und Dave Clark, die mir Terri Hinte von Fantasy zur Verfügung stellte, halfen mir, die Politik dieses Labels zu verstehen. Ebenso unabdingbar für dieses Kapitel und das ganze Buch war die Kopie vom Harvard Report, die ich von Slaughter bekam.

KAPITEL SECHS: Crossover: Der Tod des Rhythm and Blues (1975-1979)
Die folgend aufgeführten Interviews und Materialien stammen aus Arbeiten für Record World, Billboard, Black Enterprise, Village Voice oder aus den Nachforschungen zur Geschichte des Motown, Where Did Our Love Go? (St. Martin's, 1985). Ted Fox' Showtime at the Apollo (Holt, Rinehan&Winston, 1983) war hilfreich. George Wares Brief an Billboard ist eine detaillierter Beschreibung der Gründe für das Scheitern der Black Music Association. Es schadete sicher auch nicht, dass ich an einigen Versammlungen teilnehmen konnte. Von allen Interviews die ich für Billboard führte und die in diesem Kapitel auftauchen, machen die mit Joe McEwen, Ex-Kritiker und momentanem A&R-Manager von Columbia und Sänger-Songwriter Bobby Womack am meisten Sinn.

KAPITEL SIEBEN: Triumph der Assimilation: Der Aufstieg des »Retronuevo« (1980-1987)
Eugene Robinsons Blick auf die beiden schwarzen Viertel in Washington, D.C., im Washington Post Magazine 1986, Erroll Louis' Betrachtungen schwarzer College-Kids in den späten 80ern in Essence (1986) und mein Artikel in Billboard über die Dichotomie zwischen dem Wachstum der Black-Music und den rückläufigen Zahlen im schwarzen Einzelhandel spiegeln meine Befürchtungen über die Zweiteilung im schwarzen Amerika wieder. Den Sonderartikel über Sugar Hill Records, den ich für Record World (August, 1981) schrieb, Interviews mit D.J. Hollywood und Sylvia Robinson, meine Freundschaft zu Russell Simmons und das Leben als »B-Boy

Intellectual« beeinflussten meine Beobachtungen über die Rolle und die Zukunft des Rap.
NACHWORT
Leroi Jones' Blues People und Harold Cruses The Crisis of the Negro Intellectual sind zwei der
besten Bücher über die Lebensumstände der Schwarzen in den Vereinigten Staaten „diesseits"
des Invisible Man.


Folgende Bücher fand ich während des Schreibens von R&B –die Geschichte der Schwarzen
Musik besonders hilfreich:

Adler, B. Run-D.M.C. New Volk: New American Library, 1987.
Berry, Chuck. Chuck Berry. New Volk: Crown, 1987.
George, Nelson. Fresh, Hip Hop Don 't Stop. New York: Random House, 1985.
Top of the Charts. New Brunswick, N.J.: New Century, 1983.
The Michael Jackson Story. New York: Dell, 1984.
Gillett, Charlie. Sound of the City. New York: Pantheon, 1983.
Making Tracks. New York: Dutton, 1974.
Guralnick, Peter. Feel Like Going Home. New York: Vintage, 1981.
Henderson, David. 'Scuse Me While I Kiss the Sky: The Life of Jimi Hendrix. New York: Dou-
bleday, 1978.
Haralambros, Michael. Right On: From Blues to Soul in Black America. New York: DaCapo,
1974.
James, C.L.R. Beyond a Boundary. New York: Pantheon, 1983.
Keil, Charles. Urban Blues. Chicago: University of Chicago, 1966.
Marcus, Greil. Mystery Train. New York: Dutton, 1976.
Miller, Jim, ed. Rolling Stone Illustrated History of Rock. New York: Random House, 1980.
Mills, Hillary. Mailer: A Biography. New York: McGraw-Hill, 1982.
Pareles, Jon, and Patricia Romanowski. Rolling Stone Encyclopedia of Rock&Roll. New York:
Summit, 1983.
Quarles, Benjamin. The Negro in the Making of America. New York: Collier, 1969.
Sawyer, Charles. The Arrival of B. B. King. New York: Doubleday, 1980.
Shaw, Arnold. Honkers and Shouters. New York: Collier, 1978.
Tosches, Nick. Unsung Heroes of Rock'n'Roll. New York: Schribners, 1984.
Toop, David. Rap Attack. Boston: South End, 1984.
Turner, Tina, with Kurt Loder. I, Tina. McGraw-Hill, 1986.
Westbrooks, Logan, and Lance Williams. Anatomy of a Record Company. Los Angeles: West-
brooks, 1981.
White, Charles. Life and Times of Little Richard. New York: Harmony, 1984.

# Index

... is the problem of the colour line. (W.E.B. Du Bois)